二十一世纪高等院校“十三五”系列精品规划教材
ERSHIYI SHIJI GAODENG YUANXIAO SHISANWU XILIE JINGPIN GUIHUA JIAOCAI

基础会计学

JICHU KUAIJIXUE

主　编◎杜　娟
副主编◎胡华平　戴　建　朱　燕

西南财经大学出版社
Southwestern University of Finance & Economics Press

图书在版编目(CIP)数据

基础会计学/ 杜娟主编. —成都:西南财经大学出版社,2016. 1
ISBN 978 -7 -5504 -2269 -8

Ⅰ. ①基… Ⅱ. ①杜… Ⅲ. ①会计学—教材 Ⅳ. ①F230

中国版本图书馆 CIP 数据核字(2015)第 306961 号

基础会计学

主　编　杜　娟
副主编　胡华平　戴　建　朱　燕

责任编辑:李特军
助理编辑:李晓嵩
封面设计:何东琳设计工作室
责任印制:封俊川

出版发行	西南财经大学出版社(四川省成都市光华村街 55 号)
网　　址	http://www. bookcj. com
电子邮件	bookcj@ foxmail. com
邮政编码	610074
电　　话	028 -87353785　87352368
照　　排	四川胜翔数码印务设计有限公司
印　　刷	四川五洲彩印有限责任公司
成品尺寸	185mm ×260mm
印　　张	16
字　　数	370 千字
版　　次	2016 年 1 月第 1 版
印　　次	2016 年 1 月第 1 次印刷
印　　数	1— 3000 册
书　　号	ISBN 978 -7 -5504 -2269 -8
定　　价	35. 00 元

前　　言

“基础会计学”是会计学科基础入门课程，是对会计基本原理的阐述，是学习财务会计和会计实务课程的基础。从事经济管理工作的人，想成为合格的管理者，必须掌握扎实的财务知识。目前已有的《基础会计学》教材多是按照“会计凭证—会计账簿—会计报表”的主线安排篇章结构。这样的结构仅仅解决了会计在实际工作中的运用问题，并没有突出会计专门方法的学习与运用。

本书吸纳了会计最新的研究成果，继承了传统教材的科学内涵和精华，借鉴了国外同类教材的先进经验，按照“基本问题—基本理论—基本方法—方法运用”的逻辑来编排全书内容，更有利于完整掌握会计方法及其在具体企业中的运用和在会计实际工作中的运用。

本书每篇前设有学习目标、重点与难点，章节中穿插思考问题，篇章后附有作业与思考，帮助学生加强对知识点的理解、掌握与应用。通过内容与形式的有机结合，增强本书的可读性，提高学生学习的兴趣。

本书共4篇18章，由汉口学院管理学院财会系主任杜娟担任主编，负责统稿和总撰。编写分工如下：杜娟编写了第1篇（第1、2、3、4、5、6章），第2篇（第7、8、9章），第3篇（第10、11、13章），第4篇（第18章）；胡华平编写了第3篇（第12、16章），第4篇（第17章）；戴建编写了第3篇（第15章）；朱燕编写了第3篇（第14章）。

本书适合会计学、财务管理等财会专业本专科学生作为专业入门教材使用，也可以作为管理学、经济学等各专业学生学习会计学课程的参考教材。

虽然我们一直在努力，但由于时间有限，加之编者水平和经验有限，书中难免有不足之处，恳请广大读者批评指正。

编　者

2016年1月于武汉

目　　录

第1篇　会计基本问题

第1章　会计的产生与发展 ………………………………………………（3）
　第1节　会计的产生 ………………………………………………（3）
　第2节　会计的发展 ………………………………………………（3）
第2章　会计的含义与职能 ………………………………………………（6）
　第1节　会计的含义 ………………………………………………（6）
　第2节　会计的职能 ………………………………………………（7）
第3章　会计的对象与特征 ………………………………………………（9）
　第1节　会计的对象 ………………………………………………（9）
　第2节　会计的目标………………………………………………（10）
　第3节　会计的特征………………………………………………（11）
第4章　会计信息使用者与质量要求………………………………………（13）
　第1节　会计信息使用者………………………………………………（13）
　第2节　会计信息质量要求………………………………………………（14）
第5章　企业的性质与类型………………………………………………（18）
　第1节　不同性质的企业………………………………………………（18）
　第2节　企业的组织类型………………………………………………（20）
第6章　会计法规与工作组织………………………………………………（22）
　第1节　会计法规………………………………………………（22）
　第2节　会计工作组织………………………………………………（25）

第2篇　会计基本理论结构

第7章　会计要素与会计等式 …………………………………………………… (35)
　第1节　会计要素 …………………………………………………………… (35)
　第2节　会计等式 …………………………………………………………… (41)
第8章　会计基本假设 …………………………………………………………… (50)
　第1节　会计基本假设的概念 ……………………………………………… (50)
　第2节　会计基本假设的内容 ……………………………………………… (50)
第9章　会计基础 ………………………………………………………………… (56)
　第1节　会计基础的含义 …………………………………………………… (56)
　第2节　会计基础的内容 …………………………………………………… (56)

第3篇　会计基本方法

第10章　设置会计科目和账户 ……………………………………………… (65)
　第1节　会计科目 …………………………………………………………… (65)
　第2节　会计账户 …………………………………………………………… (70)
第11章　复式记账法 …………………………………………………………… (77)
　第1节　记账方法 …………………………………………………………… (77)
　第2节　借贷记账法 ………………………………………………………… (78)
第12章　成本计算 ……………………………………………………………… (89)
　第1节　产品成本的含义与费用的分类 …………………………………… (89)
　第2节　成本计算的含义及要求 …………………………………………… (90)
　第3节　成本计算的一般程序 ……………………………………………… (93)
　第4节　工业企业经营过程中的成本计算 ………………………………… (93)
第13章　会计凭证 ……………………………………………………………… (98)
　第1节　会计凭证概述 ……………………………………………………… (98)
　第2节　会计凭证的传递和保管 …………………………………………… (106)
第14章　会计账簿 ……………………………………………………………… (112)
　第1节　会计账簿概述 ……………………………………………………… (112)

第 2 节 会计账簿的启用和登记规则 …………………………………… (115)
第 3 节 会计账簿的更换和保管 ………………………………………… (117)

第 15 章 财产清查 ……………………………………………………… (121)
第 1 节 财产清查概述 …………………………………………………… (121)
第 2 节 财产清查的方法 ………………………………………………… (123)
第 3 节 财产清查结果的处理 …………………………………………… (127)

第 16 章 财务会计报告 ………………………………………………… (133)
第 1 节 财务会计报告概述 ……………………………………………… (133)
第 2 节 资产负债表 ……………………………………………………… (137)
第 3 节 利润表 …………………………………………………………… (140)
第 4 节 现金流量表 ……………………………………………………… (141)
第 5 节 所有者权益（或股东权益）变动表 …………………………… (144)
第 6 节 会计报表附注 …………………………………………………… (145)

第 4 篇 会计方法的运用

第 17 章 工业企业中的会计运用 ……………………………………… (151)
第 1 节 工业企业的资金运动过程 ……………………………………… (151)
第 2 节 资金筹集业务的核算 …………………………………………… (153)
第 3 节 生产准备业务的核算 …………………………………………… (161)
第 4 节 生产业务的核算 ………………………………………………… (172)
第 5 节 产品销售业务的核算 …………………………………………… (184)
第 6 节 其他业务的核算 ………………………………………………… (193)
第 7 节 财务成果的形成和利润分配业务的核算 ……………………… (196)

第 18 章 会计实际工作 ………………………………………………… (207)
第 1 节 填制与审核凭证 ………………………………………………… (207)
第 2 节 登记账簿 ………………………………………………………… (222)
第 3 节 编制报表 ………………………………………………………… (233)

主要参考文献 …………………………………………………………… (247)

第 1 篇　会计基本问题

学习目标

本章阐述了会计的基本问题，需要学生了解会计的产生和发展的过程，正确认识会计的含义与职能，深刻理解会计的对象和特征，掌握会计信息质量的要求，了解企业的性质与类型，了解会计法规与工作组织。

重点与难点

- 会计的含义与职能
- 会计的对象与特征
- 会计信息质量的要求

第 1 章
会计的产生与发展

本章阐述了会计产生的原因及发展的过程。通过本章的学习，学生应了解会计并不是天生就有的，会计的产生是有原因的，会计在不断发展、日益完善。

第 1 节　会计的产生

会计并不是从来就有的，而是人类社会发展到一定历史阶段的产物。会计是随着社会生产的发展和对社会生产进行记录的需要而产生、发展并不断完善起来的。在生产活动中，为了获得一定的劳动成果，必然要耗费一定的人力、财力、物力。人们一方面关心劳动成果的多少，另一方面也注重劳动耗费的高低。因此，人们在不断革新生产技术的同时，对劳动耗费和劳动成果进行记录、计算，并加以比较和分析，从而有效地组织和管理生产。

中国、埃及、印度及希腊等文明古国都曾留下了对会计活动的记载。在人类社会的早期，人们只是凭借头脑来记忆经济活动过程中的所得和所费。随着生产活动的日益纷繁、复杂，大脑记忆已经无法满足上述需求，于是便产生了专门记录和计算经济活动过程中的收入和开支的会计。

实践证明，经济越发展，会计越重要。加强会计工作，规范会计行为，保证会计资料真实、完整，对于加强经济管理和财务管理、提高经济效益、维护市场经济秩序、加速我国现代化建设具有十分重要的意义。

第 2 节　会计的发展

会计是为适应经济发展而产生并逐步发展起来的。随着经济的发展，会计经历了一个由简到繁、由低级到高级的演进过程，会计方法日趋完备、会计内容日益丰富。会计的发展可以分为以下几个阶段：

一、人类社会早期——没有会计

在人类社会早期，人们只是凭借头脑来记忆经济活动中的所得和所费。随着生产活动的日益纷繁、复杂，大脑记忆已无法满足上述需要，于是便产生了专门记录和计算经济活动过程中所得和所费的会计。因此，会计产生的根本原因是人们反映和管理生产的需要。

二、原始社会——会计是生产职能的附带部分

在原始社会，会计处于萌芽时期，人们只是在生产的同时运用结绳记事、刻契记数方法记录生产活动和成果。

三、私有制出现——会计发展为独立职能

随着私有制的出现，人们用货币计量、记录经济活动过程，会计从生产职能中分离出来，发展为独立职能。当社会生产发展到了一定水平，出现了私人占有财产以后，人们为了保护私有权和不断扩大其私有财产，生产过程便逐步过渡到用货币形式进行计量和记录，并使会计逐渐从生产职能中分离出来，成为独立的职能。在我国，早在原始社会末期，便有“结绳记事”“刻契记数”等原始计算、记录的方法，这是会计的萌芽阶段。

四、我国西周时期——官厅会计发展

在我国西周时期，官厅会计得以发展，有严格的会计机构，设立专职官员掌管钱粮税赋会计事务，建立“日成”“月要”“岁会”报告制度。西周时期才有了“会计”的命名和较为严格的会计机构，并开始把会计提高到管理社会经济的地位上来认识，由此“会计”的意义也随之明确。根据西周官厅会计核算的具体情况考察，“会计”两字在西周时代开始运用，其基本含义是既有日常的零星核算，又有岁终的总和核算，通过日积月累到岁终的核算，达到正确考核王朝财政经济收支的目的。此时，西周王朝也建立了较为严格的会计机构，设立了专管钱粮赋税的官员，并建立“日成”“月要”和“岁会”等报告文书，初步具备了旬报、月报、年报等会计报表的作用。我国会计命名的出现，是我国会计理论产生、发展的一种表现，而如此完备的会计机构的出现也是我国会计发展史上的一个里程碑。

五、机器大工业时期——成本会计产生并发展

机器大工业时期，生产规模空前扩张，竞争日趋激烈，随着企业将经营管理的重点转移到产品的生产上来，对生产过程消耗的管理使得成本会计应运而生并不断发展。随着商品经济的发展，货币交换日益社会化，对会计也提出了更新、更高的要求，会计理论不断丰富，会计服务领域不断拓宽。会计已从采用实物单位进行计量，发展到

以货币作为统一的计量单位进行综合全面计量。会计已从主要服务于企业的业主，发展到服务于社会。会计信息使用也从原来主要的业主使用，发展到既为企业的投资者所使用，也为整个社会经济管理所使用。特别是 18 世纪以来，产业革命的发展，机器大工业取代手工作坊生产，成本会计的产生推动了成本计算方法的发展。在激烈的市场竞争中，产品生产的实际成本成为企业生产决策和经营决策不可缺少的重要信息，会计也从仅仅提供反映经济活动的信息，发展到提供信息的同时运用会计信息参与管理和决策。量本利分析、存货管理、责任会计、决策会计、预测会计等一系列方法也被逐步引进和运用到会计领域。相应地，适应企业内部成本控制的需要，标准成本会计也从萌芽状态逐步走向成熟，发展成为日常成本管理和控制的重要方法之一。第二次世界大战以来，随着跨国公司的发展和国际经济交往的频繁，协调不同国家的会计制度和会计准则成为各国会计界关注的焦点，国际会计问题成为会计研究与会计实务的新领域。

六、会计电算化时期——会计核算手段变革

随着电子技术的发展，会计核算手段也从手工操作阶段发展到今天的电子化阶段。随着科学技术的进步，会计手工操作在一些国家、一些企业已逐步被会计电算化所取代。我国的会计技术也正从手工操作向会计电算化过渡，电子计算机已经开始大规模地进入企业，一些企业已经完全实现了会计电算化。

社会经济环境制约和影响着会计，但会计也并不是被动的，会计对社会经济环境也存在着反作用。会计通过自身的核算和监督活动，也对其所处的社会经济环境产生一定的影响，在一定程度上促进和推动着社会经济环境的发展。

第2章 会计的含义与职能

本章阐述古代会计的含义、对现代会计的含义的不同理解；会计发展作用的功能很多，本章着重阐述会计基本职能。通过本章的学习，学生应理解会计核算和监督的职能。

第1节 会计的含义

中式会计中“会计”一词最早出现在西周奴隶社会。这一时期的青铜器铭文已经出现“會”和“計”这些形状的字体，而且其含义已基本定型。“會”字上有“合”，下有“曾（古时是‘增’的通假字）”，故其有增加、聚合和汇总之意。“计”字左为“言”，右为“十”。古时直言曰“言”，难言曰“语”，故“计”字包含务必要求准确、不虚假乱造之意。“十”字，由代表东西的“—”和代表南北的“丨”组成。古时以所在的部落为中心，人们沿着东西南北的方向分别外出狩猎，归时将猎物一起放于中央，汇合加总，进行计算。根据西周的具体情况，“会计”在此时的含义就是既有零星的核算，又有年终的岁总合算。

在记载周朝典章制度的《周礼》一书中最早出现了“会计”一词。清朝数学家焦循说，在西周，人们对“会计”的认识是“零星算之为计，总合算之为会”。意思就是会计既要连续个别核算，又要把个别核算加以集合，进行系统、全面、综合的核算。

现代对于会计的理解可以是一种职业、一种商业语言、一个经济信息系统、一项管理活动。会计已由简单的记录和计算，逐渐发展成为以货币单位来综合核算和监督经济活动过程的一种价值管理运动。会计是以货币为主要计量单位，以凭证为依据，并运用专门的方法和程序，对企业和行政、事业单位的经济活动进行全面、综合、连续、系统的核算和监督，并向有关方面提供会计信息的一种经济管理活动。

由此可见，会计是一项经济管理活动，这种管理活动主要是以货币为计量单位，并利用专门的方法和程序对各个单位的经济活动进行完整、连续、系统的反映和监督，其宗旨就是提供经济信息和提高经济效益，是企业经济管理的重要组成部分。

第 2 节　会计的职能

会计在经济管理工作中所具有的功能或能够发挥的作用，即会计的职能，包括核算、监督、预测、参与决策等。随着经济的发展和管理要求的提高，会计职能是不断变化的，并且彼此联系。会计的基本职能是进行核算和实行监督。

一、核算职能

会计核算职能又称为会计反映职能，会计核算职能是会计首要（最基本）的职能。会计核算是对大量的经济业务，通过记账、算账和报账，全面、完整、综合地反映经济活动的过程和结果，并为企业的经济管理活动提供有用的信息。其中，记账是指对特定对象的经济活动采用一定的记账方法，在账簿中进行登记。算账是指在记账的基础上，对企业一定时期的收入、费用（成本）、利润和一定日期的资产、负债、所有者权益进行计算。报账是指在算账的基础上，对企业的财务状况、经营成果和现金流通情况，以会计报表的形式向有关方面报告。

二、监督职能

会计监督职能又称会计控制职能，是会计的另一个重要功能。

会计监督主要是指会计人员以国家财经法规、政策、制度为依据，对企业已经发生的经济活动进行合法性、合理性的监督和审查。合法性审查是指保证企业的各项经济业务符合国家法律法规及有关财务会计制度的各项规定。合理性审查是指检查各项财务收支是否符合特定会计主体的财务收支计划，是否有利于预算目标的实现，是否有违背内部控制制度要求等现象，为提高企业经济效益严格把关。会计监督是会计工作的重要组成部分，贯穿于企业经济活动的全过程。不仅在经济活动开展之前需要围绕会计主体的行为进行的监督检查，事中也要加强会计管理，事后则要以事先制定的目标、标准和要求为准绳，利用会计核算取得的资料，对已进行的经济活动进行考核和评价。

会计监督主要是通过价值量指标来进行监督的。由于会计主体进行的经济活动，同时都伴随着价值运动，表现为价值量的增减和价值形态的转化，因此会计通过价值指标可以全面、及时、有效地控制各个单位的经济活动。

三、核算职能与监督职能的关系

会计核算与会计监督两项基本职能相辅相成、辩证统一。会计核算是会计监督的基础，没有会计核算提供的各种信息，会计监督就失去了依据；会计监督又是会计核算质量的保障，如果只有会计核算而没有会计监督，就难以保证会计核算提供的信息的真实性和可靠性。

随着社会生产实践的发展，传统的会计是以货币为主要的计量手段，对经济业务进行全面、连续、系统、综合地记录、计算、分析和检查，并定期以财务报表形式反映财务状况、经营成果和现金流量。随着经济的发展，会计除了核算和监督职能之外，还通过预测、决策、计划、控制和分析等手段谋求经济效益。特别是随着现代科学技术的发展，会计在经济管理方面的作用也日益显著。

第 3 章
会计的对象与特征

本章阐述了会计的对象——再生产过程资金的运动，特别是工业企业会计对象的具体表现以及会计作为管理活动区别于其他管理活动的特征。通过本章的学习，学生应了解会计目标是为内外部信息使用人提供财务信息。

第 1 节　会计的对象

会计的对象是指会计核算和监督的内容，宏观上是再生产过程中的资金运动，微观上是一个单位能够用货币表现的经济活动。

以货币表现的经济活动通常又称为价值运动或资金运动。其在会计实务中表现为会计要素。由于各单位的性质不同，经济活动的内容有所不同，因此会计对象的具体内容也不尽相同。下面以工业企业为例，说明工业企业会计对象的具体内容。

对工业企业经营资金运动进行分析，可将其总结为三个过程。资金运动的三个过程是资金的投入、资金的使用、资金的退出。

一、资金的投入

工业企业要进行生产经营，必须拥有一定的资金，这些资金的来源包括所有者投入的资金和债权人投入的资金两部分，前者属于企业所有者权益，后者属于企业债权人权益。投入企业的资金要用于购买机器设备和原材料并支付职工的工资等。这样投入的资金最终构成企业流动资产、非流动资产和费用。

二、资金的使用

工业企业的经营过程包括供应、生产、销售三个阶段。在供应过程中，企业要购买原材料等劳动对象，发生材料买入价、运输费、装卸费等材料采购成本，与供应单位发生货款的结算关系。在生产过程中，劳动者借助于劳动手段将劳动对象加工成特定的产品，同时发生原材料消耗、固定资产磨损的折旧费、生产工人劳动耗费的人工费，使企业与职工之间发生工资结算关系、有关单位之间发生劳务结算关系等。在销售过程中，企业要将生产的产品销售出去，发生支付销售费用、收回货款、缴纳税金等业务活动，并同购货单位发生货款结算关系、同税务机关发生税务计算关系。综上所述，资金的使用就是从货币资金开始依次转化为储备资金、生产资金、产品资金以及最后又回到货币资金的过程，资金周而复始地循环称为资金的循环。

三、资金的退出

资金经过一轮的生产经营活动，有一部分资金会退出企业，包括偿还债务、上缴各项税金、向所有者分配利润等。这部分资金离开企业，退出企业的资金循环与周转。

上述资金运用的三阶段是相互支持、相互制约的统一体，没有资金的投入，就没有资金的循环与周转，就不会有债务的偿还、税金的上缴和利润的分配等；没有资金的退出，就不会有新一轮的资金投入，就不会有企业的发展。

工业企业的资金运动的具体过程如图 3-1 所示：

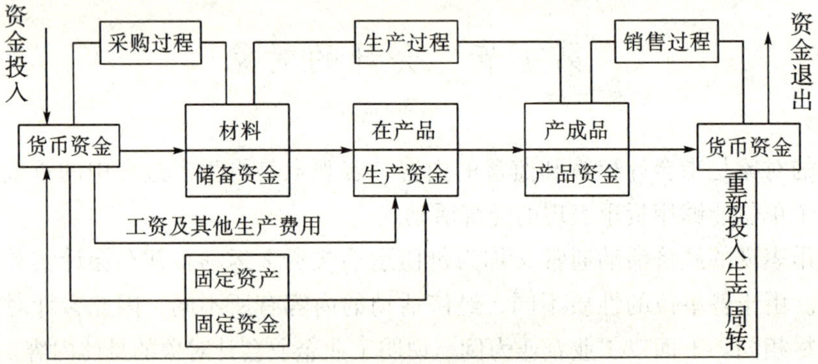

图 3-1　工业企业的资金运动

第 2 节　会计的目标

会计以货币为主要计量单位，反映和监督一个企业的生产经营活动。会计的目标是指在一定的历史条件下，人们通过会计所要实现的目的或达到的最终结果。由于会计是整个经济管理过程的重要组成部分，在将提高经济效益作为会计终极目标的前提下，我们还需要研究会计核算的目标，即向谁提供信息、为何提供信息和提供何种信息。

根据会计的定义，我们可以得知会计核算的目标是向有关各方提供会计信息，以帮助决策。会计的目标，决定于会计资料使用者的要求，也受到会计对象、会计职能的制约。我国《企业会计准则——基本准则》对于会计核算的目标做了明确规定：会计的目标是向财务会计报告使用者提供与企业财务状况、经营成果和现金流量等有关的会计信息，反映企业管理层受托责任履行情况，有助于财务会计报告使用者制定经济决策。可以看出，我国的会计目标可以细分为以下两个部分：

一、会计信息应当符合外部信息使用者的需要

（一）会计信息应当符合外部国家宏观经济管理的需要

会计信息是经济决策的依据，也是国家宏观经济管理部门制定财政经济政策、开展宏观调控的依据。会计信息应当保证国家执行管理监督和宏观调控的需要。有关政府部门通过会计信息不仅可以了解企业履行义务的情况，如企业缴纳税金的情况、企业是否遵守各项法规、企业向政府部门提供的各种报告是否正确等，而且还要依据这些信息进行必要的宏观调控和财经监督。

（二）会计信息应当满足外部关系人了解企业财务状况和经营成果的需要

企业处于一定的社会经济环境中，与其他各个方面有着密切的联系，会计要为企业外部各有关方面了解其财务状况、经营成果和现金流量提供信息。通过企业提供的会计信息，这些外部关系人才可能做出决策。具体来说，企业的外部关系人主要有投资人、债权人、政府部门、企业的客户和社会公众等。

二、会计信息应当满足企业加强内部经营管理的需要

财务报告有关企业财务状况、经营成果和现金流量的信息是企业内部经营管理的直接信息来源。在经营活动中，企业内部经营管理人员必须对经营过程中所遇到的重大问题做出正确的判断和决策，如筹资决策、投资决策等，而会计信息是这些正确决策的基础。

会计的目标是会计管理运行的出发点和最终要求。会计的目标决定和制约着会计管理活动的方向，在会计理论结构中处于最高层次。同时，在会计实践活动中，会计目标又决定着会计管理活动的方向。随着社会生产力水平的提高、科学技术的进步、管理水平的改进以及人们对会计认识的深化，会计目标会强烈地随着社会经济环境的变化而变化。

第 3 节　会计的特征

会计是以提供会计信息和提高经济效益为目标，以货币作为主要计量单位，运用专门的程序和方法，对会计主体的经济活动和经济行为进行连续、系统、全面、综合的反映和监督的价值管理活动。会计的特征主要如下：

一、会计以货币为主要计量单位

会计以货币为主要计量单位是指会计计量的尺度有多种，如重量、体积、数量、时间等。这些计量尺度无法综合汇总，因此会计除上述计量单位以外，主要以货币为计量单位。货币是交换的媒介和尺度，具有综合性。

二、会计以凭证为依据，具有严格的规范性

会计以凭证为依据，具有严格的规范性是指会计以国家规定使用的、具有法律效力的合法凭证为依据。

三、会计核算具有全面性、连续性、系统性、综合性的特点

全面性是指凡属于会计核算对象的，不得遗漏地进行反映和监督。连续性是指对已经发生的交易和事项，按其发生时间的先后顺序不间断地进行反映和监督。系统性是指将抽象的会计对象内容具体化，并做出科学的分类。例如，会计对象划分为六项要素，即资产、负债、所有者权益、收入、费用、利润，对此进行确认、计量、记录、计算和报告。综合性是指会计以货币为计量尺度，综合核算和监督社会再生产过程中的资金运动，总括提供会计信息。

四、会计有两个基本职能——核算职能和监督职能

核算职能能把经济业务变成会计信息，监督职能能够监督经济业务是否合理、正确、合法。核算职能是监督职能的基础，监督职能是核算职能的保证。

五、会计拥有一系列专门方法

为了完成反映和监督的职能，会计上设计并运用了许多专门的方法和程序，包括会计的核算方法，如填制和审核凭证、复式记账方法、设置和运用账户、成本计算等；会计的分析方法，如通过核算分析偿债能力、获利能利及经营效率；会计的检查方法，通俗地讲就是核对、对账，保证真实性和实物安全。

第 4 章
会计信息使用者与质量要求

本章阐述了会计信息使用者和提供会计信息应达到的质量要求。通过本章的学习，学生应重点掌握会计信息质量的要求，使会计信息更有利于满足管理的需要。

第 1 节　会计信息使用者

会计信息使用者通常包括所有者、经营管理者、员工、债权人和政府相关部门。

一、所有者

所有者将资本投入到企业中，其目的就是为了保证自己的资本能够保值、增值，因此其利益很明显地与企业经营的好坏直接相关。大多数所有者希望能从投资中收回尽可能多的收益，因此只要企业是盈利的，所有者就可能分享企业的利润。同时，所有者还可能在一定时间决定出售投资，而出售投资的总体经济价值也与所有者的利益息息相关，其中的经济价值既反映企业过去的经营业绩，也反映对未来经营业绩的预期。

二、经营管理者

现代企业的所有权和经营权是相分离的。经营管理者是所有者授权其经营管理企业的个人或组织，经营管理者能够根据企业的经营业绩得到相应的报酬。企业经营业绩也是所有者对经营管理者进行评价和考核的依据，经营业绩的好坏也影响到经营管理者是否会继续被所有者聘用。

三、员工

员工向企业提供劳务并获得工资回报。企业经营业绩好就可能给员工更多的工资和更好的福利待遇，而企业也通常以业绩较差为理由降低员工的工资或拒绝员工提高工资的要求。如果企业濒临倒闭，往往就会解雇员工。

四、债权人

债权人通过信贷等方式将资本投入到企业，他们与所有者一样也关心企业的经营状况。债权人的目的与所有者的区别在于债权人只希望能保证收回本金，并按时收到相应的利息。

五、政府相关部门

政府是经济的宏观管理部门，而税收是政府收入的重要来源。任何级别的政府税收部门都可以根据法律赋予的权限从企业获得税收。企业经营业绩越好，政府收到的税金就越多。除此之外，如果企业经营得好还能帮助政府解决失业问题。

除上述信息使用者外，企业还可能有的利益相关者包括顾客、财务分析师、供应商及社会公众等。

第 2 节　会计信息质量要求

财政部于 2006 年 2 月 15 日颁布了新的《企业会计准则》，并于 2007 年 1 月 1 日正式实施。在会计准则中规定的会计核算应遵循的基本原则是今后处理交易或事项的依据。新的《企业会计准则》对会计信息质量原则要求变更为 8 个原则，包括可靠性原则、相关性原则、可理解性原则、可比性原则、实质重于形式原则、重要性原则、谨慎性原则和及时性原则。

一、可靠性原则

可靠性原则又称客观性原则，是指会计核算必须以实际发生的经济业务及证明经济业务发生的合法凭证为依据，如实反映财务状况和经营成果，做到内容真实、数据准确、资料可靠。可靠性原则在会计信息质量要求中居于首要地位。

可靠性是对会计核算工作的基本要求，包括下面三层含义：一是会计核算应当真实反映企业的财务状况和经营成果，保证会计信息的真实性；二是会计核算应当准确反映企业的财务情况，保证会计信息的准确性；三是会计核算应当具有可检验性，使会计信息具有可验证性的特征。

二、相关性原则

相关性原则又称决策有用原则，是指企业提供的会计信息应当与财务会计报告使用者的经济决策需要相关，有助于财务会计报告使用者对企业过去、现在或者未来的情况做出评价或者预测。

第二章“会计核算”对会计核算事项和会计核算的流程进行规范。各单位必须根据实际发生的经济业务事项进行会计核算。按规定填制会计凭证，登记会计账簿，编制财务会计报告。

第三章“公司、企业会计核算的特别规定”对会计主体在会计核算中必须作为和不应该作为做了明确的规定。

第四章“会计监督”规定单位必须建立内部监督制度，并对单位内部会计监督制度提出了要求。从单位负责人、会计机构及人员、注册会计师、财政、审计、税务、人民银行、证券监管、保险监管等部门角度对会计监督做出了规定。

第五章“会计机构和会计人员”对会计机构的设置、人员的职责与权限、职业道德、专业技术职务等问题做出了规定。

第六章“法律责任”主要对违反《会计法》的机构、人员应承担的法律责任做出了规定。

第七章“附则”对“单位负责人”“国家统一的会计制度”给出了含义，并规定了《会计法》实施的时间。

二、《企业会计准则》

我国的《企业会计准则》是会计法规体系的重要组成部分，该准则是会计工作的规范，是对经济业务的会计处理方法和程序所制定的规定，包括基本准则和具体准则两个层次。

（一）基本准则

基本准则于 2014 年修订，共 11 章 50 条，包括总则、会计信息质量要求、资产、负债、所有者权益、收入、费用、利润、会计计量、财务会计报告及附则。其主要内容可概括如下：

1. 会计核算的基本前提

该准则首次规定了会计核算的基本前提，即会计核算面对变化不定的社会经济环境，根据客观正常情况或发展趋势所做的合乎情理的判断和假定，有时也称为会计假设。会计假设是会计核算工作赖以存在的前提条件。只有规定了会计核算的前提条件，会计核算才能正常顺利地进行。会计核算的基本前提包括会计主体、持续经营、会计分期和货币计量。

2. 会计信息质量要求

会计信息质量要求是对企业财务报告中所提供会计信息质量的基本要求，是使财务报告中所提供会计信息对投资者等使用者决策有用应具备的基本特征。根据我国的《企业会计准则》的规定，对会计信息质量提出了八项要求，包括可靠性、相关性、可理解性、可比性、实质重于形式、重要性、谨慎性、及时性。

3. 会计要素准则

会计要素准则是指企业在会计核算中对六大会计要素，即资产、负债、所有者权益、收入、费用和利润进行确认、计量、记录和报告时应当遵循的基本要求。

4. 财务报告准则

财务报告准则对全国范围的企业会计报表做了统一规定，规定企业对外报送的会计报表主要包括资产负债表、损益表和现金流量表三种。这种报表体系符合国际惯例，有利于提供符合国际惯例的会计信息。

（二）具体准则

具体准则是依据基本准则对会计核算的基本业务和特殊业务的会计处理方法做出的规定。

三、《企业会计制度》

（一）《企业会计制度》的颁布

财政部总结1993年以来会计改革的经验，在《企业会计准则》的基础上，于2000年12月颁布了企业通用、统一的《企业会计制度》。《企业会计制度》的实施将进一步规范我国的资本市场，提高会计信息质量，建立和完善现代企业制度，促进社会主义市场经济的健康发展。新的《企业会计制度》自2001年1月1日起暂在股份有限公司范围内行实施。

（二）《企业会计制度》的内容

已经发布的《企业会计制度》是以《股份有限公司会计制度》及其补充规定和具体会计准则为基础加以制定的。其结构和内容如下：

1. 企业会计制度的一般规定

这一部分以条款的形式对会计要素和重要经济业务事项的确认、计量、报告等做了原则性规定。

2. 会计科目的规定

这一部分首先规定了企业处理经济业务事项应当设置的会计科目，并对科目的使用进行了说明。

3. 财务会计报告的规定

《企业会计制度》规定了企业应当对外编报的财务会计报告的种类、格式，并说明了上述报表的编制方法。

四、单位内部会计制度

单位内部会计制度是在《会计法》《企业会计准则》《企业会计制度》及其他相关制度的指导下，根据单位的特点和自身的经营管理的需要而制定的适用于企业内部的会计工作的规范和管理制度。

第2节 会计工作组织

一、会计工作组织的意义

会计工作是经济管理的重要组成部分，为了保证会计工作的顺利进行，不断提高会计工作的质量，科学地组织会计工作具有十分重要的意义。

（一）科学地组织会计工作，有利于维护国家财经法纪的严肃性

会计工作是一项政策性、原则性、制度性很强的工作，并且许多问题都涉及国家的财经纪律。会计机构及人员必须对企业的经济活动实施监督，认真贯彻执行国家的方针政策、法律法规及制度，敢于同一切违法乱纪、贪污浪费的不良行为做斗争，维护国家财经法纪的严肃性。

（二）科学地组织会计工作，有利于保证会计工作的顺利进行

会计是一种经济管理活动，会计工作是经济管理工作的重要组成部分，既有独立的职能，又同其他经济管理工作存在十分密切的联系，并且相互影响、相互制约、相互促进。因此，必须设置专门的会计机构、配备专职的会计人员，并遵循一定的会计工作规范，把会计工作组织起来，才能使会计工作有条不紊地顺利进行，也才能使会计工作同其他经济管理工作既分工又协作，达到相互配合、相互制约的效果。

（三）科学地组织会计工作，有利于提高会计信息的质量

会计核算的直接目标是向有关的会计信息使用者提供会计信息。要想会计信息真实正确、对信息使用人决策又是有用的，必须科学组织会计工作。任何一个会计主体每天都会发生频繁的、错综复杂的经济业务，把这些经济业务从凭证到账簿、从账簿再到报表生成能够满足会计信息使用者需要的真实的会计信息，需要通过一系列的程序和手续，而且各个程序之间、各种手续之间、各个数字之间一环扣一环，存在紧密的联系。在实际工作中往往因一个数字的差错、一个手续的疏忽、一道工作程序的脱节，就会使全部核算结果发生错误。因此，必须设置专门的会计机构、配备专职的会计人员，并遵循一定的会计工作规范，才能更好地实现会计的目标。

二、会计工作组织的要求

为了顺利地开展会计工作、确保会计信息质量，必须按照下列要求科学地组织会计工作：

（一）必须严格按照国家统一规定

只有按国家对会计工作的统一要求来组织会计工作，才能使会计提供的信息既满足国家宏观管理的需要，又满足企业内部管理者、债权人、投资者及其他有关方面的需要。

（二）必须适应本单位经营管理的特点和要求

不同的单位在组织会计工作时，既要符合国家统一的规定，又要依据本单位的实际情况和经营管理的具体要求，做出恰当的安排，以满足经营管理的需要。因此，会计机构的大小、会计人员的多少、采用何种成本计算方法、采用何种账务处理程序、设置和运用哪些会计科目以及在国家规定的报表之外还应编制哪些满足内部管理需要的报表等方面，都必须结合本单位的实际情况，做出具体恰当的安排。

（三）必须在保证工作质量的前提下，以精简节约为原则

在组织会计工作时，必须以保证工作质量为前提，提供的会计信息必须正确、完整、及时；实行会计监督，必须做到合理、合法、有效。同时，在组织会计工作时也要以精简节约为原则，讲求工作效率。会计机构的设置，会计人员工作的安排，各种凭证、账簿、报表的设计，各项会计手续、程序的规定等都必须遵守这一原则。

三、会计机构

会计机构是各单位贯彻执行财经法规，制定和执行会计制度，组织领导和办理会计事务的职能机构。建立和健全会计机构是保证会计工作顺利进行的重要条件。

（一）会计机构的设置

《会计法》第三十六条规定："各单位应当根据会计业务的需要，设置会计机构，或者在有关机构中设置会计人员并指定会计主管人员。"为了正确地组织会计工作，企业、机关、事业单位等一般都应当设置会计机构。由于会计工作与财务工作都是综合性经济管理工作，它们之间有着密切的联系，因此目前我国许多单位把会计工作和财务工作合并在一起，设置一个财务会计机构来统一办理财务会计工作。例如，在基层单位，有的称为财务处、财务科、财务室，有的称为会计处、会计科、会计室，其实质都是组织领导和从事会计工作的部门。

（二）会计岗位责任制

会计岗位责任制是指在会计机构内部按照会计工作的内容和会计人员的配备情况，将会计机构的工作划分为若干个岗位，并按岗位规定职责进行考核的责任制度。

1. 会计岗位设置的基本要求

会计岗位设置应符合内部牵制制度的要求，出纳人员不得兼管稽核和会计档案保管、收入和费用、债权和债务账目的登记工作。会计工作岗位可以一人一岗，也可以一人多岗或一岗多人，并进行有计划的轮换。

为了很好地完成会计工作，首先应该对会计工作进行分解，对会计机构进行合理分工，确定合适的会计岗位，使每个会计岗位都有明确的职责，建立健全会计人员的岗位责任制。一般来说，会计工作岗位可以分为机构负责人或会计主管、出纳、财产物资核算、工资核算、成本费用核算、财务成果核算、资金核算、往来结算、总账报表、稽核和会计档案管理等。

2. 各会计工作岗位的职责分工

（1）会计机构负责人或会计主管岗位：负责领导本企业的会计工作，对本单位的会计工作全面负责；负责组织制定本企业的各项财务会计制度，并督促贯彻执行；参加生产经营管理会议，参与经营决策；审查或参与拟订经济合同、协议及其他有关经济文件；负责审查对外提供的会计报告；组织会计人员的理论学习和业务技术培训等。

（2）出纳岗位：按照国家有关现金管理和银行结算制度的规定，办理银行结算和现金收付业务；管理库存现金和各种有价证券；登记现金日记账和银行存款日记账；保管用于现金和银行存款收付业务的各种印章；保管各种尚未使用的空白支票、空白收据和其他重要的空白单据。

（3）财产物资核算岗位：负责协同会计部门拟定财产物资管理与核算办法，并组织实施；负责审查财产供应计划和合同，编制采购用款计划；办理有关固定资产的构建、调拨、内部转移、盘点和报废清理等会计手续；核算采购成本；审查存货的入库、出库凭证，编制收发结存报表；负责各项财产物资的明细核算；计提固定资产折旧；参与财产物资的清查盘点工作。

（4）工资核算岗位：负责办理工资、奖金等的计算；负责工资的分配，并编制工资分配表；负责计提与工资总额相关的职工薪酬；负责工资的明细核算。

（5）成本费用核算岗位：负责拟定成本费用管理与核算办法，会同有关部门建立健全各种原始记录和定额资料；正确归集、分配和计算成本、费用；登记各种成本、费用明细账；编制有关成本、费用类的内部会计报表；负责成本、费用分析；进行成本、费用预测；会同有关部门编制成本、费用计划并监督执行。

（6）财务成果核算岗位：负责拟定财务成果核算办法；办理销售款的结算和各环节税费的解缴；负责财务成果的明细核算；编制利润表；负责收入、利润的分析、预测和计划。

（7）资金核算岗位：负责拟定货币资金收支管理和核算办法；按有关规定审核和批准货币资金收付业务；定期与不定期对现金出纳业务进行核对和检查；负责编制流动资金计划、外部筹资计划和内部资金划拨计划；会同有关部门核定流动资金定额；负责登记货币资金明细账；负责编制资金使用表。

（8）往来结算岗位：负责办理各项应收款项、应付款项、预收款项、预付款项、其他应收和其他应付款项的往来结算业务，负责内部备用金的管理和核算；负责债权债务和备用金的明细核算。

（9）总账报表岗位：负责登记总分类账簿；按期编制试算平衡表和工作底稿；按期编制资产负债表、利润表等对外报送的会计报表。

（10）稽核岗位：负责审查复核各项凭证、账簿和报表；在不设置内部审计机构的企业，代为行使内部审计的职权。

（11）会计档案管理岗位：负责进行会计档案的保管工作；办理会计档案的调阅手续；负责对保管期满的会计档案进行销毁；办理关、停、并、转企业会计档案的清理、移交工作。

四、会计人员

会计机构是搞好会计工作的组织保证，而会计人员则是搞好会计工作的决定因素。因此，各级会计机构都应当根据实际需要配备一定数量的会计人员，执行各项会计工作。

（一）会计人员的职责与工作权限

1. 会计人员的职责

（1）进行会计核算。会计人员必须按照《会计法》《企业会计准则》和《企业会计制度》及其他有关财务、会计制度的规定，做好记账、算账、报账工作，如实反映经济活动情况，提供真实可靠的会计信息。

（2）实行会计监督。会计人员通过会计工作对本单位各项经济业务的合法性、合理性、有效性进行监督，维护国家财经纪律。

（3）拟定本单位办理会计事务的具体办法。会计人员要根据国家和上级主管部门制定的法规、制度，结合本单位的特点和需要，建立健全适合本单位具体情况的会计制度、经济业务处理办法、账务处理程序等。

（4）参与拟订经济计划、业务计划，考核分析预算和财务计划的执行情况。

（5）办理其他会计事务。其他会计事务是上述各项尚未提到的其他会计业务，比如协助单位其他管理部门做好基础工作，坚持业务学习，逐步提高自身的思想和业务水平等。

2. 会计人员的工作权限

为了保障会计人员能够顺利地履行自己的职责，国家赋予会计人员必要的工作权限。

（1）会计人员有权要求本单位有关部门、人员认真遵守国家财经纪律和财务会计规章制度；对违反经纪纪律和会计制度的行为，会计人员有权拒绝办理，并向本单位负责人报告。

（2）会计人员有权参与本单位编制计划、制定定额、签订经济合同以及参与有关生产、经营管理会议。

（3）会计人员有权监督、检查本单位有关部门的财务收支、资金使用以及财产保管、收发、计量、检验等情况，有关部门要提供资料，如实反映情况。

会计人员的职责是考核会计人员是否尽职尽责做好会计工作的标准；会计人员的权限则是会计人员履行职责的重要保证。

（二）会计人员的职业道德

会计人员在会计工作中应当遵守职业道德，树立良好的职业品质、严谨的工作作风，严守工作纪律，努力提高工作效率和工作质量。按照财政部发布的《会计基础工作规范》（以下简称《规范》）的规定，会计人员的职业道德的内容如下：

1. 爱岗敬业

《规范》第十八条规定："会计人员应当热爱本职工作，努力钻研业务，使自己的知识和技能适应所从事工作的要求。"

2. 熟悉法规

《规范》第十九条规定："会计人员应当熟悉财经法律、法规、规章和国家统一会计制度，并结合会计工作进行广泛宣传。"

3. 依法办事

《规范》第二十条规定："会计人员应当按照会计法律、法规和国家统一会计制度规定的程序和要求进行会计工作，保证所提供的会计信息合法、真实、准确、及时、完整。"

4. 客观公正

《规范》第二十一条规定："会计人员办理会计事务应当实事求是、客观公正。"从事会计工作，不仅要有高的业务素质，而且要有实事求是的精神和客观公正的作风，这样才能提高会计信息质量。

5. 做好服务

《规范》第二十二条规定："会计人员应当熟悉本单位的生产经营和业务管理情况，运用掌握的会计信息和会计方法，为改善单位内部管理、提高经济效益服务。"

6. 保守秘密

《规范》第二十三条规定："会计人员应当保守本单位的商业秘密。除法律规定和单位领导人同意外，不能私自向外界提供或者泄露单位的会计信息。"

（三）会计人员的从业资格与专业技术职务

1. 会计人员的从业资格

《会计法》第三十八条规定："从事会计工作的人员，必须取得会计从业资格证书。"会计从业资格证是具备会计从业资格的基本的证明文件。为了保证会计工作的质量，会计人员必须有财政部门颁发的会计从业资格证，才能从事会计专业工作。

2. 会计人员的专业技术职务

为了明确不同工作能力的会计人员的工作职责、权限和应享有的经济待遇，充分调动每个会计人员的工作积极性和创造性，应当按照工作需要和本人的条件，分别聘任具有一定的专业技术职务的会计人员。会计人员的专业技术职务分为会计员、助理会计师、会计师和高级会计师四个级别，每个级别的会计人员应具备相应的基本条件。

（1）会计员的基本条件。会计员最先决条件是取得会计从业资格证书。会计从业资格证书是具有一定会计专业知识和技能的人员从事会计工作的资格证书，是从事会计工作必须具备的最低要求和前提条件，是证明能够从事会计工作的唯一合法凭证，是进入会计岗位的准入证，是从事会计工作的必经之路。由于会计是一项政策性、专业性很强的技术工作，会计人员的专业知识水平和业务能力如何，直接影响会计工作的质量，从事会计工作的人员必须具备必要的专业知识，因此凡是从事会计工作的会计人员必须取得会计从业资格证书才能从事会计工作。

同时，需要初步掌握财务会计知识和技能，熟悉并能遵循有关会计法规和财务会计制度，能胜任一个岗位的财务会计工作。

大学专科或中等专业学校毕业，在财务会计工作岗位上见习一年期满。

（2）助理会计师的基本条件。掌握财务会计基础理论和专业知识，熟悉并能正确执行有关的财经方针、政策和财务会计法规、制度，能胜任一个方面或某个重要岗位的财务会计工作，并通过全国统一的助理会计师专业技术职称资格考试。

助理会计师专业技术职称资格考试的报考要求如下：

①基本条件：坚持原则，具备良好的职业道德品质；认真执行《会计法》和国家统一的会计制度，以及有关财经法律、法规、规章制度，无严重违反财经纪律的行为；履行岗位职责，热爱本职工作；具备会计从业资格，持有会计从业资格证书。

②报名参加会计专业技术初级资格考试的，除具备基本条件外，还必须具备教育部门认可的高中毕业以上学历。

（3）会计师的基本条件。系统地掌握财务会计基础理论和专业知识，掌握并能正确贯彻执行有关的财经方针、政策和财务会计法规、制度，具有一定的财务会计工作经验，能胜任一个单位或管理一个地区、一个部门或一个系统某个方面的财务会计工作，并通过全国统一的会计师专业技术职称资格考试（会计专业技术中级资格考试）。

报名参加会计专业技术中级资格考试的人员，除具备基本条件外，还应具备下列条件之一：

①取得大学专科学历，从事会计工作满5年；

②取得大学本科学历，从事业会计工作满4年；

③取得双学士学位或研究生班毕业，从事会计工作满2年；

④取得硕士学位，从事会计工作满1年；

⑤取得博士学位。

（4）高级会计师的基本条件。系统地掌握经济、财务会计理论和专业知识，具有较高的政策水平和丰富的财务会计工作经验，能担负一个地区、一个部门或一个系统的财务会计管理工作。

确定或晋升会计人员的技术职务，应由本人申请，参加会计专业技术资格考试，考试通过确认资格后，再由有关部门聘任。

凡申报高级会计师资格的人员，必须遵守《中华人民共和国宪法》和法律，具备良好的职业道德和敬业精神。

学历、资历条件符合下列条件之一者，可申报高级会计师资格：

①获得博士学位，担任会计师职务二年以上；

②获得硕士学位，担任会计师职务四年以上；

③大学本科毕业，担任会计师职务五年以上；

④担任会计师职务五年以上，参加会计师资格考试合格。

作业与思考

一、单项选择题

1. 会计的基本职能是（　　）。

A. 反映与分析　　B. 核算与监督　　C. 反映与核算　　D. 控制与监督

2. 会计的对象是指（　　）。

A. 资金的投入与退出

B. 企业的各项经济活动

C. 社会再生产过程中能用货币表现的经济活动

D. 预算资金运动

3. 会计对各单位经济活动进行核算时，选作统一计量标准的是（　　）。

A. 劳动量度　　B. 货币量度　　C. 实物量度　　D. 其他量度

4. 会计方法体系中，最基本的环节是（　　）。

A. 会计预测方法　　B. 会计分析方法

C. 会计监督方法　　D. 会计核算方法

5. 下列各项中，不属于会计信息质量要求的是（　　）。

A. 会计政策一经确定不得随意变更

B. 会计处理应当注意经济交易或事项的经济实质

C. 会计处理应当以实际发生的交易或事项为依据

D. 提供会计信息应当反映与企业财务状况、经营成果、现金流量有关重要的交易和事项

二、多项选择题

1. 下列各项中，不属于会计基本职能的有（　　）。

A. 进行会计核算　B. 预测经济前景　C. 评价未来业绩　D. 实施会计监督

2. 会计的目标就是为有关方面提供有用的信息，针对企业来说，会计提供的信息应当（　　）。

A. 符合国家宏观经济管理的要求

B. 满足各方了解企业财务状况和经营成果的需要

C. 满足企业内部经营管理的需要

D. 提供企业成本核算资料

三、判断题

1. 会计是天生就存在的。　　（　　）

2. 会计是一种价值管理活动。 ( )

3. 会计的对象是能够用货币计量的企业的经验活动。 ( )

4. 沃尔玛超市属于大型制造企业。 ( )

5. 管理会计是对外会计，财务会计是对内会计。 ( )

6. 为了满足可靠性要求，企业必须将所有对使用者做出决策有用的信息纳入相应的财务报表。 ( )

7. 重要性要求会计人员从经济业务或会计事项的性质上判断其重要程度，并进行不同的会计处理，对于经济业务或会计事项的金额则无须考虑。 ( )

四、简答题

1. 会计产生发展的根源与动力是什么？

2. 我国的会计规范体系主要包括哪些内容？它们之间存在怎样的关系？

第 2 篇　会计基本理论结构

学习目标

本章阐述了会计的基本理论，目的是使初学者对会计要素与会计等式、会计基本假设、会计核算的基础等基础知识有所了解。使初学者通过学习本章对会计基本理论有比较准确地把握。

重点与难点

- 深刻认识各个会计要素的联系与区别
- 理解会计基本假设的含义与意义
- 理解收付实现制与权责发生制确认收入与费用的不同

第 7 章
会计要素与会计等式

本章阐述了会计要素的概念和内容以及不同会计要素的区别。会计要素又是有联系的，可以用会计等式的形式来表现。通过本章的学习，学生应重点掌握各个会计要素的含义、特征和内容以及静态会计等式、动态会计等式和综合会计等式。

第 1 节　会计要素

一、会计要素的概念

因为管理的需要，需要对会计核算和监督的内容进行分类。会计要素是对会计对象进行的基本分类，是对会计核算对象（资金运动）的具体化。合理划分会计要素，有利于清晰地反映产权关系和其他经济关系。企业会计要素分为六大类，即资产、负债、所有者权益、收入、费用、利润。其中，资产、负债和所有者权益三项会计要素表现资金运动的相对静止状态，即反映企业的财务状况；收入、费用和利润三项会计要素表现资金运动的显著变动状态，即反映企业的经营成果。

在相对静止状态，企业的资金表现为资金占用和资金来源两方面，其中资金占用的具体表现形式就是企业的资产，资金来源又可分为企业所有者投入资金和债权人投入资金两类。债权人对投入资产的求偿权称为债权人权益，表现为企业的负债；企业所有者对净资产（资产与负债的差额）的所有权称为所有者权益。从一定期间这一相对静止状态来看，资产总额与负债和所有者权益的合计必然相等，由此分离出资产、负债及所有者权益三项表现资金运动静止状态的会计要素。企业的各项资产需要营运，为了生产一定会发生耗费，生产出特定种类和数量的产品，产品销售后获得收入，收支相抵后确认出当期损益，由此分离出收入、费用及利润三项表现资金运动显著变动状态的会计要素。资产、负债及所有者权益构成资产负债表的基本框架，收入、费用及利润构成利润表的基本框架，因此这六项会计要素又称为财务报表要素。

二、会计要素的内容

（一）资产

1. 资产的概念

资产是企业过去的交易或者事项形成的，由企业拥有或者控制的，预期会给企业带来经济利益的资源。

2. 资产的特征

（1）只有过去的交易或者事项才能产生资产，企业预期在未来发生的交易或者事项不形成资产（会计不核算未来）。例如，企业有购买某存货的意愿或者计划，但是购买行为尚未发生，就不符合资产的定义，不能因此而确认存货资产。

（2）资产作为一项资源，应当由企业拥有或者控制，具体是指企业享有某项资源的所有权，公司购买的材料用于生产产品、机器设备。或者企业虽然不享有某项资源的所有权，但该资源能被企业所控制。比如融资租赁，承租人并不拥有其法定产权，尽管企业并不拥有其所有权，但是如果租赁合同规定的租赁期相当长，接近于该资产的使用寿命，表明企业控制了该资产的使用及其所能带来的经济利益，应当将其作为固定资产予以确认、计量和报告。

（3）资产是预期能给企业带来经济利益的经济资源。资产预期会给企业带来经济利益是指资产直接或者间接导致现金或现金等价物流入企业的潜力。盘亏的固定资产，即这个固定资产已经没有了，预期不会给企业带来经济利益。筹建期间开办费也不会带来预期经济利益，直接计入当期管理费用。某项无形资产已被其他新技术等所替代并且该项无形资产已无使用价值和转让价值，应当将该项无形资产的账面价值全部转入当期损益（营业外支出）。

3. 资产的分类

资产按变现能力的长短不同，分为流动资产和非流动资产。

流动资产是指可以在一年内或者超过一年的一个营业周期内变现或耗用的资产。营业周期一般为 1 年，某些特殊行业（如轮船、飞机制造业）可能以超过 1 年的单件产品的生产周期为一个营业周期。

流动资产包括：

（1）货币资金，包括库存现金、银行存款和其他货币资金。

（2）交易性金融资产，即企业为了近期内出售而持有的金融资产。

（3）存货，包括产成品、在产品、半成品、商品以及各种原材料、燃料、包装物和低值易耗品等。

非流动资产是指不能在一年内或者超过一年的一个营业周期内变现或耗用的资产，是除了流动资产以外的资产。非流动资产包括：

（1）无形资产，包括专利权、非专利技术、商标权、著作权和土地使用权等。

（2）长期投资，即不准备在一年内变现的投资，包括股权投资、持有至到期的债券和其他投资。

【思考问题 7-1】甲企业拥有两台设备，其中甲设备陈旧，乙设备投入使用后，甲设备一直闲置；乙设备是甲设备的替代产品，目前承担全部生产任务。甲、乙设备是否都是企业的资产？

甲设备不应确认为该企业的资产。该企业原有的甲设备已长期闲置不用，不能给企业带来经济利益，因此不应将其作为资产反映在资产负债表中。

资产是为企业所拥有的，或者即使不为企业所拥有，也是企业所控制的。一项资源要作为企业资产予以确认，企业应该拥有此项资源的所有权，可以按照其意愿使用或处置资产。

【思考问题 7-2】甲企业资金短缺，生产所必需的 A 设备是从乙企业融资租入获得的，B 设备系从丙企业以经营租入方式获得的，目前两台设备均投入使用。A、B 设备是否为甲企业的资产？

这里要注意经营租入与融资租入的区别。企业经营租入的 B 设备是临时的，短期的租入既没有所有权也没有控制权，因此 B 设备不应确认为企业的资产。而企业对融资租入的 A 设备虽然没有所有权，但是租期长至整个使用年限，享有与所有权相关的风险和报酬的权利，即拥有实际控制权，因此应将 A 设备确认为企业的资产。

资产是由过去的交易或事项形成的。也就是说，资产是过去已经发生的交易或事项所产生的结果，资产必须是现实的资产，而不能是预期的资产。未来交易或事项可能产生的结果不能作为资产确认。

【思考问题 7-3】企业计划在年底购买一批机器设备，10 月份与销售方签订了购买合同，但实际购买行为发生在 12 月份，则企业不能在 10 月份将该批设备确认为资产。

（二）负债

1. 负债的概念

负债是企业过去的交易或事项形成的，预期会导致经济利益流出企业的现时义务。现时义务是指企业在现行条件下已承担的义务。未来发生的交易或者事项形成的义务，不属于现时义务，不应当确认为负债。

2. 负债的特征

（1）负债应当由企业过去的交易或者事项所形成。换句话说，只有过去的交易或者事项才形成负债，企业将在未来发生的承诺、签订的合同等交易或者事项，不形成负债。

（2）负债是企业承担的现时义务。企业从银行取得借款 1 000 万元，以后要还本金和利息，能确认为负债。

（3）义务的履行必然会导致经济利益流出企业。预期会导致经济利益流出企业也是负债的一个本质特征，只有企业在履行义务时会导致经济利益流出企业的，才符合负债的定义，如果不会导致企业经济利益流出，就不符合负债的定义。

3. 负债的分类

负债按流动性不同，可分为流动负债和非流动负债。

流动负债是在一年内或者超过一年的一个营业周期内需要偿还的债务。流动负债主要包括短期借款、应付票据、应付账款、预收款项、应付职工薪酬、应交税费、应付利息、应付股利、其他应付款等。

非流动负债是在一年内或者超过一年的一个营业周期内需要偿还的债务。非流动负债主要包括长期借款、应付债券等。

（三）所有者权益

1. 所有者权益的概念

所有者权益是指企业资产扣除负债后，由所有者享有的剩余权益，即净资产。企业的所有者权益又称为股东权益。

2. 所有者权益和负债的比较

虽然同属于权益，都体现企业资金的来源，但两者之间却有本质的不同。

（1）负债是企业对债权人所承担的经济责任，企业负有偿还的义务；所有者权益是企业对投资人所承担的经济责任，除非发生减资、清算或分派现金股利，一般情况下，企业不需要偿还投资者。

（2）在企业清算的时，负债拥有优先求偿权；只有在企业清偿了所有的债务后，才可以把剩余的资产分给所有者。

（3）债权人只享有按期收回利息和借款本金的权利，而无权参与企业的利润分配；投资者既能够参与利润分配，也可以参与企业的经营管理。

3. 所有者权益的内容

所有者权益按其来源主要包括所有者投入的资本、直接计入所有者权益的利得和损失、留存收益等。

（1）所有者投入的资本是指所有者投入企业的资本部分，既包括构成企业注册资本或者股本部分的金额，也包括投入资本超过注册资本或者股本部分的金额，即资本公积（资本溢价或者股本溢价）。

（2）直接计入所有者权益的利得和损失是指不应计入当期损益、会导致所有者权益发生增减变动的、与所有者投入资本或者向所有者分配利润无关的利得或者损失。其中，利得是指由企业非日常活动所形成的、会导致所有者权益增加的、与所有者投入资本无关的经济利益的流入；损失是指由企业非日常活动所发生的、会导致所有者权益减少的、与向所有者分配利润无关的经济利益的流出。

（3）留存收益是企业历年实现的净利润留存于企业的部分，主要包括计提的盈余公积和未分配利润。

（四）收入

1. 收入的概念

收入是指企业在日常活动中形成的、会导致所有者权益增加的、除了所有者投入资本以外的经济利益的总流入。

2. 收入的特征

（1）收入是企业在日常活动中形成的。日常活动是指企业为完成其经营目标所从事的经常性活动以及与之相关的活动。例如，工业企业的日常活动就是买材料、生产产品、卖出产品；流通企业购进商品再卖出商品。

明确界定日常活动是为了将收入与利得相区分，日常活动是确认收入的重要判断标准，凡是日常活动所形成的经济利益的流入应当确认为收入；反之，非日常活动所形成的经济利益的流入不能确认为收入，而应当计入利得。

（2）收入可能表现为增加资产、减少负债、增加所有者权益。与收入相关的经济利益的流入应当会导致所有者权益的增加，不会导致所有者权益增加的经济利益的流入不符合收入的定义，不应确认为收入。

（3）本企业的收入只包括本企业经济利益的流入，而不包括为第三方或客户代收的款项，如增值税、代收利息等。

3. 收入的分类

（1）收入按性质不同，可分为销售商品收入、提供劳务收入和让渡资产使用权收入（提供劳务收入，如提供旅游、运输、饮食等活动所取得的收入；让渡资产使用权收入，如出租固定资产、包装物等取得的收入）。

（2）收入按企业经营业务的主次，可分为主营业务收入和其他业务收入（实际工作中一般按照营业执照上的主营业务和兼营业务区分。营业外收入不属于会计要素中的收入的范畴）。

①主营业务收入是指企业的主要经营活动带来的收入，如销售商品、提供劳务收入及让渡资产使用权等日常活动中所形成的经济利益的流入。主要日常活动所产生的收入较稳定，占收入比重大。

②其他业务收入是指企业除了主营业务收入以外的其他经营活动形成的经济利益的流入，如材料物资及包装物销售、无形资产转让、固定资产出租、包装物出租等。

【思考问题 7-4】企业出售和出租固定资产、无形资产的收入以及出售不需要的材料的收入是否应确认为企业的收入?

出售固定资产、无形资产并非企业的日常活动，这种不是经常发生的收入不应确认为收入，而应作为营业外收入确认。出租固定资产、无形资产在实质上属于让渡资产使用权，出售不需要的材料的收入也属于企业日常活动中的收入，因此应确认为企业的收入，具体确认为其他业务收入。

（五）费用

1. 费用的概念

费用是指企业在日常活动中发生的、会导致所有者权益减少的、与向所有者分配利润不同的经济利益的总流出。

2. 费用的特征

（1）费用是企业在日常活动中形成的。非日常活动形成的不是费用，费用必须是企业在其日常活动中所形成的，这些日常活动的界定与收入定义中涉及的日常活动的界定相一致。将费用界定为日常活动所形成的，目的是为了将其与损失相区分。企业非日常活动所形成的经济利益的流出不能确认为费用，而应当计入损失。

（2）费用可以表现为企业资产的减少，也可以表现为企业负债的增加，但不一定会导致资金的流出。

（3）由于费用会减少利润，因此最终会减少所有者权益。

3. 费用的分类

工业企业一定时期的费用按其经济用途可以分为生产费用和期间费用。产品生产费用按照与产品之间的关系可以分成直接费用和间接费用。期间费用由销售费用、管理费用、财务费用构成（见图7-1）。

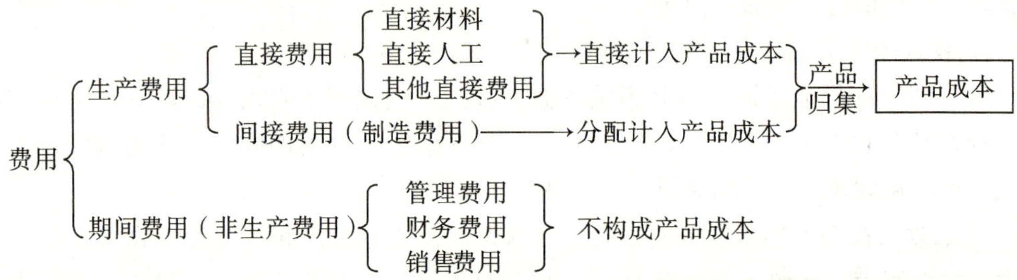

图7-1 费用的分类

【思考问题7-5】企业处置固定资产发生的净损失，是否确认为企业的费用？

处置固定资产而发生的损失，虽然会导致所有者权益减少和经济利益的总流出，但不属于企业的日常活动，因此不应确认为企业的费用，而应确认为营业外支出。

（六）利润

1. 利润的概念

利润是指企业在一定会计期间的经营成果。利润包括收入减去费用后的净额和直接计入当期利润的利得和损失等。利润往往是评价企业管理层业绩的一项重要指标，也是投资者等会计信息使用者进行决策的重要参考因素。

利得是指由企业非日常活动所形成的、会导致所有者权益增加的、与所有者投入资本无关的经济利益的流入。损失是指由企业非日常活动所发生的、会导致所有者权益减少的、与向所有者分配利润无关的经济利益的流出。

2. 利润的构成

（1）营业利润是营业活动实现的利润。

营业利润=营业收入-营业成本-营业税金及附加-销售费用-管理费用-财务费用

营业收入是指企业经营业务所确认的收入总额，包括主营业务收入和其他业务收入。

营业成本是指企业经营业务所发生的实际成本总额，包括主营业务成本和其他业务成本。

（2）利润总额是企业在生产经营过程中扣除各种耗费后的盈余。

利润总额=营业利润+营业外收入-营业外支出

（3）净利润是企业利润总额减去所得税费用以后的余额，即企业的税后利润。

净利润=利润总额-所得税费用

【思考问题 7-6】企业当期确认的处置固定资产等发生的利得或损失，均属于直接计入当期利润的利得和损失。

以上是企业会计要素的确认，行政事业单位会计确认的基础是收付实现制而不是权责发生制，由此导致行政事业单位会计要素的设置及其定义与企业有所区别。行政事业单位为资产负债表和收入支出表（类似企业的利润表）设置了五项会计要素，包括资产、负债、净资产、收入和支出。在会计要素的定义上，以事业单位会计要素的定义为例，资产是指事业单位占有或者使用的能以货币计量的经济资源，包括各种财产、债权和其他权利；负债是指事业单位所承担的能以货币计量、需要以资产或者劳务偿付的债务，包括借入款项、应付款项、应缴款项等；净资产是指事业单位的资产减去负债后的差额，包括事业基金、固定基金、专用基金、事业结余和经营结余等；收入是指事业单位为开展业务活动，依法取得的非偿还性资金，包括补助收入、事业收入、经营收入及其他收入；支出是指事业单位为开展业务活动和其他活动所发生的各项资金耗费及损失以及用于基本建设项目的开支，包括拨出经费、事业支出、经营支出等。

同时，在具体的会计确认和计量原则上，行政事业单位与企业还有些区别。例如，行政事业单位的固定资产不计提折旧；行政事业单位不采用公允价值计量属性；等等。

第 2 节　会计等式

一、会计等式的概念

六个会计要素反映了资金运动的静态和动态两个方面，具有紧密的相关性，它们在数量上存在着特定的平衡关系，会计等式是揭示会计要素之间内在联系的数学表达式。会计等式反映了会计要素之间平衡关系。会计等式有效地将资产、负债、所有者权益、收入、费用、利润联系在一起，是编制会计报表的基础。

二、会计等式的分类

会计等式可分为静态的会计等式、动态的会计等式和综合的会计等式。

（一）资产负债表要素——静态的会计等式

静态的会计等式是由静态会计要素组合而成的反映企业一定时点的财务状况的等

式。静态的会计等式表达为：

资产=负债+所有者权益

该等式表现出企业在经营过程中的某一时点的资产、负债、所有者权益的对等关系。这个基本等式也是编制资产负债表的基本依据。

1. 对静态的会计等式的理解

第一，静态的会计等式体现了同一资金的两个不同侧面：资金存在形态与资金来源渠道。资产表示的是企业拥有和控制的能够带来经济利益的资源，通俗地说就是指企业的各种财产物资，包括库存现金、银行存款、原材料、固定资产、各种债权（应收款）等，表现为各种存在形态。而负债和所有者权益表示的就是企业各种资金的来源。换句话说，企业的资金存在形态（各种财产物资），从其资金来源上讲不外乎两种情况，一种是来自于企业所有者的投入（即所有者权益），另一种是来自于对外的借款和欠款（即负债）。也就是说，会计等式（资产=负债+所有者权益）的两边实际上指的是同一样东西，等式左边的"资产"是从存在和分布形态上表示企业拥有和控制的经济资源，等式右边的"负债+所有者权益"是从其资金来源角度表示企业拥有和控制的经济资源，是同一事物的两个不同方面，因此其必然相等。

第二，以货币计量时，会计等式双方数额相等。

第三，资产会随负债、所有者权益增减而成正比例变化。资产随着负债、所有者权益的增加而增加，资产随着负债、所有者权益的减少而减少。

资产来源于所有者的投入资本和债权人的借入资金以及企业在生产经营中所产生效益的积累，分别归属于所有者和债权人。归属于所有者的部分形成所有者权益，归属于债权人的部分形成债权人权益（即企业的负债）。资产和权益（包括所有者权益和债权人权益）实际是企业所拥有的经济资源在同一时点上所表现的不同形式。资产表明的是资源在企业存在、分布的形态，而权益则表明了资源取得和形成的渠道。资产来源于权益，资产与权益必然相等。资产与权益之间的数量关系可以表达为：

资产=权益

2. 经济业务对会计恒等式的影响

企业在生产经营过程中，每天都会发生多种多样错综复杂的经济业务，从而引起各会计要素的增减变动，但并不影响资产与权益的恒等关系。下面通过分析企业发生的各类经济业务，说明资产与权益的恒等关系。资产与权益的恒等关系是复式记账法的理论基础，也是编制资产负债表的依据。

（1）经济业务。经济业务是应办理会计手续、能运用会计方法反映的经济活动。经济业务又称会计事项。

（2）经济业务对会计等式的影响可以总结为四种情况。

第一类业务：会计等式左边的两个要素项目一增一减，变动后等式仍然保持平衡。

一项资产增加另一项资产减少，引起等式左边即资产内部的项目此增彼减，增减金额相同，变动后资产总额不变，等式仍然保持平衡。

【例 7-1】某企业购入一台设备，买价 60 000 元，款项用银行存款支付。

这项经济业务使资产固定资产增加 60 000 元，但同时资产银行存款减少 60 000 元。

资产　　　= 负债+所有者权益

+60 000-60 000 = 0

第二类业务：会计等式右边的两个要素项目一增一减，变动后等式仍然保持平衡。这又包括以下四种情况：

①一项负债增加，另一项负债减少，引起等式右边即负债内部的项目此增彼减，增减金额相同，变动后负债总额不变，等式仍然保持平衡。

【例 7-2】某企业从银行借入 6 个月借款 2 000 000 元，直接用于归还欠甲单位货款。

这项经济业务使负债短期借款增加 2 000 000 元，负债应付账款减少 2 000 000 元。

资产 = 负债 + 所有者权益

0　= +2 000 000-2 000 000

②一项所有者权益增加，另一项所有者权益减少，引起等式右边即所有者权益内部的项目此增彼减，增减金额相同，变动后所有者权益总额不变，等式仍然保持平衡。

【例 7-3】某企业股东大会决议将盈余公积 9 000 000 元转增实收资本。

这项经济业务使所有者权益实收资本增加 9 000 000 元，所有者权益盈余公积减少 9 000 000 元。

资产 = 负债+所有者权益

0　= +9 000 000-9 000 000

③一项负债增加，一项所有者权益减少，引起等式右边即负债、所有者权益此增彼减，增减金额相同，变动后等式仍然保持平衡。

【例 7-4】某企业董事会决议，向投资者分配利润 800 000 元。

这项经济业务使负债应付股利增加 800 000 元，所有者权益未分配利润减少 800 000 元。

资产 = 负债+所有者权益

0　= +800 000-800 000

④一项负债减少，一项所有者权益增加，引起等式右边即负债、所有者权益此减彼增，增减金额相同，变动后等式仍然保持平衡。

【例 7-5】经批准，企业已经发行的债券 500 000 元转为实收资本。

这项经济业务使负债应付债券减少 500 000 元，所有者权益实收资本增加 500 000 元。

资产 = 负债+所有者权益

0　= -500 000 +500 000

第三类业务：会计等式的左右两边的两个要素项目同时增加相同的金额，变动后等式仍然保持平衡。这又包括以下两种情况：

①一项资产和一项负债同时增加，引起等式左右两边即资产、负债同时增加相同的金额，变动后等式仍然保持平衡。

【例 7-6】某企业从银行借入 6 个月借款 2 400 000，款项存入银行。

这项经济业务使资产银行存款增加 2 400 000 元，负债短期借款增加 2 400 000 元。

资产=负债+所有者权益

+2 400 000=+2 400 000

②一项资产和一项所有者权益同时增加，引起等式左右两边即资产、所有者权益同时增加相同的金额，变动后等式仍然保持平衡。

【例 7-7】某企业接受丙单位一批商品投资，评估确认的价值 160 万元，商品入库。

这项经济业务使资产库存商品增加 1 600 000 元，所有者权益实收资本增加 1 600 000 元。

资产=负债+所有者权益

+1 600 000=　　+1 600 000

第四类业务：会计等式的左右两边的两个要素项目同时减少相同的金额，变动后等式仍然保持平衡。这又包括以下两种情况：

①一项资产和一项负债同时减少，引起等式左右两边资产、负债金额同时减少相同的金额，变动后等式仍然保持平衡。

【例 7-8】某企业用银行存款偿还欠乙单位货款 1 490 000 元。

这项经济业务使资产银行存款减少 1 490 000 元，负债应付账款减少 1 490 000 元。

资产=负债+所有者权益

-1 490 000=-1 490 000

②一项资产和一项所有者权益同时减少，引起等式左右两边资产、所有者权益金额同时减少相同的金额，变动后等式仍然保持平衡。

【例 7-9】某企业同意乙单位减少投资款 6 000 000 元，以银行存款支付。

这项经济业务使资产银行存款减少 6 000 000 元，所有者权益实收资本减少 6 000 000 元。

资产=负债+所有者权益

-6 000 000=　　-6 000 000

（3）经济业务类型影响会计等式的规律。每项经济业务发生后，至少要影响会计等式中的两个会计要素（或一个要素中的两个项目）发生增、减变化。其规律为影响会计等式双方要素，双方同增或同减，增减金额相等；只影响会计等式某一方要素，单方有增有减，增减金额相等。企业每天会发生各种各样的经济业务，但任何一个经济业务的发生都不会影响会计等式的平衡。

（二）利润表要素——动态的会计等式

动态的会计等式是由动态会计要素组合而成的反映企业一定会计期间经营成果的

等式。动态的会计等式表达为：

$$收入-费用=利润$$

该等式有效地表现出企业在经营过程中的一段时间，其收入、费用、利润的对等关系。这个基本等式也是编制利润表的基本依据。

对动态的会计等式的理解如下：

第一，利润的实质是实现的收入减去相关费用以后的净额。收入大于费用时为盈利，收入小于费用时为亏损。

第二，利润会随着收入的增减成正比例变化，即利润随着收入的增加而增加，利润随着收入的减少而减少。

第三，利润会随着费用的增减成反比例变化，即利润随费用的增加而减少。

之所以将这一等式称为动态的会计等式，是因为我们可以从企业不同阶段的利润变化中分析企业的盈利状况。在实际工作中，由于收入不包括处置固定资产净收益、固定资产盘盈、出售无形资产收益等，费用也不包括处置固定资产净损失、自然灾害损失等。因此，收入减去费用，并经过调整后，才能等于利润。收入、费用和利润之间的上述关系，是编制利润表的基础。

（三）综合的会计等式

综合的会计等式是由六个会计要素综合而成的全面完整地反映企业财务状况和经营成果的等式，是设置账户、复式记账的理论基础。综合会计等式表达为：

$$资产+费用=负债+所有者权益+收入$$

对综合会计等式的理解如下：

上述会计恒等式是从静止状态（初始状态）来反映会计要素间的数量关系，但任何人投资办企业的目的都是为了通过生产经营活动来赚钱（获取利润），当资金投入使用和进行周转，在这个过程中就必然要取得各种收入同时也支付相应的费用，收入抵减费用（包括税金）后的余额就是利润（如果收入小于费用就是亏损），这个利润归企业投资者所有（这也是他投资办企业的目的），其性质就是所有者权益的一部分。在这种情况下，会计等式右边“所有者权益”项目的金额与初始状态比就增大了（如果是亏损则表现为所有者权益金额减少），但由于收入带来了企业货币资金（包括现金和银行存款）的增加，从而导致会计等式左边资产的金额增加，企业发生的费用使得资金流出企业并导致会计等式左边资产金额的减少，这一增一减的差额正好就是利润（或亏损）的金额，因此会计等式依然相等，只不过是由于利润（或亏损）的影响使得等式两边的金额与期初相比发生了变化而已。因此，会计恒等式可以扩展为综合的会计等式。

综上所述，从第一个等式中只能看出企业资金运动的静态情况，即某一个时点的状况；从第二个等式中只能看出企业资金运动的动态情况，即赚了多少钱，而无法反映企业的规模。资产运用会取得收入，同时也产生了费用，而利润的增加一方面增加了所有者权益，另一方面也增加了企业资产或减少了企业的负债。因此，产生了综合的会计等式：

资产+利润=负债+所有者权益+（收入-费用）

由于企业的利润最终要归入新的资产中，减少负债或增加所有者权益，综合等式最终可以转化成等式会计恒等式。

三、会计等式的意义

第一，会计等式能反映会计要素间的数量关系。

第二，会计等式的平衡原理揭示了企业会计要素之间的规律性联系。

第三，会计等式是设置会计科目和账户、编制会计报表的理论依据，是复式记账的基础。

作业与思考

一、单项选择题

1. 对会计对象的具体划分是（　　）。
   A. 会计科目　B. 会计原则　C. 会计要素 D. 会计账户
2. 根据我国《企业会计准则》的规定，会计要素中不包括（　　）。
   A. 资产和费用　B. 负债和收入
   C. 资金占用和资金来源　D. 利润和所有者权益
3. 下列会计要素中不属于静态会计要素的有（　　）。
   A. 资产　B. 负债　C. 利润D. 所有者权益
4. 下列会计要素中不属于动态的会计要素的有（　　）。
   A. 费用　B. 收入　C. 所有者权益 D. 利润
5. 会计要素划分的意义在于（　　）。
   A. 会计对象构成了会计报表的基本框架
   B. 会计对象是对会计要素进行的科学分类
   C. 会计科目是设置会计要素的基本依据
   D. 会计要素是复式记账建立的理论依据
6. 下列关于会计等式的表述错误的是（　　）。
   A. 资产=负债+所有者权益
   B. 资产=负债+所有者权益+收入
   C. 资产=负债+所有者权益+收入-费用
   D. 收入-费用=利润
7. 反映了企业在任一时点所拥有的资产以及债权人和所有者对企业资产要求权的

基本状况的会计等式是（　　）。

A. 资产=负债+所有者权益

B. 资产=负债+所有者权益+收入

C. 资产=负债+所有者权益+收入-费用

D. 收入-费用=利润

8. 某企业用盈余公积转增了实收资本，则此业务对会计要素的影响是（　　）。

A. 资产增加　　B. 负债减少

C. 所有者权益增加　　D. 所有者权益不变

9. 甲公司向银行借款 200 000 元存入银行，会导致（　　）。

A. 负债增加，所有者权益减少　B. 资产增加，所有者权益增加

C. 资产增加，负债增加　　D. 资产增加，负债减少

10. 资产是企业拥有或控制的资源，该资源预期会给企业带来（　　）。

A. 经济利益　　B. 经济资源C. 经济效果D. 经济效益

11. 下列各科目，属于资产类的是（　　）科目。

A. "预付账款"　　B. "其他应付款" C. "预收账款" D. "应付账款"

12. 下列属于企业的流动资产的是（　　）。

A. 存货　　B. 厂房C. 机器设备D. 专利权

二、多项选择题

1. 企业取得的收入可能会影响到的会计要素是（　　）。

A. 资产　　B. 负债

C. 所有者权益　　D. 费用

2. 下列反映企业财务状况的会计要素是（　　）。

A. 所有者权益　　B. 资产

C. 财务费用　　D. 负债

3. 对于工业企业而言，属于主营业务收入的是（　　）。

A. 产成品销售收入　　B. 自制半成品销售收入

C. 工业性劳务收入　　D. 材料销售收入

4. 下列各项反映企业经营成果的会计要素是（　　）。

A. 利润　　B. 费用C. 收入D. 所有者权益

5. 以下项目中，属于负债的有（　　）。

A. 短期借款　　B. 银行存款C. 实收资本D. 应付利润

6. 下列属于反映企业经营成果的动态要素的有（　　）。

A. 收入　　B. 费用C. 利润D. 负债

7. 下列属于反映企业财务状况的静态要素的有（　　）。

A. 资产　　　　　　　　　B. 负债C. 利润D. 所有者权益

8. 下列项目中，属于费用要素特点的有（　　）。

A. 企业在日常活动中发生的经济利益的总流入

B. 会导致所有者权益减少

C. 与向所有者分配利润无关

D. 会导致所有者权益增加

9. 下列属于流动资产的是（　　）。

A. 预收账款　　　　　　　B. 预付账款 C. 应收账款D. 应收票据

10. 下列属于资产的特征的是（　　）。

A. 资产是由于过去或现在的交易或事项所形成的

B. 资产必须能够用货币计量其价值

C. 资产能够给企业带来未来经济利益

D. 资产一定具有具体的实物形态

11. 下列项目中，属于成本类科目是（　　）科目。

A. "生产成本"　　　　　　B. "制造费用" C. "投资收益" D. "待摊费用"

12. 会计科目按其所归属的会计要素不同，可分为（　　）。

A. 所有者权益类　　　　　B. 负债类

C. 损益类　　　　　　　　D. 成本类

13. 会计科目按其所归属的会计要素不同，分为资产类、负债类、共同类、（　　）六大类。

A. 所有者权益类　　　　　B. 损益类

C. 成本类　　　　　　　　D. 费用类

14. 以下有关明细分类科目的表述中，正确的有（　　）。

A. 明细分类科目也称一级会计科目

B. 明细分类科目是对总分类科目进一步分类的科目

C. 明细分类科目是对会计要素具体内容进行总括分类的科目

D. 明细分类科目是能提供更加详细、更加具体的会计信息的科目

15. 下列（　　）属于反映营业利润的账户。

A. 主营业务收入　　　　　B. 其他业务成本

C. 营业外支出　　　　　　D. 营业税金及附加

三、判断题

1. 企业的资产按其流动性快慢，可分为流动资产和固定资产。（　　）

2. 按照我国的《企业会计准则》的规定，负债不仅指现时已经存在的债务责任，还包括某些将来可能发生的、偶然事项形成的债务责任。（　　）

3. 只要企业拥有某项财产物资的所有权就能将其确认为资产。　　（　　）

4. 企业的利得和损失包括直接计入所有者权益的利得和损失以及直接计入当期利润的利得和损失。　　（　　）

5. 收入是指企业在销售商品、提供劳务及让渡资产使用权等日常活动中形成的经济利益的总流入，不包括出售固定资产获得的收入。　　（　　）

6. 会计要素就是会计报表构成的基本单位。　　（　　）

7. 企业对其所使用的机器设备、厂房等固定资产，只有在持续经营的前提下才可以在机器设备的使用年限内，按照其价值和使用情况，确定采用某一折旧方法计提折旧。　　（　　）

8. 所有者权益是指企业投资人对企业资产的所有权。　　（　　）

9. 长期负债的偿还期均在一年以上，流动负债的偿还期均在一年以内。　　（　　）

10. 成本类科目包括“制造费用”“生产成本”“主营业务成本”等科目。（　　）

四、分析题

A 公司 2015 年 8 月份发生如下经济业务，分析说明经济业务对会计要素的影响：

（1）用银行存款购入全新机器一台，价值 30 000 元。

（2）投资者投入原材料，价值 10 000 元。

（3）以银行存款偿还所欠供应单位账款 5 000 元。

（4）收到购货单位所欠账款 8 000 元，收存银行。

（5）将一笔长期负债 50 000 元转为对企业的投资。

（6）按规定将 20 000 元资本公积金转增资本金。

（7）从银行借入期限为 3 个月的流动资金 300 000 元，款项存入银行。

（8）董事会决定向投资者分配利润 100 000 元。

第8章

会计基本假设

本章阐述了会计核算的四个前提。通过本章的学习，学生应掌握四个基本假设的含义和意义，了解为什么是假设。

实践中经济活动纷繁复杂，存在很多不确定性因素。会计核算之前必须对这些不确定性因素进行合理的假定，从而将会计提供的信息建立在确定的前提基础上。会计信息使用者需要知道的是会计信息的编制是有一定的前提的，是在特定的经济环境下，按照理性的原则编制的。这样才能理解在经济危机情况下为什么那么多企业在没有任何预警性的信息的情况下突然倒闭，也就不会对会计信息产生信用危机。

第1节 会计基本假设的概念

由于会计实务中存在不确定性因素，在会计处理时要运用判断和估计，需要先做出一定的合理假定。会计基本假设是会计人员对未经确切认识或无法正面论证的经济现象，根据客观的正常情况或趋势做出的合乎事理的判断。尽管假设是对客观经济环境做出的合乎逻辑的理性的抽象，但与经济现实会有一定的差距，当这种差距被限定在一定的范围时，这种假设就可以被接受，可以认为是有效的；当假设远离经济环境，已不是对现实的理性的概括和总结时，会计假设就失去了存在的意义。

会计基本假设又称会计核算的基本前提，是企业会计确认、计量和报告的前提，是人们在会计实践中，对会计核算所处时间、空间环境等做出的合理假定。会计核算的前提包括会计主体、持续经营、会计分期和货币计量四项。

第2节 会计基本假设的内容

一、会计主体假设

为了向财务报告使用者反映企业财务状况、经营成果和现金流量，提供与其决策有用的信息，会计核算和财务报告的编制应当集中于反映特定企业单位或组织的活动，并将其与其他经济实体区别开来，才能实现财务报告的目标。在会计主体假设下，企业应当对其本身发生的交易或者事项进行会计确认、计量和报告，反映企业本身所从事的各项生产经营活动。明确界定会计主体是开展会计确认、计量和报告工作的重要前提。

（一）会计主体假设的含义

会计主体是指会计确认、计量和报告的空间范围。会计核算反映的是特定企业的经营活动，既不包括企业所有者，也不包括其他企业的经营活动。明确会计核算的空间范围，即“为谁记账”。

（二）为什么说会计主体是假设

会计是一项管理活动，管理活动应该是没有空间范围的，但是每个企业的利益不同，根据需要人为地划分为特定的空间范围。

（三）界定会计主体的条件

会计主体需要有独立的经济业务、有独立的资金、能独立进行会计核算。这里需要特别区分会计主体与法律主体的关系。一般来说，法律主体必然是一个会计主体。例如，一个企业作为一个法律主体，应当建立财务会计系统，独立反映其财务状况、经营成果和现金流量。但是会计主体不一定是法律主体。例如，就企业集团而言，母公司拥有若干子公司，母子公司虽然是不同的法律主体，但是母公司对子公司拥有控制权，为了全面反映企业集团的财务状况、经营成果和现金流量，有必要将企业集团作为一个会计主体，编制合并财务报表，在这种情况下，尽管企业集团不属于法律主体，但它却是会计主体。

（四）确立会计主体假设的意义

一方面，明确会计主体，才能划定会计所要处理的各项交易或事项的范围。在会计工作中，只有那些影响企业本身经济利益的各项交易或事项才能加以确认、计量和报告，那些不影响企业本身经济利益的各项交易或事项则不能加以确认、计量和报告。会计工作中通常所讲的资产、负债的确认，收入的实现，费用的发生等，都是针对特定会计主体而言的。

另一方面，明确会计主体，才能将会计主体的交易或者事项与会计主体所有者的交易或者事项以及其他会计主体的交易或者事项区分开来。例如，企业所有者的经济交易或者事项是属于企业所有者主体所发生的，不应纳入企业会计核算的范围，但是企业所有者投入到企业的资本或者企业向所有者分配的利润，则属于企业主体所发生的交易或者事项，应当纳入企业会计核算的范围。

二、持续经营假设

（一）持续经营假设的含义

持续经营是指会计主体在可以预见的未来，其经济活动是持续正常进行的，不会面临破产清算。会计确认、计量和报告应当以企业持续正常的经营活动为前提。企业会计准则体系也是以企业持续经营为前提加以制定和规范的，涵盖了从企业成立到清算的整个期间的交易或者事项的会计处理。

（二）为什么说持续经营是假设

在现实的生产经营过程中企业随时面临破产清算，持续经营假设只是为了会计核算方便的人为假定。

（三）确立持续经营假设的意义

持续经营假设明确了会计核算的时间范围，是“会计分期”基本前提。

持续经营假设是固定资产折旧会计处理的前提条件。一般情况下，企业的固定资产可以在一个较长的时期发挥作用。如果企业会持续经营下去，就可以假定企业的固定资产会在持续进行的生产经营过程中长期发挥作用，并服务于生产经营过程，固定资产就可以根据历史成本进行记录，并采用折旧的方法，将历史成本分摊到各个会计期间或相关的产品成本中。如果企业不会持续经营下去，固定资产就不应采用历史成本进行记录并按期计提折旧。

特别注意，企业会计准则体系是以企业持续经营为前提加以制定和规范的，涵盖了从企业成立到清算（包括破产）的整个期间的交易或者事项的会计处理。如果一个企业在不能持续经营时还假定企业能够持续经营，并仍按持续经营基本假设选择会计确认、计量和报告的原则与方法，就不能客观地反映企业的财务状况、经营成果和现金流量，会误导会计信息使用者的经济决策。

三、会计分期假设

（一）会计分期假设的含义

会计分期是指将一个会计主体持续经营的生产经营活动人为地划分为一个个连续的、长短相同的期间，又称会计期间。会计分期的目的在于通过会计期间的划分，将持续经营的生产经营活动划分为连续的、长短相同的期间，以便分期结算账目和编制财务报告。

根据持续经营的假定，一个企业将按当前的规模和状态持续经营下去。但是无论是企业的生产经营决策还是投资者、债权人等的决策都需要及时的信息，都需要将企业持续经营的生产经营活动划分为一个个连续的、长短相同的期间，分期确认、计量和报告企业的财务状况、经营成果和现金流量。明确会计分期对会计核算意义重大。会计分期产生了当期与其他期间的差别，使不同类型的会计主体有了记账的基础。

会计期间通常分为年度和中期。年度是指公历的1月1日到12月31日。中期是指短于一个完整的会计年度的报告期间，如分为半年度、季度和月度。

（二）为什么说会计分期是假设

企业为了分期结算、对外部提供报表，人为地将企业连续不断的生产经营过程划分为相等的期间。

（三）确立会计分期假设的意义

对内定期总结、监督经营情况，为外部信息使用人定期提供决策所需要的信息。

由于会计分期，才产生了当期与其他期间的差别，从而形成了权责发生制和收付实现制不同的记账基础，进而出现了应收、应付会计处理方法。

四、货币计量假设

（一）货币计量假设的含义

货币计量是指会计主体在财务会计确认、计量和报告时以货币计量、反映会计主体的生产经营活动。

在会计的确认、计量和报告过程中之所以选择货币为基础进行计量，是由货币的本身属性决定的。货币是商品的一般等价物，是衡量一般商品价值的共同尺度，具有价值尺度、流通手段、贮藏手段和支付手段等特点。其他计量单位，如重量、长度、容积、台、件等，只能从一个侧面反映企业的生产经营情况，无法在量上进行汇总和比较，也不便于会计计量和经营管理。只有选择货币尺度进行计量，才能充分反映企业的生产经营情况，因此会计确认、计量和报告选择货币作为计量单位。在有些情况下，统一采用货币计量也有缺陷，某些影响企业财务状况和经营成果的因素，如人力资源就应该作为企业的一个关键资产进行账务反映，但人力资源的货币计量尚无法广泛地达到实践的可操作性，因此大部分企业是不反映人力资源的。企业经营战略、研发能力、市场竞争力等，往往难以用货币来计量，但这些信息对于使用者决策来讲也很重要，企业可以在财务报告中补充披露有关非财务信息来弥补上述缺陷。

该假设包括以下两个意思：

第一，会计仅反映那些能以货币表达的信息，如果一个信息本应纳入会计核算体系，但如无法用货币来表达，则只能将其排除在会计核算范围之外。

第二，假设货币币值不变，即假定货币的价值是稳定的，或者有变动也是不予考虑的。为了会计信息的稳定性，货币币值的轻微变动不会影响到会计信息的提供。

（二）确立货币计量假设的意义

第一，在诸多的计量手段中，只有货币标准是具有最大限度的无差别性和统一性的，货币计量单位假设为会计活动的开展选定了主要核算手段。

第二，货币是商品的一般等价物，能用以计量所有会计要素，也便于综合。

第三，使不同会计主体的信息具有可比性。

（三）货币计量的要求

人民币是我国的法定货币，在我国境内具有广泛的流动性，因此《会计法》和《企业会计准则》均规定会计核算以人民币为记账本位币。同时，对于外币业务较多的企业，《会计法》和《企业会计准则》也规定业务收支以人民币以外的货币为主的单位，可以选定其中一种货币作为记账本位币，但是编报的财务会计报告应当折算为人民币。

需要注意的是，记账本位币一经确定，不得随意变动。当发生严重的通货膨胀时，该假设不成立，不能再假设货币币值不变，应改用物价变动会计或通货膨胀会计。

会计主体是指会计为之服务的对象，能实行独立核算的单位一般为会计主体。会计核算的对象是该会计主体自身的资金活动。会计主体假设对会计核算范围从空间上进行了有效界定。会计主体假设是持续经营、会计分期假设的基础。用货币来反映一切经济业务是会计核算的基本特征。企业经济活动中凡是能够用货币这一尺度计量的，就可以进行会计反映；凡是不能用货币这一尺度计量的，则不能进行会计反映。由此可见，确认一项事物是否属于会计范畴，必须首先衡量该事物能否用货币计量。货币计量是会计核算的一个重要前提条件。

作业与思考

一、单项选择题

1. 关于会计主体的概念，下列各项说法中不正确的是（　　）。

A. 可以是独立法人，也可以是非法人

B. 可以是一个企业，也可以是企业内部的某一个单位

C. 可以是一个单一的企业，也可以是由几个企业组成的企业集团

D. 当企业与业主有经济往来时，应将企业与业主作为同一个会计主体处理。

2. 会计主体假设的确立明确了会计核算的（　　）。

A. 时间范围　　B. 空间范围C. 业务范围D. 职能范围

3. 货币计量基本假设明确了会计核算的（　　）。

A. 时间范围　　B. 基本方法C. 空间范围D. 业务范围

4. 持续经营基本假设明确了会计核算的（　　）。

A. 时间范围　　B. 基本方法C. 空间范围D. 业务范围

5. 会计假设也称会计的（　　）。

A. 基本职能　　B. 基本前提 C. 基本理论D. 基本方法

二、多项选择题

1. 会计中期包括（　　）。

A. 月度　　B. 季度C. 半年度D. 年度

2. 下列说法中，关于会计主体假设的准确说法有（　　）。

A. 以一定经济组织发生的各项交易或事项为对象

B. 明确了会计所服务的对象

C. 明确了会计核算的空间范围

D. 便于分期结算账目和编制财务会计报告

3. 进行会计分期的主要目的有（　　）。

A. 进行账户设置　　B. 分期结算账目

C. 确定会计核算空间范围　　D. 编制财务会计报告

三、判断题

1. 会计主体必须是法律主体。（　　）

2. 会计主体所核算的生产经营活动也包括其他企业或投资者个人的其他生产经营活动。（　　）

3. 由于有了持续经营这个会计核算的基本前提，才产生了当期与其他期间的区别，从而出现了权责发生制与收付实现制的区别。（　　）

第9章
会计基础

本章阐述了会计基础的含义和内容。通过本章的学习，学生应重点掌握权责发生制的运用。

【思考问题9-1】A企业12月20日销售商品25万元，货款在第二年的1月10日收到，请问应确认为12月收入，还是确认为1月收入？哪种更能准确反映企业当月的经营成果？如果11月5日预收了货款，12月20日才发货，那什么时候确认收入？

第1节 会计基础的含义

会计基础又称会计记账基础、会计处理基础，是指在确认和处理一定会计期间收入和费用时，选择的处理原则和标准，其目的是对收入和支出进行合理配比，进而作为确认当期损益的依据。企业是以持续经营为基础的，而为了定期提供会计信息的需要则将企业在连续经营过程中人为地划分相同的会计期间，以致造成企业在某一会计期间内的收、支与相对应期间成本的不配比。为了能对收入和支出进行合理配比，如何选择会计处理基础具有重要的意义。

第2节 会计基础的内容

会计处理基础有两种，一种叫收付实现制或实收实付制，另一种叫权责发生制或应收应付制、应计制。

一、收付实现制

收付实现制是以款项的实际收付为标准来处理经济业务，记录收入的实现和费用的发生。

在这种会计处理基础下，凡是在本期收到款项的收入或付出款项的费用，不论是否归属本期，都作为本期的收入和费用；反之，凡是在本期未收到款项的收入或未付出款项的费用，即使归属本期，也不能作为本期的收入和费用。这种处理方法比较符合一般人的生活习惯，核算手续也比较简单，但不能合理计算确定本会计期间的经营成果。

例如，某企业单位在本月初以银行存款一次支付下半年的保险费9 000元。如果按收付实现制处理，就应把半年的保险费9 000元都作为本月的费用从本月的收入中取得补偿，结果必将使本月的经营成果少计9 000元，而下半年的经营成果则多计9 000元。因此，这种会计确认基础主要适用于非营利性的机关、事业单位和团体，不适用于营利性的企业。

二、权责发生制

权责发生制是以是否有收款的权利和付款的责任为标志来确定收入、费用归属期的会计处理基础。

在这种会计处理基础下，凡在本期已经实现的销售，有收款的权利，无论其款项是否收到，都应当作为本期的收入；凡是本期应当负担的费用，有付款的义务，无论款项是否付出，都应当作为本期的费用。反之，凡是不属于本期的收入，即使款项已在本期收妥，也不应当作为本期的收入；凡是不属于本期的费用，即使款项已经在本期付出，也不应当作为本期的费用。

仍按上例，如果采用权责发生制处理，支付下半年的保险费9 000元，由于此项费用的发生对下半年6个月均有受益，与本月无关，不应该归本月承担此项费用。9 000元的保险费应该归下半年6个月平均分摊，每月承担1 500元。

三、收付实现制和权责发生制的比较

（一）区别

1. 使用的会计科目不同

权责发生制采用应计制，企业在日常经营活动中存在了大量跨期收入、费用，要对不同期间所产生的收入、费用、资产、负债等会计要素进行记录，则必然使用到“应收账款”“应付账款”“预付账款”“预收账款”等科目。而收付实现制在会计处理上手续要简便很多，不需要考虑应计收入和费用的问题。

2. 处理收入和费用的原则不同

即使同一时期同一业务所计算的收入与费用总额也不可能相同。例如，本期收到上月销售产品的货款30 000元存入银行。针对这一经济业务，采用权责发生制原则因为货款属于上个月与本月无关，30 000元不应该确认本月的销售收入；采用收付实现制，只要货款在本月收到，不用考虑货款应该属于哪个月的销售，30 000元确认为本月的销售收入。

3. 对企业的影响不同

权责发生制运用应计科目及跨期核算反映企业经济业务，对于归属本期的收入、费用则在损益表上进行反映，现实中易造成企业在某一会计期间内的损益表上看起来效益颇高，但在资产负债表上却可能没有对应的变现资产而陷入经营困境。现金流量表是以款项的实际收付为标准确定的本期收入与费用，无疑最大可能地压缩了人为调节的因素。

4. 适用范围不同

我国《企业会计准则》规定会计核算应当以权责发生制为基础。在我国所有的企业都是以权责发生制为准则进行会计核算，而收付实现制多运用于行政单位及事业单位（除从事经营业务外）。

（二）联系

在尚未出现商业信用和借贷行为的情况下，收付实现制是中西方复式簿记的基础，企业以现金流入与现金流出的差额来确定当期的收益。然而伴随着商品经济的发展及商业信用的逐步扩大，以款项的实际收支为标准的收付实现制易造成企业实际收益结果的偏差，在某种程度上阻碍了企业对资本的吸纳，致使收付实现制在经济社会中逐渐失去了其生存的基础。同时，权责发生制逐渐开始运用于各国的会计实务之中。

权责发生制与收付实现制两者之间相互依存互为补充，随着我国经济的发展变化，必须将二者有效地融合，取长补短，从而更加客观、真实地反映企业的经营成果。

新的《企业会计准则》中把权责发生制原则作为企业会计确认、计量和报告的基础。随着经济交易和事项的日益复杂，建立在权责发生制基础上的财务会计确认存在着越来越多的问题，如权责发生制不能提供企业现金流动的信息、权责发生制下应收账款确认为收入会造成收入确认不实、影响企业的发展和国家的宏观调控等，但是这些不足之处不能动摇其作为会计确认、计量和报告的基础的主导地位。

首先，权责发生制下的会计信息具有较强的可验证性。

其次，财务会计应反映一个企业经济活动和真实历史的本质，这决定了权责发生制存在的必要性。

再次，权责发生制比收付实现制更能满足当前双重会计目标的要求。

最后，理论在实务操作中行之有效且被各方所接受时，才能付诸实践，在现行的会计实务中，权责发生制有较强的可行性。

权责发生制经过近一个世纪的发展及完善，已成为现代财务会计概念的核心内容，而且与之相配套的一系列会计程序和方法已经建立并逐步完善。权责发生制不再仅仅是会计信息质量要求应该满足的原则，而应该作为企业会计确认、计量和报告的基础。

作业与思考

一、单项选择题

1. 会计主要采用的计量单位是（　　）。

A. 实物计量单位　　B. 劳动计量单位

C. 货币计量单位　　D. 工时计量单位

2. 会计分期是指（　　）。

A. 将持续正常的生产经营活动人为地划分成一个间断、相等的期间

B. 将持续正常的生产经营活动人为地划分成一个间断、不等的期间

C. 将持续正常的生产经营活动人为地划分为一个连续、相等的期间

D. 将持续正常的生产经营活动人为地划分成一个连续、不等的期间

3. 会计核算的基本前提是（　　）。

A. 会计目标　　B. 会计任务C. 会计职能D. 会计假设

4.《企业会计准则》规定（　　）。

A. 在我国，企业的会计核算以人民币为记账本位币

B. 在我国，企业的会计核算以美元为记账本位币

C. 在境外设立的中国企业向国内报送的财务会计报告，应当折算为美元

D. 业务收支以人民币以外的货币为主的企业，必须以人民币作为记账本位币

5. 下列会计等式错误的是（　　）。

A. 资产=负债+所有者权益

B. 收入-费用=利润

C. 资产-费用=负债+所有者权益+收入

D. 资产=负债+所有者权益+收入-费用

6. 收入是指企业在日常活动形成的、会导致所有者权益增加的、与所有者投入资本无关的（　　）。

A. 经济利益的总流出　　B. 经济利益的总流入

C. 生产费用　　D. 经济损耗

7. 以银行存款偿还应付账款，可使企业的（　　）。

A. 资产与负债同时增加　　B. 资产与负债一增一减

C. 资产与负债同时减少　　D. 资产内部项目一增一减

8. 现金、应收账款、存货、机器设备属于企业会计要素中的（　　）要素。

A. 资产　　B. 负债C. 所有者权益D. 费用

9. 下列项目中属于负债的内容的是（　　）。

A. 预付账款　　B. 预收账款C. 实收资本D. 投资收益

10. 未分配利润属于会计要素中的（　　）要素。

A. 负债　　B. 所有者权益C. 收入D. 利润

二、多项选择题

1. 会计基本假设包括（　　）。

A. 会计主体假设　　B. 持续经营假设

C. 会计分期假设　　D. 货币计量假设

2. 权责发生制的核算基础是以收付应归属期间为标准，确定本期收入和费用的处理方法，即（　　）。

A. 凡是属于本期应获得的收入，不管款项是否已收到，都应作为本期收入处理

B. 凡是属于本期应获得的收入，只有款项已经收到，才能作为本期收入处理

C. 凡属本期应当负担的费用，不管款项是否已经付出，都应作为本期费用处理

D. 凡属本期应当负担的费用，只有款项已经付出，才能作为本期费用处理

3. 会计核算基础包括（　　）等。

A. 权责发生制　　B. 实际成本原则

C. 实质重于形式原则　　D. 收付实现制

4. 企业的收入具体可表现为（　　）。

A. 资产的增加　　B. 负债的减少

C. 部分资产的增加和部分负债的减少D. 负债的增加

5. 所有者权益包括（　　）。

A. 实收资本　　B. 资本公积C. 盈余公积D. 未分配利润

6. 下列经济业务中属于资产内部此增彼减的有（　　）。

A. 从银行提取现金　　B. 国家向企业投资设备

C. 以银行存款归还借款　　D. 以银行存款购买原材料

7. 期间费用包括（　　）。

A. 管理费用　　B. 制造费用C. 财务费用D. 销售费用

8. 下列反映财务状况的会计要素有（　　）。

A. 资产　　B. 负债C. 所有者权益D. 收入

9. 下列反映经营成果的会计要素有（　　）。

A. 资产　　B. 收入C. 费用D. 利润

10. 下列只能引起资产内部项目发生增减变动的经济业务有（　　）。

A. 将现金 2 000 元存入银行

B. 用银行存款 15 000 元购入一辆汽车

C. 从银行取得短期借款 200 000 元存入银行

D. 接受某外商投入人民币 50 000 元存入银行

三、判断题

1. 会计主体必然是一个法律主体，而法律主体不一定是会计主体。（　　）
2. 在会计核算中没有主体的会计是不存在的。（　　）
3. 填制和审核会计凭证是会计核算的一个重要方法。（　　）
4. 货币计量为会计核算提供了必要的手段。（　　）

5. 会计核算应当以货币作为唯一的计量单位。（　　）

6. 资产是一种经济资源，具体表现为具有各种实物形态的财产。（　　）

7. 企业与供应单位签订了 100 000 元的购货合同，因此可确认企业资产和负债同时增加 100 000 元。（　　）

8. 企业的资产来源于所有者和债权人，所有者和债权人都同时有权要求企业偿还它们所提供的资产。（　　）

9. “资产 = 负债 + 所有者权益”这个平衡式是企业资金运动的动态表现。（　　）

10. 投资者投入的资本金应属于企业的资产。（　　）

11. 会计主体必须是法律主体。（　　）

12. 会计主体所核算的生产经营活动也包括其他企业或投资者个人的其他生产经营活动。（　　）

四、业务题

（一）练习区分经济业务类型

资料：A 公司某会计期间发生经济业务如下：

（1）用银行存款购买材料。

（2）用银行存款支付前欠货款。

（3）用盈余公积金转赠资本。

（4）向银行借入长期借款，存入银行。

（5）收到所有者投入设备。

（6）用银行存款归还长期借款。

（7）用银行存款支付股东的撤资款。

（8）宣告发放股利。

（9）将长期银行借款转为资本。

（10）借入短期借款，直接归还前欠货款。

（11）收回前欠货款，存入银行。

（12）领用材料，生产产品。

（13）用银行存款交纳上月税金。

（14）预收某单位货款存入银行。

（15）购买材料，货款未付。

要求：分析上列经济业务的类型，将经济业务序号填入表 9-1。

表 9-1　　经济业务类型

经济业务类型	经济业务序号
1. 一项资产增加，另一项资产减少	
2. 一项负债增加，另一项负债减少	

表9-1(续)

经济业务类型	经济业务序号
3. 一项所有者权益增加，另一项所有者权益减少	
4. 一项资产增加，一项负债增加	
5. 一项资产增加，一项所有者权益增加	
6. 一项资产减少，一项负债减少	
7. 一项资产减少，一项所有者权益减少	
8. 一项负债减少，一项所有者权益增加	
9. 一项负债增加，一项所有者权益减少	

（二）案例分析：

某企业3月发生以下经济业务，用权责发生制与收付实现制分别确认收入和费用（见表9-2）。

(1) 3月1日，购进3月用办公用品800元，款项尚未支付。

(2) 3月5日，售出以前月份生产的商品30件，售价6 000元，收到货款，该商品成本为3 000元。

(3) 3月10日，预付下一季度租金900元。

(4) 3月12日，预收外单位购货款2 000元。

(5) 3月20日，支付本月水费2 500元。

(6) 3月25日，收到本季度的房屋租金1 200元。

(7) 3月31日，支付本季度短期借款利息2 100元。

表9-2 确认收入和费用

业务	权责发生制		收付实现制	
	收入	费用	收入	费用
(1)				
(2)				
(3)				
(4)				
(5)				
(6)				
(7)				

第3篇　会计基本方法

学习目标

本篇阐述了会计方法中的设置会计账户、复式记账法、会计凭证、会计账簿、财产清查、成本会计、财务会计报告，目的是使初学者对会计核算的方法有所了解。使初学者通过学习本篇对这些方法有比较清楚地把握。

重点与难点

- 设置账户和复式记账法

第 10 章
设置会计科目和账户

本章介绍了会计科目，目的是使初学者对会计科目与会计账户之间的关系有所了解。通过本章的学习，学生应对会计账户这种核算方法有比较清楚的认识。

第 1 节　会计科目

【思考问题 10-1】设备与存款都属于资产，如果要你选择一项资产，你会选择什么？一个公司资金短缺，但急需购入生产所需要的材料，你是选择赊购还是向银行借款购买，你会如何选择？

一、会计科目的概念

企业在日常经营过程中发生了各种各样的经济业务，经济业务的发生会引起各项会计要素发生增减变化。由于企业的经营业务错综复杂，即使涉及同一种会计要素，也往往具有不同的性质和内容。例如，机器设备和银行存款虽然都属于资产，但它们的经济内容和在经济活动中的周转方式以及所引起的作用各不相同。又如，应付账款和短期借款虽然都是负债，但它们的形成原因和偿付期限也是各不相同的。再如，所有者投入的实收资本和企业经营产生的利润虽然都是所有者权益，但它们的形成原因与用途也不同。为了实现会计的核算职能，提供更详尽的会计信息，要对会计要素进行进一步分类。这种对会计要素对象的具体内容进行分类核算的项目名称称为会计科目。

会计要素是对会计对象的基本分类。会计科目是对会计对象的具体内容在按照会计要素分类的基础上进行进一步分类的项目名称。

二、会计科目设置的原则

由于会计对象的具体内容和经济业务不同，在设置会计科目时也有所不同。会计科目作为向投资者、债权人、企业经营管理者等提供会计信息的重要手段，无论是企业、事业单位，还是机关团体，设置过程中应按国家统一制度的规定设置，既全面又互斥，应努力达到实用性、稳定性、相关性。

会计科目作为向投资者、债权人、企业经营管理者等提供会计信息的重要手段，在其设置过程中应遵循以下原则：

（一）统一性与灵活性

会计科目设置应当符合国家统一的会计制度的规定。我国现行的会计制度对企业设置的会计科目做出了统一规定，以保证不同企业对外提供的会计信息具有可比性。企业应当参照会计制度中统一规定的会计科目，根据自身的实际情况设置会计科目，但其设置的会计科目不得违反现行会计制度的规定。一级会计科目严格按照国家会计制度规定设置，明细会计科目可以根据自身的生产经营特点，在不影响统一会计核算要求以及对外提供统一的财务报表的前提下，自行增设、减少。

在实际工作中，贯彻统一性与灵活性相结合的原则时要防止两种倾向：一是防止会计科目设置过于简单，过于简单不能满足经济管理的需要；二是防止会计科目设置过于复杂，这样会加大会计核算的工作量。

（二）全面性与互斥性

企业对每个会计科目所反映的经济内容也必须做到界限明确，既要避免不同会计科目所反映的内容重叠的现象，也要防止全部会计科目未能涵盖企业某些特定的经济业务的现象。

（三）实用性

企业设置的会计科目应符合单位自身特点，满足单位实际需要。企业的组织形式、所处行业、经营内容及业务种类等不同，在会计科目的设置上亦应有所区别。在统一性与灵活性相结合的基础上，企业应根据自身特点，设置符合企业需要的会计科目。

（四）稳定性

会计科目的设置是由《企业会计准则》加以规定的，因此为了保证会计科目设置的相对稳定性，会计科目的制定应保持相对稳定。会计科目的稳定性主要表现为会计科目的名称、含义及所包含的内容应保持相对稳定。只有会计科目具有相对稳定性，会计核算资料才具有可比性。

（五）相关性

会计科目应为提供有关各方所需要的会计信息服务，既满足对内经济管理的需要，又满足对外报告的需要。根据《企业会计准则》的规定，企业财务报告提供的信息必须满足对内对外各方面的需要，而设置会计科目必须服务于会计信息的提供，必须与财务报告的编制相协调、相关联。

三、会计科目的内容和级别

（一）会计科目的内容和编号

会计科目可以按照多种标准进行分类设置，按会计要素对会计科目进行分类是其基本分类之一。例如，我国自 1993 年 7 月 1 日起执行的《工业企业会计制度》将会计科目分为资产类科目、负债类科目、所有者权益类科目、成本类科目和损益类科目 5 大类。为了便于编制会计凭证、登记账簿、查阅账目、实行会计电算化，还应在对会计科目进行分类的基础上，为每个会计科目编一个固定的号码，这些号码称为会计科目编号，简称科目编号。科目编号能清楚地表示会计科目所属的类别及其在类别中的位置。为了便于会计工作的进行，通常在会计准则中以会计科目表的形式对会计科目的编号、类别和名称加以规范。目前，根据财政部发布的《企业会计准则——应用指南》统一制定了企业实际工作中需要使用的会计科目，如表 10-1 所示：

表 10-1 《企业会计准则——应用指南》会计科目名称表

序号	编号	会计科目名称	序号	编号	会计科目名称	序号	编号	会计科目名称
一、资产类			一、资产类（续）			三、共同类（续）		
1	1001	库存现金	55	1606	固定资产清理	107	3101	衍生工具
2	1002	银行存款	56	1611	未担保余值	108	3201	套期工具
3	1003	存放中央银行款项	57	1621	生产性生物资产	109	3202	被套期项目
4	1011	存放同业	58	1622	生产性生物资产累计折旧	四、所有者权益类		
5	1012	其他货币资金	59	1623	公益性生物资产	110	4001	实收资本
6	1021	结算备付金	60	1631	油气资产	111	4002	资本公积
7	1031	存出保证金	61	1632	累计折耗	112	4101	盈余公积
8	1101	交易性金融资产	62	1701	无形资产	113	4102	一般风险准备
9	1111	买入返售金融资产	63	1702	累计摊销	114	4103	本年利润
10	1121	应收票据	64	1703	无形资产减值准备	115	4104	利润分配
11	1122	应收账款	65	1711	商誉	116	4201	库存股
12	1123	预付账款	66	1801	长期待摊费用	五、成本类		
13	1131	应收股利	67	1811	递延所得税资产	117	5001	生产成本
14	1132	应收利息	68	1821	独立账户资产	118	5101	制造费用
15	1201	应收代位追偿款	69	1901	待处理财产损溢	119	5201	劳务成本
16	1211	应收分保账款	二、负债类			120	5301	研发支出
17	1212	应收分保合同准备金	70	2001	短期借款	121	5401	工程施工
18	1221	其他应收款	71	2002	存入保证金	122	5402	工程结算
19	1231	坏账准备	72	2003	拆入资金	123	5403	机械作业
20	1301	贴现资产	73	2004	向中央银行借款	六、损益类		
21	1302	拆出资金	74	2011	吸收存款	124	6001	主营业务收入
22	1303	贷款	75	2012	同业存放	125	6011	利息收入
23	1304	贷款损失准备	76	2021	贴现负债	126	6021	手续费及佣金收入

表10-1(续)

序号	编号	会计科目名称	序号	编号	会计科目名称	序号	编号	会计科目名称
24	1311	代理兑付证券	77	2101	交易性金融负债	127	6031	保费收入
25	1321	代理业务资产	78	2111	卖出回购金融资产款	128	6041	租赁收入
26	1401	材料采购	79	2201	应付票据	129	6051	其他业务收入
27	1402	在途物资	80	2202	应付账款	130	6061	汇兑损益
28	1403	原材料	81	2203	预收账款	131	6101	公允价值变动损益
29	1404	材料成本差异	82	2211	应付职工薪酬	132	6111	投资收益
30	1405	库存商品	83	2221	应交税费	133	6201	摊回保险责任准备金
31	1406	发出商品	84	2231	应付利息	134	6202	摊回赔付支出
32	1407	商品进销差价	85	2232	应付股利	135	6203	摊回分保费用
33	1408	委托加工物资	86	2241	其他应付款	136	6301	营业外收入
34	1411	周转材料	87	2251	应付保单红利	137	6401	主营业务成本
35	1421	消耗性生物资产	88	2261	应付分保账款	138	6402	其他业务成本
36	1431	贵金属	89	2311	代理买卖证券款	139	6403	营业税金及附加
37	1441	抵债资产	90	2312	代理承销证券款	140	6411	利息支出
38	1451	损余物资	91	2313	代理兑付证券款	141	6421	手续费及佣金支出
39	1461	融资租赁资产	92	2314	代理业务负债	142	6501	提取未到期责任准备金
40	1471	存货跌价准备	93	2401	递延收益	143	6502	提取保险责任准备金
41	1501	持有至到期投资	94	2501	长期借款	144	6511	赔付支出
42	1502	持有至到期投资减值准备	95	2502	应付债券	145	6521	保单红利支出
43	1503	可供出售金融资产	96	2601	未到期责任准备金	146	6531	退保金
44	1511	长期股权投资	97	2602	保险责任准备金	147	6541	分出保费
45	1512	长期股权投资减值准备	98	2611	保户储金	148	6542	分保费用
46	1521	投资性房地产	99	2621	独立账户负债	149	6601	销售费用
47	1531	长期应收款	100	2701	长期应付款	150	6602	管理费用
48	1532	未实现融资收益	101	2702	未确认融资费用	151	6603	财务费用
49	1541	存出资本保证金	102	2711	专项应付款	152	6604	勘探费用
50	1601	固定资产	103	2801	预计负债	153	6701	资产减值损失
51	1602	累计折旧	104	2901	递延所得税负债	154	6711	营业外支出
52	1603	固定资产减值准备	三、共同类			155	6801	所得税费用
53	1604	在建工程	105	3001	清算资金往来	156	6901	以前年度损益调整
54	1605	工程物资	106	3002	货币兑换			

（二）会计科目的级别

各个会计科目并不是彼此孤立的，而是相互联系、相互补充，组成一个完整的会计科目体系。通过这些会计科目，可以全面、系统、分类地反映和监督会计要素的增减变动情况及其结果，为经营管理提供所需要的一系列核算指标。在生产经营过程中，由于经营管理的要求不同，所需要的核算指标的详细程度也就不同。根据经营管理的要求，既需要设置提供总括核算指标的总账科目，又需要设置提供详细核算资料的二级明细科目和三级明细科目。

1. 总账科目

总账科目，即一级科目，也称总分类会计科目（如“原材料”“应收账款”等），是对会计要素的具体内容进行总括分类的会计科目，是进行总分类核算的依据。总账科目是根据国家统一会计制度的规定设置的。为了满足会计信息使用者对信息质量的要求，总账科目是由财政部《企业会计准则——应用指南》统一规定的。

2. 明细科目

明细科目也称明细分类会计科目，是在总账科目的基础上，对总账科目所反映的经济内容进行进一步详细分类的会计科目，以提供更详细、更具体的会计信息的科目。例如，在“应收账款”科目下，如按客户不同设置“鸿运公司”“新发公司”“皓祥公司”等二级科目。明细科目的设置，除了要符合财政部统一规定外，一般根据经营管理的需要，由企业自行设置。对于明细科目较多的科目，可以在总账科目和明细科目设置二级或多级科目。例如，在“鸿运公司”下，再根据项目不同开设三级明细科目。

实际工作中，并不是所有的总账科目都需要开设二级和三级明细科目，根据会计信息使用者所需不同信息的详细程度，有些只需要设一级总账科目，有些只需要设一级总账科目和二级明细科目，不需要设置三级科目等。会计科目的级别如表 10-2 所示：

表 10-2　“应收账款”总账和明细账会计科目

总账科目（一级科目）	明细科目	
	二级科目（子目）	三级科目（细目）
应收账款	鸿运公司	项目 A
	新发公司	
	皓祥公司	

四、会计科目运用举例

【例 10-1】以下经济业务应该如何设置会计科目：

（1）从银行提取现金 300 元。

该项业务应设置“银行存款”和“库存现金”科目。

（2）购买材料 7 000 元，料款尚未支付，材料已验收入库。

该项业务应设置“原材料”和“应付账款”科目。

（3）某投资者投入设备一台，价值 300 000 元。

该项业务应设置“实收资本”和“固定资产”科目。

（4）某企业销售产品一批，价值 3 000 元，货款尚未收到。

该项业务应设置“主营业务收入”和“应收账款”科目。

第 2 节　会计账户

【思考问题 10-2】会计科目只是对会计要素进行具体分类的项目名称，如何反映某一类经济项目增减变化及结果？如“库存现金”科目反映企业存放在保险柜的款项，涉及“库存现金”科目的业务很多，如取备用金、报销等，经过一定期间的经济业务后，如何反映库存现金在一定会计期间，增加多少、减少多少、期末结余多少？会计科目无法提供这些信息，那么会计账户呢？

一、会计账户的含义

会计科目只是对会计对象的具体内容（会计要素）进行分类的项目的名称。在会计实务中，为了能够分门别类地对各项经济业务引起会计要素的增减变动情况及其结果进行全面、连续、系统、准确地核算和监督，为经营管理者提供需要的会计信息，仅仅有会计科目是不够的，必须设置一种方法或手段，能提供具体的核算指标。因此，设置会计科目以后，还要根据规定的会计科目开设一系列反映不同经济内容的账户。账户的名称就是会计科目。会计账户是根据会计科目设置的，运用账户把各项经济业务的发生情况及由此引起的资产、负债、所有者权益、收入、费用和利润各要素的变化，系统地、分门别类地进行核算，以便提供所需要的各项指标。

会计账户是根据会计科目设置的具有一定格式和结构，用来记录经济业务的工具之一，可以系统、连续、分类地记载和反映各项经济业务，从而提供更为有用的信息，是一种专门方法。

会计账户是对会计要素的内容所进行的科学再分类。会计科目与会计账户是两个既相互区别，又有联系的不同概念。两者的联系在于：会计科目是设置会计账户的依据，是会计账户的名称；会计账户是会计科目的具体运用，会计科目所反映的经济内容，就是会计账户所要登记的内容。两者的区别表现在：会计科目只是对会计要素具体内容的分类，本身没有内容；会计账户则有相应的结构，是一种核算方法，能具体反映资金增减变动和结果的状况。因此，会计账户比会计科目分类更为明细、内容更为丰富。例如，“银行存款”科目只是表示企业存放在银行等金融机构的款项的名字，而“银行存款”账户则能够将企业存在金融机构的金额的增减变动及结果完整地记录下来。

综上所述，会计对象是会计核算和监督的内容，是设置会计账户的基础和前提。会计要素是会计对象的基本组成内容，是会计账户所要核算和监督的具体内容。会计等式是运用数学方程原理描述会计要素数量关系的表达式，是会计账户在应用过程中必须遵循的基本理论依据。会计科目是对会计要素分类形成的具体项目名称，是设置会计账户的直接依据。会计账户是根据会计科目设置，具有一定格式，分类反映会计要素增减变动及结果的工具。

二、设置会计账户的意义

会计科目仅仅是对企业的经济业务内容进行分类后所形成的项目名称，为了能够分门别类地对各项经济业务的发生所引起的会计要素的增减变动情况及结果进行全面、连续、系统、准确地反映和监督，以便为会计信息使用者提供所需要的各种会计信息，还必须根据规定的会计科目在账簿中开设会计账户，通过会计账户对各项经济业务进行分类、系统、连续地记录。

三、会计账户的基本结构

会计账户的格式通常如表 10-3 所示：

表 10-3　　**会计科目**

年		凭证编号	摘要	借方	贷方	借或贷	余额
月	日						

一般来说，会计账户的基本结构应包括：

（1）账户名称及编号，即会计科目及其编号；

（2）经济业务发生日期和内容摘要；

（3）凭证号数，即账户记录的来源和依据；

（4）增加或减少的金额。

在理论研究和教学工作中，为了便于说明，常常将上列会计账户格式简化为 T 形账户，表示如图 10-1 所示：

图 10-1　T 形账户

上述账户格式是手工记账经常采用的格式之一——左右对照式，分为左右两方，一方反映增加，另一方反映减少。如果规定在左方记录增加额，就应该在右方记录减少额；反之，如果在右方记录增加额，就应该在左方记录减少额。在具体账户的左、右两方中究竟规定哪一方记录增加额、哪一方记录减少额，取决于各账户所记录的经济内容和所采用的记账方法。

账户的具体格式取决于企业采用的记账方法。根据《企业会计准则》的规定，我国企业会计记账应采用借贷记账法。在借贷记账法下，账户的左方称为“借方”，账户的右方称为“贷方”。在此处“借”“贷”二字并无借入和贷出的具体含义，只是表示左与右的符号，在含义上表示增加或者减少，根据“资产+费用=负债+所有者权益+收入”等式，等式左边借方表示增加，贷方表示减少，余额在借方（增加方）；等式右边的规则跟左边刚刚相反，借方表示减少，贷方表示增加，余额在贷方（增加方）。

四、会计账户的基本数量关系

会计账户能够反映 4 个重要的金额，即期初余额、期末余额、本期增加额、本期减少额。其左方和右方登记的增减金额称为本期发生额，到期末应结算出期末余额。本期期末余额转入下期即为下期的期初余额。

4 个金额之间的关系为：

期末余额=期初余额+本期增加额-本期减少额

账户的本期发生额反映一定时期内该账户核算内容的增减变动情况，而期末余额则反映其变动的结果。账户的余额一般与记录的增加额在同一方向。

【例 10-2】A 公司月初短期借款余额为 800 000 元，本月向银行借入 5 个月的借款 200 000 元，归还到期的短期借款为 600 000 元。

要求：计算本月末短期借款的余额。

其计算如下：

期末余额=800 000+200 000-600 000=400 000（元）

用 T 形账户表示，如图 10-2 所示：

借		短期借款	贷
		期初余额	800 000
		本期增加	200 000
本期减少	600 000		
		期末余额	400 000

图 10-2　T 形账户

五、账户的分类

每一个账户只能记录企业经济活动的某一方面，不可能对企业的全部经济业务进行记录。而会计信息使用者需要了解企业经济活动的全貌，这就需要在账簿中设置一个相互联系的账户体系。账户的分类就是研究账户体系中各个账户之间关系的，明确每个账户在账户体系中的地位和作用，以便加深对账户的认识，正确设置和运用账户，更好地反映企业的经济业务的情况。按照不同的标准对账户分类，可以从不同的角度认识账户。账户可以按照经济内容不同分类，也可按照提供经济指标详细程度不同分类。

（一）账户按照经济内容不同分类

账户反映的经济内容是指账户所体现的会计要素的经济性质，在这种分类下，可将账户分为资产类、负债类、所有者权益类、收入类、费用类和利润类。这种分类方法使每个账户有了特定的经济性质，即该账户所反映的会计要素的经济性质。由于账户是根据会计科目设置的，按照《企业会计准则——应用指南》中会计科目的分类方法，也可以分为资产类、负债类、所有者权益类、损益类和成本类。

（二）账户按照提供指标详细程度不同分类

在会计核算工作中，为了适应管理的需要，对于经济业务都要在账户中进行登记，既需要提供总量的信息，又需要提供详细的核算指标。账户按提供指标的详细程度来划分，可分为总分类账户和明细分类账户。

1. 总分类账户

总分类账户又称总账账户，是按照总分类会计科目开设的。总分类账户是对企业经济活动的具体内容进行总括核算的账户。通过总分类账户提供的各核算资料，可以概括地反映各会计要素增减变动最终的总量结果。但总分类账户并不提供关于各项会计要素增减变动过程及结果的详细资料，难以满足企业内部经济管理上的需要。因此，各个会计主体在设置总分类账户的同时，还应该根据需要设置明细分类账户。

2. 明细分类账户

明细分类账户又称明细账户，是对某一个总分类账户的核算内容，根据实际需要，按照详细的分类来分别设置，用来提供详细核算资料的账户。

在实际工作中，除了少量的总分类账户不需要设置明细账户以外，绝大多数总分类账户因为管理的需要都必须设置明细分类账户。例如，为了具体了解各种材料的收发结存情况，有必要在“原材料”总分类账户下，按照材料品种分别设置明细分类账户。又如，为了具体掌握企业与客户单位之间的货款结算情况，就应该在“应收账款”总分类账户下，按照客户的不同设置明细分类账户。在明细分类账户中，除了以货币计量单位进行金额的核算外，必要时运用实物计量进行数量核算，以便通过提供的数量指标，对总分类账户进行必要的补充。

作业与思考

一、单项选择题

1. 对每一个会计要素所反映的具体内容进行进一步分门别类地划分，需要（　　）。

A. 设置会计科目　B. 设置账户　C. 复式记账法　D. 编制会计报表

2. 会计要素是对下列哪一选项的基本分类（　　）。

A 会计主体　B. 会计客体　C. 会计对象　D. 会计分期

3. 会计科目的实质是（　　）。

A. 反映会计对象的具体内容　B. 为设置账户奠定基础

C. 记账的理论依据　D. 是会计要素的进一步分类

4. 二级会计科目要不要设、设置多少，主要取决于下列哪一选项的需要（　　）。

A. 总分类科目　B. 企业效益　C. 企业经营管理　D. 领导意图

5. 设置账户是下列（　　）会计工作的重要方法之一。

A. 会计监督　B. 会计决策　C. 会计分析　D. 会计核算

6. 下列会计科目属于损益类的是（　　）。

A.“主营业务收入”　B.“生产成本”

C.“应收账款”　D.“应付利息”

7. 账户之间最基本的区别在于（　　）。

A. 账户的用途不同　B. 账户的结构不同

C. 账户反映的经济内容不同　D. 账户的分类不同

8. 账户的期末余额指（　　）。

A. 本期增加发生额-本期减少发生额

B. 本期期初余额-本期减少发生额

C. 本期期初余额+本期增加发生额

D. 本期期初余额+本期增加发生额-本期减少发生额

9. 账户的“期末余额”一般在（　　）。

A. 账户的左方　　B. 账户的右方
C. 增加方　　D. 可能在左方也可能在右方

10. 下列对会计账户的四个金额要素之间基本关系表述正确的是（　　）。
A. 期末余额=期末余额+本期增加发生额-本期减少发生额
B. 期末余额=期初余额+本期增加发生额-本期减少发生额
C. 期初余额=本期增加发生额-本期减少发生额-期末余额
D. 期末余额=本期增加额-本期减少发生额-期末余额

二、多项选择题

1. 关于会计科目，下列说法正确的是（　　）。
A. 会计科目是对会计要素的进一步分类
B. 会计科目按其所提供指标的详细程度不同，可以分为总分类科目和明细分类科目
C. 会计科目可以根据企业的具体情况自行设定
D. 会计科目是复式记账和编制记账凭证的基础

2. 会计科目是进行各项会计记录和提供各项会计信息的基础，在会计核算中具有重要意义的是（　　）。
A. 会计科目是复式记账的基础
B. 会计科目是编制记账凭证的基础
C. 会计科目是填制原始凭证的基础
D. 会计科目为成本计算提供了前提条件

3. 下列选项中属于企业资产类账户的是（　　）。
A. "应收账款"　　B. "预收账款"　　C. "应付账款"　　D. "预付账款"

4. 下列对会计科目和会计账户之间的关系表述正确的是（　　）。
A. 两者都是对会计对象具体内容的科学分类
B. 两者口径一致，性质相同
C. 会计科目是会计账户的名称
D. 会计账户具有一定的格式和结构，而会计科目不具有格式和结构

5. 下列属于总账科目的有（　　）。
A. "原材料"　　B. "甲材料"　　C. "应付账款"　　D. "资本公积"

6. 总分类账户与明细分类账户的区别在于（　　）。
A. 反映经济业务内容的详细程度不同　　B. 反映的经济业务内容不同
C. 登记账簿的依据不同　　D. 作用不同

7. 账户一般应包括下列内容中的（　　）。
A. 账户名称　　B. 日期
C. 摘要　　D. 增加和减少的金额

8. 账户分为左、右两方，至于哪一方登记增加，哪一方登记减少，取决于(　　)。

A. 所记录的经济业务的内容　　B. 企业经营管理的需要

C. 会计核算手段　　D. 所采用的记账方法

三、判断题

1. 会计科目是对会计要素的具体内容进行分类核算的项目。(　　)

2. 总分类科目下设的明细分类科目太多时，可在总分类科目与明细分类科目之间设置二级科目。(　　)

3. 总分类科目是对会计对象进行的总括分类、提供总括信息的会计科目。(　　)

4. 设置会计科目必须是法律规定的。(　　)

5. 在我国，会计科目的名称、编号及其说明，不需要通过国家统一会计制度来进行规范。(　　)

6. “管理费用”和“制造费用”一样，都属于成本类科目。(　　)

7. 一级账户又称总分类账户或总账户。(　　)

8. 会计科目是设置会计账户依据，是会计账户的名称。因此，会计科目与会计账户一样具有一定的结构，用于反映会计要素的增减变动情况和结果。(　　)

9. “生产成本”账户是用来计算产品的生产成本，而产品属于资产。因此“生产成本”账户按照经济内容分类属于资产类账户。(　　)

10. 对于一个账户的同一方，可能既记录某类经济业务的增加，又记录该类经济业务的减少。(　　)

第 11 章

复式记账法

本章阐述了会计方法中的复式记账法，目的是使初学者对记账方法有所了解，特别是了解借贷记账法的含义、内容。通过学习本章，学生应对借贷记账法有比较清楚地认识。

【思考问题 11-1】根据会计科目设置会计账户，能够提供连续、系统地反映特定会计主体的经济结果，但账户仅仅是记录经济业务的工具，要如何记录才能把经济业务所引起的会计要素增减变化登记在账簿中，以便向内外部信息使用人提供财务信息呢？

第 1 节　记账方法

一、记账方法的概念

记账方法就是账簿登记经济业务的方法，即根据一定的记账原则、记账符号、记账规则，采用一定的计量单位，利用文字和数字把经济业务记到账簿中去的一种专门方法。记账方法按记录方式不同，可分为单式记账法和复式记账法。

二、记账方法的发展

单式记账法是会计簿记发展的初级阶段，在这种方法之下，会计主体任何一项经济业务的发生一般只在某一个账户中记账。在这种记账法下通常只登记货币资金收支、往来款项的结算内容，而不登记实物资产的收付内容。早在我国唐朝形成并在宋朝得到普遍使用的四柱结算法就是典型的单式记账法。单式记账法简单易懂，但是这种方法不能全面、系统地反映经济业务的全貌，不便于检查账户记录的正确性，是一种不完整的记账方法，现在很少使用。

目前全世界通用的记账法是复式记账法。在西方，复式簿记的演变，从它的萌芽期到接近于完备，大约经历了 300 年左右（13 世纪初至 15 世纪末）。这一演变过程发生在中世纪的意大利商业城市（如威尼斯、热那亚等城市）。当时，地中海沿岸某些城市的商业和手工业发展很快，出现了马克思所说的“资本主义生产的最初萌芽”。发达的商品经济，特别是地中海沿岸某些城市中十分活跃的商业（包括海上贸易）和银钱兑换业，都迫切要求从簿记中获得有关经济往来和经营成果的重要信息。经过一段孕育时期以后，簿记的方法终于取得了重大突破，在文艺复兴时期渐趋成熟，1494 年由意大利的僧侣和数学家卢卡·帕乔利撰写的《算术、几何及比例概要》标志着复式簿记法在意大利诞生。这本书用专门的章节系统论述了复式记账法，它代表着近代会计的开端。我国在明朝和明末清初时期，随着经济的发展，中式复式记账法得以形成并发展，如三角账、龙门账以及清朝在民间工商业流行的四角账。复式记账法是相对于单式记账法而言的，也就是对会计主体所发生的每一项经济业务都以相等的金额在相互联系的两个或两个以上账户中登记的记账方法。例如，“以银行存款 1 000 元购买原材料”，这笔业务在记账时，不仅记“银行存款”减少 1 000 元，同时还要记“原材料”增加 1 000 元。因此，在复式记账法下，通过对应账户的双重等额记录，能反映经济活动的来龙去脉，并能运用账户体系的平衡关系来检查全部会计记录的正确性。复式记账法作为科学的记账方法一直被广泛地运用。

借贷记账法在清朝末期的光绪年间从日本传入中国。在各种复式记账法中，借贷记账法是产生最早，并在当今世界各国应用最广泛，同时也是最科学的记账方法。在我国历史上，相当长的时期内出现增减记账法、收付记账法与借贷记账法三种复式记账法并存的局面。1993 年，我国《企业会计准则》实施以后，企业会计记账一律采用借贷记账法。

记账法的分类如图 11-1 所示：

- 记账法
  - 单式记账法
  - 复式记账法
    - 增减记账法
    - 收付记账法
    - 借贷记账法

图 11-1　记账法的分类

第 2 节　借贷记账法

一、借贷记账法的含义

借贷记账法是按照复式记账的原理，以资产与权益的平衡关系为基础，以“借”和“贷”两个字作为记账符号，以“有借必有贷，借贷必相等”为记账规则的一种复式记账法。

二、借贷记账法的记账符号

借贷记账法以“借”“贷”二字作为记账符号，并不是“纯粹的”和“抽象的”

记账符号，而是具有深刻经济内涵的科学的记账符号。从字面含义上看，“借”“贷”二字的确是历史的产物，其最初的含义同债权和债务有关。随着商品经济的发展，借贷记账法得到广泛的运用，记账对象不再局限于债权、债务关系，而是扩大到要记录财产物资增减变化和计算经营损益。原来仅限于记录债权、债务关系的“借”“贷”二字已不能概括经济活动的全部内容。其表示的内容应该包括全部经济活动资金运动变化的来龙去脉，“借”“贷”二字逐渐失去了原来字面上的含义，并在原来含义的基础上进一步升华，获得了新的经济含义：

第一，“借”“贷”二字代表账户中两个固定的部位。一切账户，均要设置两个部位记录某一具体经济事项数量上的增减变化（来龙去脉），账户的左方一律称为借方，账户的右方一律称为贷方。

第二，具有一定的、确切的、深刻的经济含义。“贷”字表示资金运动的“起点”（出发点），即表示会计主体所拥有的资金（某一具体财产物资的货币表现）的“来龙”（资金从哪里来）；“借”字表示资金运动的“驻点”（即短暂停留点，因资金运动在理论上没有终点），即表示会计主体所拥有的资金的“去脉”（资金的用途、去向或存在形态）。这是由资金运动的内在本质决定的。会计既然要全面反映与揭示会计主体的资金运动，在记账方法上就必须体现资金运动的本质要求。

第三，“借”“贷”二字最初是和记录的经济业务的内容相符合的，体现着借入和贷出的含义。随着经济的不断发展，“借”“贷”二字逐渐失去了原有的含义，而变成纯粹的记账符号，成为会计上的专门术语。一般情况之下，作为记账符号，“借”字表示增加或者减少，“贷”字也可以表示增加或减少。在 T 形账户中，左方是借方，右方是贷方。

在会计实务上，以“借”表示资产的增加和负债及所有者权益的减少；以“贷”表示负债和所有者权益的增加及资产的减少。具体地说，资产的增加应记在资产类的有关账户的借方，资产的减少应记在资产类的有关账户的贷方；负债及所有者权益的增加应记在其有关账户的贷方，负债及所有者权益的减少记在其有关账户的借方。账户若借方有余额，表示为资产的余额；账户贷方有余额，表示为负债及所有者权益的余额。一般资产类账户都为借方余额，负债及所有者权益类账户为贷方余额，其结构是不同的。

三、借贷记账法的账户结构与数量关系

账户结构包括账户名称、记账符号、T 形线条以及记账方向。账户按经济内容不同可以分成资产类、负债类、所有者权益类、成本类和损益类账户。在借贷记账法下，账户的结构因账户类别的不同而不同。账户的数量关系指的是账户期初余额、期末余额与本期增加额、本期减少额之间的等式关系。对于任意一个账户都存在这样一个等式关系：

期末余额 = 期初余额 + 本期增加额 − 本期减少额

（一）资产类、负债类、所有者权益类账户的账户结构和数量关系

我国对记账方向的一般规定如下：资产类账户在借方登记增加额，在贷方登记减少额；负债类和所有者权益类账户的记账方向与资产类账户恰好相反，在贷方登记增加额，在借方登记减少额。于是决定了这三类账户的基本账户结构（见图 11-2）。当然，这只是一般规定，对于个别例外的账户，我们会在随后的内容和后续课程中进行讲述。

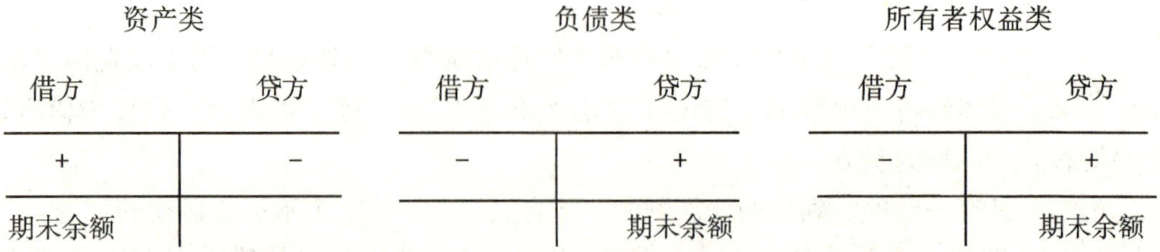

图 11-2　借贷记账法下的账户结构（1）

那么在规定了资产类、负债类、所有者权益类账户的记账方向之后，我们便能发现资产类账户的一般余额在借方，因为资产类账户的借方被规定登记增加额。同样的道理，负债类账户和所有者权益类账户的一般余额应该在贷方。于是能得出如下两个关于资产类、负债类、所有者权益类账户数量关系的等式关系：

（1）资产类账户。

期末借方余额 = 期初借方余额 + 本期借方发生额 - 本期贷方发生额

（2）负债类和所有者权益类账户。

期末贷方余额 = 期初贷方余额 + 本期贷方发生额 - 本期借方发生额

（二）损益类账户的账户结构和数量关系

损益类账户包括收入类账户与费用类账户。它们的记账方向是由所有者权益类账户的记账方向推导出来的：由于会计等式“收入 - 费用 = 利润”，收入的增加必然会导致利润的增加，相应的所有者权益就会增加，因此收入类账户的记账方向应与所有者权益类账户的记账方向一致，即贷方记录增加额，借方记录减少额。同理，费用的增加会导致利润的减少，因此费用类账户的记账方向应与所有者权益类账户的记账方向相反，即借方记录增加额，贷方记录减少额（见图 11-3）。

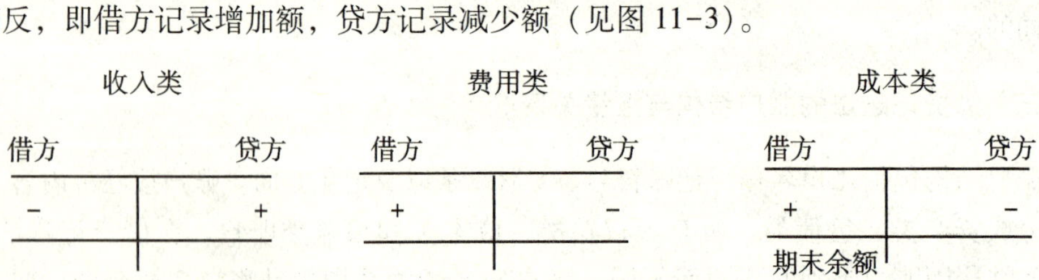

图 11-3　借贷记账法下的账户结构（2）

关于费用类、收入类账户结构的重要说明：期末在计算利润时，需要将费用类、收入类账户的当期发生额全部转入利润类账户计算利润，则收入类、费用类账户没有

余额。

损益类账户的数量关系同样要区分收入类和费用类账户，其中收入类账户的数量关系与所有者权益类账户相同。

期末贷方余额 = 期初贷方余额 + 本期贷方发生额 − 本期借方发生额

费用类账户的数量关系与所有者权益类账户相反，与资产类账户相同。

期末借方余额 = 期初借方余额 + 本期借方发生额 − 本期贷方发生额

（三）成本类账户的账户结构和数量关系

成本类账户的性质跟资产类账户的性质相似，成本类账户的期末余额反映的是企业期末某种资产的结余状况，因此成本类账户的记账方向与资产类账户记账方向相同，即借方记录增加额，贷方记录减少额（见图 11−3）。成本类账户的数量关系也与资产类账户的数量关系相同：

期末借方余额 = 期初借方余额 + 本期借方发生额 − 本期贷方发生额

需要引起注意的是，上述总结的都是账户的一般规律，有些特殊的账户的记账方向并没有遵循上述规定，而且与所属类别的一般记账方向相反，这是由其特定的用途所决定的，这些账户要按照它们的用途来推算记账方向。比如“累计折旧”账户虽然属于资产类账户，但是它表示“固定资产”价值的减少，其特定的用途决定了它的记账方向和“固定资产”以及其他资产类账户记账方向相反。

四、借贷记账法的记账规则

记账规则是指运用记账方法正确记录会计事项时必须遵守的规律。记账规则是记账的依据，也是对账的依据。

借贷记账法的记账规则是“有借必有贷，借贷必相等”。也就是说，任何一笔经济业务涉及的全部账户，在编制会计分录时必然有被“借”记的，同时也有被“贷”记的，而且借方发生额之和与贷方发生额之和相等。这也是编制会计分录的规则，“有借必有贷”表明账户登记方向；“借贷必相等”表明账户登记金额。

对于比较复杂的经济业务，可能会影响两个以上的账户，这时依然遵循“有借必有贷，借贷必相等”的记账规则，即如果记入一个账户的借方，必须同时记入另外几个账户的贷方；或者如果记入一个账户的贷方，必须同时记入另外几个账户的借方。同时，记入借方的总金额与记入贷方的总金额必须相等。

交易事项引起的会计要素增减变化不外乎四种情况。对这四种情况，运用借贷记账法记账规则进行记账，现举例说明如下：

（一）企业筹集资金，资产和权益同时等额增加

【例 11−1】沪东公司收到投资方投入设备一台，投资合同约定其价值（该约定价值是公允的）为 30 000 元（假定不考虑增值税）。

该经济业务使资产和所有者权益两个会计要素同时发生变动，一方面使资产类账户“固定资产”增加 30 000 元，应记入该账户借方；另一方面使所有者权益类账户

“实收资本”增加30 000元，应记入该账户贷方。同时，记入借方账户和贷方账户的金额相等。

【例11-2】沪东公司从银行取得6个月期借款100 000元，存入公司存款账户。

该经济业务使资产和负债两个会计要素同时发生变动，一方面使资产类账户“银行存款”增加100 000元，应记入该账户借方；另一方面使负债类账户“短期借款”增加100 000元，应记入该账户贷方。同时，记入借方账户和贷方账户的金额相等。

（二）资金占用形态变化，资产项目内部此增彼减，增减金额相等

【例11-3】沪东公司从银行提取现金2 000元，以备零星开支之用。

该经济业务使资产的不同项目此增彼减，一方面使资产类账户“库存现金”增加2 000元，应记入该账户借方；另一方面使资产类账户“银行存款”减少2 000元，应记入该账户贷方。同时，记入借方账户和贷方账户的金额相等。

（三）资金权益变化，权益项目内部此增彼减，增减金额相等

【例11-4】沪东公司开出并承兑面值为20 000元的商业汇票一份，抵付前欠某单位货款。

该经济业务使负债的不同项目此增彼减，一方面使负债类账户“应付票据”增加20 000元，应记入该账户贷方；另一方面使另一负债类账户“应付账款”减少20 000元，应记入该账户借方。同时，记入借方账户和贷方账户的金额相等。

【例11-5】沪东公司按规定办妥增资手续后，将资本公积20 000元转增资本金。

该经济业务使所有者权益的不同项目此增彼减，一方面使所有者权益类账户“实收资本”增加20 000元，应记入该账户贷方；另一方面使另一所有者权益类账户“资本公积”减少20 000元，应记入该账户借方。同时，记入借方账户和贷方账户的金额相等。

【例11-6】沪东公司按规定分配给投资者利润50 000元，款项尚未支付。

该经济业务使所有者权益和负债两个会计要素发生变动，一方面使所有者权益类账户“利润分配——未分配利润”减少50 000元，应记入该账户借方；另一方面使负债类账户“应付股利”增加50 000元，应记入该账户贷方。同时，记入借方账户和贷方账户的金额相等。

【例11-7】沪东公司将应付给投资者的股利30 000元经投资者同意并按规定办妥增资手续后，转作投资者向企业的投资。

该经济业务使所有者权益和负债两个会计要素发生变动，一方面使企业的负债类账户“应付股利”减少30 000元，应记入该账户借方；另一方面使所有者权益类账户“实收资本”增加30 000元，应记入该账户贷方。同时，记入借方账户和贷方账户的金额相等

（四）资金退出企业，资产和权益同时等额减少

【例11-8】沪东公司以银行存款10 000元偿还前欠某单位账款。

该经济业务使资产和负债两个会计要素同时发生变动，一方面使资产类账户“银

行存款”减少 10 000 元，应记入该账户贷方；另一方面使负债类账户的“应付账款”减少 10 000 元，应记入该账户借方。同时，记入借方账户和贷方账户的金额相等。

【例 11-9】沪东公司按规定办妥减资手续，退回某投资方投资 50 000 元，以银行存款支付。

该经济业务使资产和所有者权益两个会计要素同时发生变动，一方面使资产类账户“银行存款”减少 50 000 元，应记入该账户贷方；另一方面使所有者权益类账户“实收资本”减少 50 000 元，应记入该账户借方。同时，记入借方账户和贷方账户的金额相等。

五、借贷记账法下的会计分录的编制

（一）账户的对应关系和对应账户

从以上举例可以看出，在运用借贷记账法进行核算时，在有关账户之间存在着应借、应贷的相互关系，账户之间的这种相互关系称为账户的对应关系。存在对应关系的账户称为对应账户。例如，用银行存款 1 000 元购买原材料，就要在“原材料”账户和“银行存款”账户中进行记录。这样“原材料”与“银行存款”账户就发生了对应关系，两个账户也就成了对应账户。掌握账户的对应关系很重要，通过账户的对应关系可以了解经济业务的内容，检查对经济业务的处理是否合理、合法。

（二）会计分录

会计分录是经济业务在登记账户前预先确定的应记账户名称、方向和金额的一种记录形式。

1. 会计分录的定义及其格式

会计分录是经济业务在登记账户前预先确定的应记账户名称、方向和金额的一种记录形式。在实际工作中，会计分录是填写在记账凭证上的。一笔会计分录主要包括三个要素：会计科目、记账符号、金额。

会计分录的格式如下：

借：账户名称　　　　　　　　　　　　××××（经济业务的发生额）

　贷：账户名称　　　　　　　　　　　　××××（经济业务的发生额）

上述格式的会计分录能比较完整地记录一项经济业务的发生或完成情况。

2. 会计分录的书写要求

书写会计分录的时候先写借方科目，再写贷方科目，金额单位默认为“人民币元”。会计分录为上下结构，上借下贷，借贷错开，借贷金额相等。一般“贷”字应在“借”字下方空一格的地方，金额也要错开写。编制复合分录时，对于多个借方（或贷方）科目，不必重复写“借”（或“贷”），只需将同方向的会计科目对齐即可。

3. 会计分录的分类

按所涉及的账户的多少，会计分录可分为简单会计分录和复合会计分录。

简单会计分录（一借一贷）是指涉及的账户数量只有两个，也就是一个账户借方与另一个账户贷方的会计分录，即一借一贷的会计分录。简单会计分录下的会计科目间的对应关系十分清晰，比较容易理解和掌握。

复合会计分录（非一借一贷）是指由两个以上（不含两个）的对应账户所组成的会计分录，即一借多贷、多借一贷和多借多贷的会计分录。企业编制复合会计分录，可以全面反映经济业务的来龙去脉，并简化记账手续，提高工作效率。

4. 会计分录的编制

会计分录的编制就是对经济业务进行分析、分类、整理并记账的过程，一般可以按以下三个步骤进行：

（1）分析经济业务的内容，确定其所影响到的会计要素及其要素涉及的具体项目——账户。

（2）明确该账户是哪一种类型（按经济内容分类）的账户、记账方向是怎样的以及该经济业务的发生使该账户的金额增加还是减少了。

（3）根据以上分析的结果，按照不同账户的结构，确定该项经济业务应记入相关账户的借方或者贷方以及各个账户应记的金额，形成会计分录。

【例 11-10】某公司从银行取得 6 个月期借款 100 000 元，存入公司存款账户。

第一步：分析题意，此项经济业务影响到资产和负债两个要素，进一步分析影响到资产要素下的“银行存款”账户和负债要素下的“短期借款”账户。

第二步：“银行存款”账户属于资产类账户，借方记录增加额，贷方记录减少额，该项经济业务使资产类账户“银行存款”增加 100 000 元，应记入该账户借方；“短期借款”账户属于负债类账户，借方记录减少额，贷方记录增加额，该项经济业务使负债类账户“短期借款”增加 100 000 元，应记入该账户贷方。

第三步：“银行存款”账户应“借”记的金额是 100 000 元，“短期借款”账户应“贷”记的金额也是 100 000 元。

根据以上三个步骤，我们把会计分录写出来，如下：

借：银行存款　　　　100 000

　贷：短期借款　　　　100 000

最后检验一下是否符合记账规则。在会计分录中没有出现金额的单位“元”，这是会计实务中默认的规则——金额在没有特别要求和说明的情况之下，全部以“元”为单位，而且“元”字省略不写。

【例 11-11】某公司从银行提取现金 2 000 元，以备零星开支之用。

第一步：此项经济业务影响到资产要素下的“银行存款”账户和“库存现金”账户；

第二步：“银行存款”账户和“库存现金”账户都属于资产类账户，借方登记增加额，贷方登记减少额；

第三步：此项经济业务的发生使“银行存款”账户减少 2 000 元，应“贷”记；使“库存现金”账户增加 2 000 元，应“借”记。

会计分录完成如下：

借：库存现金　　2 000

　贷：银行存款　　2 000

经检验，该分录符合记账规则。

【例 11-12】某公司购买原材料一批，价值 98 000 元，其中银行存款支付 48 000 元，其余款项尚未支付，材料已验收入库。

第一步：此项经济业务影响到资产要素下的“原材料”账户和“银行存款”账户；还影响到负债要素下的“应付账款”账户。

第二步：“原材料”账户和“银行存款”账户都属于资产类账户，借方登记增加额，贷方登记减少额；“应付账款”账户属于负债类账户，借方登记减少额，贷方登记增加额。

第三步：此项经济业务的发生使“原材料”账户增加 98 000 元，应“借”记；使“银行存款”账户减少 48 000 元，应“贷”记；使“应付账款”账户增加 50 000 元，应“贷”记。

会计分录完成如下：

借：原材料　　98 000

　贷：银行存款　　48 000

　　　应付账款　　50 000

经检验，该分录符合记账规则。

六、借贷记账法的试算平衡

企业对日常发生的经济业务都要记入有关账户，内容庞杂，次数繁多，记账稍有疏忽，便有可能发生差错。因此，对全部账户的记录必须定期进行试算，借以验证账户记录是否正确。所谓试算平衡，就是指在某一时日（如会计期末），为了保证本期会计处理的正确性，依据会计等式或复式记账原理，对本期各账户的全部记录进行汇总、测算，以检验其正确性的一种专门方法。通过试算平衡，可以检查会计记录的正确性，并可查明出现不正确会计记录的原因，并进行调整，从而为会计报表的编制提供准确的资料。

在借贷记账法下，根据借贷复式记账的基本原理，试算平衡的方法主要有两种：本期发生额试算平衡法和余额试算平衡法。

（一）发生额试算平衡

发生额平衡包括两方面的内容：一是每笔会计分录的发生额平衡，即每笔会计分录的借方发生额必须等于贷方发生额，这是由借贷记账法的记账规则决定的；二是本期发生额的平衡，即本期所有账户的借方发生额合计必须等于所有账户的贷方发生额合计。

这种试算平衡方法的原理是每笔经济业务编制会计分录时，都是“有借必有贷，借贷必相等”，将其记入有关账户本期经汇总后，也必然是“借贷必相等”。本期发生额平衡法主要是用来检查本期发生的经济业务在进行各种账户处理时的正确性。

这种平衡关系用公式表示为：

本期全部账户借方发生额合计=本期全部账户贷方发生额合计

（二）余额试算平衡

余额平衡是指所有账户的借方余额之和与所有账户的贷方余额之和相等。余额试算平衡是根据会计恒等关系来检验本期记录是否正确的方法。

余额平衡法的基本原理是由“资产=负债+所有者权益”的恒等关系决定的。在某一时点上，有借方余额的账户应是资产类账户，有贷方余额的账户应是权益类账户，分别合计其金额，即具有相等关系的资产总额等于权益总额。

其试算平衡公式如下：

全部账户的借方期末余额=全部账户的贷方期末余额

余额平衡法主要是通过各种账户余额来检查、推断账户处理正确性的。如果试算不平衡，说明账户的记录肯定有错，如果试算平衡，说明账户的记录基本正确，但不一定完全正确。这是因为试算平衡有局限性，下列错误试算平衡是无法发现的：

（1）一笔经济业务全部遗漏记账；

（2）一笔经济业务全部重复记账；

（3）一笔经济业务的借贷方向颠倒；

（4）账户名称记错；

（5）借贷双方发生同金额的错误；

（6）借贷某一方发生相互抵销的错误

作业与思考

一、单项选择题

1. 资产账户的借方、贷方和期末余额方向分别表示（　　）。

A. 增加、减少、贷方　　B. 减少、增加、贷方

C. 增加、减少、借方　　D. 减少、增加、借方

2. 权益类账户的期末余额（　　）。

A. 只能在账户的一方　　B. 一般在借方

C. 可能在借方或者贷方　　D. 一般在贷方

3. 收入类账户和费用类账户的期末（　　）。

A. 有贷方余额　　B. 借贷方都有可能有余额

C. 有借方余额　　D. 借贷方均无余额

4. 利润账户的结构和费用账户的结构（　　）。

A. 完全相同　　B. 完全相反　　C. 完全不同　　D. 基本相同

5. 采用复式记账法主要是为了（　　）。

A. 提高工作效率　　B. 便于会计人员的分工协作

C. 如实反映资金运动的来龙去脉　　D. 便于登记账簿

6. 复式记账法对每项经济业务都以相等的金额在（　　）中进行登记。

A. 一个账户　　B. 两个账户

C. 全部账户　　D. 两个或两个以上的账户

7. 预付供应单位材料货款，负债及所有者权益类账户的期末余额一般在（　　）。

A. 借方　　B. 借方和贷方　　C. 贷方　　D. 借方或贷方

8. 所有者权益类账户的期末余额根据（　　）计算。

A. 借方期末余额=借方期初余额+借方本期发生额-贷方本期发生额

B. 借方期末余额=借方期初余额+贷方本期发生额-借方本期发生额

C. 贷方期末余额=贷方期初余额+贷方本期发生额-借方本期发生额

D. 贷方期末余额=贷方期初余额+借方本期发生额-贷方本期发生额

9. 借贷记账法下的“借”表示（　　）。

A. 费用增加　　B. 负债增加

C. 所有者权益增加　　D. 收入增加

10. 应收账款账户的期初余额为借方 2 000 元，本期借方发生额 8 000 元，本期贷方发生额 6 000 元，该账户的期末余额为（　　）。

A. 借方 4 000 元　　B. 贷方 8 000 元　　C. 借方 5 000 元　　D. 贷方 5 000 元

二、多项选择题

1. 复式记账法的优点包括（　　）。

A. 进行试算平衡　　B. 了解经济业务的来龙去脉

C. 简化账簿登记工作　　D. 检查账户记录的正确性

2. 下列账户中，期末结转后无余额的账户有（　　）。

A.“实收资本”　　B.“主营业务成本”

C.“库存商品”　　D.“营业费用”

3. 试算平衡表中，试算平衡的公式有（　　）。

A. 借方科目金额=贷方科目金额

B. 借方期末余额=借方期初余额+本期借方发生额-本期贷方发生额

C. 全部账户借方发生额合计=全部账户贷方发生额合计

D. 全部账户的借方余额合计=全部账户的贷方余额合计

4. 在下列项目中，属于期间费用账户的是（　　）。

A.“销售费用”　　B.“制造费用”　　C.“财务费用”　　D.“管理费用”

5. 在下列项目中，属于损益类账户的是（　　）。

A.“主营业务收入”　　B.“所得税费用”

C.“应交税费” D.“本年利润”

三、判断题

1. 复式记账法是指对每一项经济业务，都要以相等的金额在两个相互联系的账户中进行登记的方法。 （ ）

2. 在试算平衡表上，若实现了期初余额、本期发生额和期末余额三栏的恒等关系，则说明账户记录是完全正确的。 （ ）

3. 借贷记账法下，生产成本的减少，应该在“生产成本”账户的贷方登记。 （ ）

4. 在借贷登记法下，账户的借方登记减少数，贷方登记增加数。 （ ）

5. 试算平衡时，试算平衡了，说明账户记录是绝对正确的。 （ ）

6. 单式记账法是会计簿记发展的初级阶段，目前通用的记账法是复式记账法。 （ ）

7. 借贷记账法是以“借”和“贷”作为记账符号，其中“借”表示增加，“贷”表示减少。 （ ）

8. 从银行提取现金的会计分录为“借：银行存款，贷：库存现金”。 （ ）

四、计算分析题

1. 假设某企业期初的资产和权益总额均为100万元，当期发生下列经济业务：

（1）从银行提取现金10 000元；

（2）接受投资者投入款项200 000元；

（3）用银行存款偿还长期借款100 000元；

（4）用资本公积转增资本50 000元。

要求：逐项说明上述经济业务对企业资产与权益总额有无影响，如有影响，说明影响的方向和金额。

2. 资料：东方公司201×年1月份各总分类账户发生额及余额部分数据如表11-1所示：

表11-1 总分类账户发生额及余额试算平衡表 单位：元

账户名称	期初余额		本期发生额		期末余额	
	借方	贷方	借方	贷方	借方	贷方
库存现金	2 000		18 000	（ ）	20 000	
银行存款	（ ）		1 500 000	230 000	1 570 000	
原材料	10 000		22 000	—	（ ）	
短期借款		90 000	204 000	504 000		（ ）
实收资本		（ ）	—	1 000 000		1 200 000
应付账款		22 000	—	（ ）		32 000
合计	（ ）	（ ）	1 744 000	（ ）	（ ）	（ ）

第 12 章

成本计算

通过本章的学习，学生应理解企业成本计算的内容和一般程序，掌握工业企业主要经营过程中成本计算的一般方法。

第 1 节　产品成本的含义与费用的分类

一、产品成本的含义

产品成本是对象化的费用，而费用涵盖范围广泛，着重按会计期间进行归集，产品成本则着重于按产品进行归集。产品成本是费用总额的一部分，只包括完工产品的费用，不包括期间费用和期末未完工产品的费用。

二、费用的分类

生产费用可以按不同的标准分类，其中最基本的是按生产费用的经济内容和经济用途分类。

（一）生产费用按经济内容分类

产品的生产过程，也是物化劳动（包括劳动对象与劳动手段）和活劳动的耗费过程。因此，生产过程中发生的生产费用，按其经济内容分类，可划归为劳动对象方面的费用、劳动手段方面的费用和活劳动方面的费用三大类。生产费用按照经济内容分类，就是在这一划分的基础上，将生产费用划分为若干要素费用，包括材料费用、燃料费用、外购动力费用、工资费用、提取的职工福利费、折旧费、其他生产费用。

（二）生产费用按经济用途分类

工业企业在生产经营中发生的费用，首先可以分为计入产品成本的生产费用和直接计入当期损益的期间费用两类。

1. 计入产品成本的生产费用

（1）按用途分类。为具体反映计入产品成本的生产费用的各种用途，提供产品成本构成情况的资料，还应将其进一步划分为若干个项目，即产品生产成本项目（简称产品成本项目或成本项目）。工业企业一般应设置以下几个成本项目：

①原材料，即企业在生产过程中经加工改变其形态或性质并构成产品主要实体的各种原料及主要材料、辅助材料、燃料、修理备用件、包装材料、外购半成品等，也称直接材料。

②车间生产人员的工资和福利，也称直接人工。

③制造费用，主要包括水电费、折旧费、修理费用和低值易耗品等。

企业可根据生产特点和管理要求对上述成本项目做适当调整。对于管理上需要单独反映、控制和考核的费用，以及产品成本中比重较大的费用，应专设成本项目；否则，为了简化核算，不必专设成本项目。

（2）按计入产品成本的方法分类。计入产品成本的生产费用按计入产品成本的方法可以分为直接计入费用和间接计入费用。

①直接计入费用是指可以分清哪种产品所耗用，并且可以直接计入某种产品成本的费用。

②间接计入费用是指不能分清哪种产品所耗用、不能直接计入某种产品成本，而必须按照一定标准分配计入有关的各种产品成本的费用。

2. 直接计入当期损益的期间费用

工业企业的期间费用按照经济用途可分为销售费用、管理费用和财务费用。销售费用是指企业专设销售机构的各项经费和为了促销发生的各项费用。管理费用是指行政管理部门为组织和管理生产经营活动而发生的费用。财务费用是指企业在生产经营过程中为筹集资金而发生的筹资费用。

第2节　成本计算的含义及要求

一、成本计算的含义

成本计算是按照一定对象归集和分配生产经营过程中发生的各种费用，以便确定该对象的总成本和单位成本的一种专门方法。例如，工业企业要计算生产产品的成本，就要把企业进行生产活动所耗用的材料、支付的工资，以及发生的其他费用加以归集，并计算产品的总成本和单位成本。产品成本是综合反映企业生产经营活动的一项重要指标。正确地进行成本计算，可以考核生产经营过程的费用支出水平，同时又是确定企业盈亏和制定产品价格的基础，并为企业进行经营决策提供重要数据。

二、成本计算的要求

在成本计算工作中，应遵循以下各项要求：

（一）算管结合，算为管用

成本核算应当与加强企业经营管理相结合，所提供的成本信息应当满足企业经营管理和决策的需要。

（二）正确划分各种费用界限

为了正确地进行成本核算、正确地计算产品成本和期间费用，必须正确划分以下五个方面的费用界限：

（1）正确划分是否应计入生产费用、期间费用的界限；

（2）正确划分生产费用与期间费用的界限；

（3）正确划分各月份的生产费用和期间费用的界限；

（4）正确划分各种产品的生产费用的界限；

（5）正确划分完工产品与在产品的生产费用的界限。

以上五个方面费用界限的划分过程，也就是产品生产成本的计算和各项期间费用的归集过程。在这一过程中，应贯彻受益原则，即谁受益谁负担费用，何时受益何时负担费用；负担费用的多少应与受益程度的大小成正比。

（三）正确确定财产物资的计价和价值结转方法

企业财产物资计价和价值结转方法主要包括：固定资产原值的计算方法、折旧方法、折旧率的种类和高低；固定资产修理费用是否采用待摊或预提方法及摊提期限的长短；固定资产与低值易耗品的划分标准；材料成本的组成内容、材料按实际成本进行核算时发出材料单位成本的计算方法、材料按计划成本进行核算时材料成本差异率的种类、采用分类差异法时材料成本差异率的大小；低值易耗品和包装物价值的摊销方法、摊销率的高低及摊销期限的长短；等等。为了正确计算成本，对于各种财产物资的计价和价值的结转，应严格执行国家统一的会计制度。各种方法一经确定，应保持相对稳定，不能随意改变，以保证成本信息的可比性。

（四）做好各项基础工作

1. 建立定额管理制度，制定必要的消耗定额

定额是企业在生产经营过程中，对人力、物力、财力的消耗所规定的标准。与成本有关的定额包括劳动定额，材料、动力、工具消耗定额，费用定额，质量定额等。制定的定额既要先进又要切合实际，并应随着企业生产技术条件的变化和管理水平的提高而定期修订。

2. 加强物资的计量、验收、领发和清查制度

做好物资的计量、验收、领发和清查工作，是正确计算成本的必要条件。企业一切物资的收发都要经过计量验收和办理必要的凭证手续。库存物资应定期进行清查、盘点，做到账物相符。

3. 建立内部结算制度，制定内部结算价格

搞好内部结算要抓好内部结算价格、内部结算方式和内部结算组织三个方面的工作。

4. 建立原始记录制度，制定合理的凭证传递流程

企业应健全原始记录制度，统一规定各种原始记录的格式、内容、填制方法、存档和销毁等制度。应根据成本计算和内部控制的需要，制定各种原始记录的传递程序，

包括凭证传递所流经部门、各部门对凭证的处理程序等。

（五）适应生产特点和管理要求，采用适当的成本计算方法

根据企业的行业特点，选择适合企业的成本计算方法。产品成本计算的基本方法有品种法、分批法、分步法等。

1. 品种法

品种法是以产品品种为成本计算对象计算成本的一种方法。它适用于大量、大批的单步骤生产。此外，管理上不要求分步骤计算成本的多步骤生产也可采用品种法。

2. 分批法

分批法是按照产品批别计算产品成本的一种方法。它主要适用于单件、小批类型的生产，如精密仪器、专用设备等，也可用于一般制造企业中的新产品试制或试验的生产、在建工程以及设备修理作业等。

分批法的主要特点是不按产品的生产步骤而只按产品的批别（分批、不分步）计算成本，通常不涉及完工产品和在产品的成本分配问题，即产品生产周期和成本计算期一致。

3. 分步法

分步法是按照产品的生产步骤计算产品成本的一种方法。它主要适用于大量、大批的多步骤生产，如冶金、纺织、造纸以及大量、大批生产的机械制造等。

分步法的主要特点是不按产品的批别计算产品成本，而是按产品的生产步骤计算产品成本。在实际工作中，根据成本管理对各生产步骤成本资料的不同要求（是否要计算半成品成本）和简化核算工作的要求，各生产步骤成本的计算和结转，一般可采用逐步结转分步法和平行结转分步法两种方法。

（1）逐步结转分步法是按照产品加工顺序，逐步计算并结转半成品成本，直到最后加工步骤完成才能计算出产成品成本的一种方法。这一方法将每一步骤的半成品作为一个成本计算对象并计算成本，因此这一方法又称为计列半成品成本分步法。逐步结转分步法的成本结转程序与品种法相同。

逐步结转分步法虽然能为产品实物管理和资金管理提供资料，但成本结转工作量大，并且最后完工产成品中的成本项目是综合性的，必须进行成本还原，更加大了核算的工作量。

（2）平行结转分步法是指在计算各步骤成本时，不计算各步骤所产半成品成本，也不计算各步骤所耗上一步骤的半成品成本，而只计算本步骤发生的各项其他费用以及这些费用中应计入当期完工产品成本的“份额”。期末，将相同产品的各步骤成本明细账中的这些份额平行结转、汇总，即可计算出该种产品的产成品成本。这种结转各步骤成本的方法也称为平行结转分步法，又由于成本结转与实物流转不一致，因此这一方法又称为不计列半成品成本分步法。应当注意的是，平行结转分步法下的在产品是广义在产品，即没有最终完工的产品都称为在产品，不仅包括本步骤没有完工的产品，还包括本步骤已完工但没有最终完工的产品。

与逐步结转分步法相比，平行结转分步法大大减少了核算工作量，能加速成本计算工作，但因其与半成品实物流转不一致，因此不能提供各个步骤的半成品资料，不利于半成品的实物管理，也难以全面反映各步骤的生产耗费水平。

第3节 成本计算的一般程序

成本计算的一般程序是指对企业在生产经营过程中发生的各项生产费用和期间费用，按照成本计算的要求，逐步进行归集和分配，最后计算出各种产品的生产成本和各项期间费用的基本过程。成本计算的一般程序如下：

第一，对企业的各项支出、费用进行严格地审核和控制，并按照国家统一会计制度确定其是否应计入生产费用、期间费用，以及应计入生产费用还是期间费用。

第二，正确处理支出、费用的跨期摊提工作。

第三，将应计入本月产品的各项生产费用，在各种产品之间按照成本项目进行分配和归集，计算出按成本项目反映的各种产品的成本。

第四，对于月末既有完工产品又有在产品的产品，将该种产品的生产费用（月初在产品生产费用与本月生产费用之和），在完工产品与月末在产品之间进行分配，计算出该种产品的完工产品成本和月末在产品成本。

第4节 工业企业经营过程中的成本计算

制造企业的经营过程一般有采购、生产、销售三个阶段。各个阶段要分别计算存货采购成本、产品生产成本和产品销售成本。

原材料的采购成本一般有买价和采购费用。对于采购费用，能直接分清受益对象的，应直接计入该材料的采购成本，若不能直接分清受益对象的，并且费用金额较大，应在原材料重量、体积、买价等分配标准选择合适的标准，间接计入相应原材料的采购成本（这符合成本计算原理）。

生产过程完工产品生产成本等于月初在产品成本加上本月发生的生产费用减去月末在产品成本。基础会计默认产品当月全部完工，不存在在产品的计算。

销售过程中企业通过产品的销售，收回货币资金，以保证企业再生产的进行。企业应通过计算结转产品的销售成本，并将其与当期实现的销售收入相配比，从而计算出企业在一定时期内实现的产品销售利润或发生的亏损。

产品销售成本计算的对象是每一种已销售的产品。由于产品销售成本是已售产品的生产成本，因此产品销售成本的计算实质上是已售产品生产成本的结转。

在通常情况下，各批完工产品的生产成本是不相同的，因此计算结转产品销售成本的关键是如何确定已售产品的单位生产成本。

结转已售产品生产成本的方法有先进先出法、后进先出法、加权平均法及个别计价法等。产品销售成本计算时，平均单位成本的计算可采用加权平均法、先进先出法等计价方法。

【例 12-1】金星公司 2015 年 5 月发生了 3 笔购入材料业务，其具体业务内容如下：

(1) 5 月 8 日，公司赊购甲材料 4 800 千克，发票注明的单价为 28.5 元，乙材料 1 600 千克，单价为 12.8 千克，增值税额合计为 26 737.6 元，供应单位代垫运费为 9 600 元。

(2) 5 月 15 日，公司现购甲材料 3 000 千克，发票注明价款为 85 500 元，增值税额为 14 535 元。甲材料运回企业发生运杂费 4 500 元。

(3) 5 月 22 日，公司签发转账支票购买乙材料 2 800 千克，发票注明价款为 35 840 元，增值税额为 6 092 元。乙材料共发生运杂费 2 880 元。

假定运杂费按各种材料的重量比例进行分配，同时不考虑运费中的增值税问题。

要求：根据上述业务内容，计算甲材料和乙材料的采购成本。

解析：采购费用分配率 $=\dfrac{9\ 600}{4\ 800+1\ 600}=1.5$（元/千克）

甲材料负担的运杂费 $=1.5\times4\ 800=7\ 200$（元）

乙材料负担的运杂费 $=1.5\times1\ 600=2\ 400$（元）

甲材料的总成本 = 买价 + 采购费用 $=4\ 800\times28.5+85\ 500+7\ 200+4\ 500$

$=234\ 000$（元）

乙材料的总成本 = 买价 + 采购费用 $=1\ 600\times12.8+35\ 840+2\ 400+2\ 880=61\ 600$（元）

甲材料的单位成本 $=23\ 400\div7\ 800=30$（元）

乙材料的单位成本 $=61\ 600\div4\ 400=14$（元）

【例 12-2】金星公司 2015 年 5 月 A 产品和 B 产品成本资料如下：

(1) 期初在产品成本资料如表 12-1 所示：

表 12-1　**期初在产品成本资料表**　单位：元

产品名称	直接材料	直接人工	其他直接支出	制造费用	合计
A 产品	3 700	20 000	2 800	1 500	28 000
B 产品	2 000	15 000	2 100	900	20 000
合计	5 700	35 000	4 900	2 400	48 000

（2）本月发生的各项生产费用如表 12-2 所示：

表 12-2　　本月各项生产费用表　　单位：元

产品名称	直接材料	直接人工	其他直接支出	制造费用
A 产品	64 400	150 000	21 000	27 000
B 产品	18 000	120 000	16 800	
合计	82 400	270 000	37 800	27 000

（3）期末产量资料：A 产品 80 件已经全部完工；B 产品 50 件已经全部完工。

根据上述资料，A 产品和 B 产品制造成本的计算方法如下（假定本月制造费用按生产工人工资的比例分配）：

$$本月制造费用分配率=\frac{27\ 000}{150\ 000+120\ 000}=0.1$$

A 产品应负担的制造费用＝0. 1×150 000＝15 000（元）

B 产品应负担的制造费用＝0. 1×120 000＝12 000（元）

完工产品制造成本＝月初在产品成本+本月发生的生产费用－月末在产品成本

A 产品由于全部完工，没有在产品，所以总成本就是月初在产品成本与本月发生的生产费用之和，按成本项目计算如下：

①A 产品总成本。

直接材料＝3 700+64 400＝68 100（元）

直接人工＝20 000+150 000＝170 000（元）

其他直接支出＝2 800+21 000＝23 800（元）

制造费用＝1 500+15 000＝16 500（元）

合计＝278 400（元）

B 产品由于全部完工，没有在产品，所以总成本就是月初在产品成本与本月发生的生产费用之和，按成本项目计算如下：

②B 产品总成本。

直接材料＝2 000+18 000＝20 000（元）

直接人工＝15 000+120 000＝135 000（元）

其他直接支出＝2 100+16 800＝18 900（元）

制造费用＝900+12 000＝12 900（元）

合计＝186 800（元）

作业与思考

一、单项选择题

1. 成本属于价值的范畴，是新增（　　）。

A. 成本的组成部分　　B. 资产价值的组成部分。

C. 利润的组成部分　　D. 费用的组成部分

2. 就所有会计期间费用和成本的累计发生额而言，（　　）。

A. 费用等于成本　　B. 费用小于成本

C. 费用大于成本　　D. 费用与成本没有关系

3. 下列各项中，属于制造业企业费用要素的是（　　）。

A. 制造费用　　B. 直接人工费

C. 折旧费用　　D. 直接材料费

4. 下列内容不属于材料采购成本的构成项目的是（　　）。

A. 材料的买价　　B. 外地运杂费

C. 运输途中的合理损耗　　D. 采购机构经费

5. 产品制造成本的成本项目中不包括（　　）。

A. 直接材料　　B. 直接人工　　C. 制造费用　　D. 生产费用

6. 在企业经营过程中，当可以直接确定某种费用是为某项经营活动产生时，我们称这种费用为该成本计算对象的（　　）。

A. 生产费用　　B. 直接费用　　C. 间接费用　　D. 期间费用

7. 下列各项费用中，不能直接记入“生产成本”账户的是（　　）。

A. 构成产品实体的原材料费用　　B. 生产工人的工资

C. 生产工人的福利费　　D. 车间管理人员的薪酬

8. 在企业经营过程中，当可以直接确定某种费用是为了某项经营活动产生时，将这种费用称为该成本计算对象的（　　）。

A. 生产费用　　B. 直接费用　　C. 间接费用　　D. 期间费用

二、多项选择题

1. 下列内容构成材料采购成本的有（　　）。

A. 材料的买价　　B. 采购费用

C. 增值税进项税额　　D. 采购机构经费

2. 可以用来作为分配材料采购费用标准的有（　　）。

A. 材料的买价　　B. 材料的重量　　C. 材料的种类　　D. 材料的体积

3. 影响本月完工产品成本的因素有（　　）。
A. 月初在产品成本　　B. 本月发生的生产费用
C. 本月已销产品成本　　D. 月末在产品成本
4. 产品制造成本的成本项目包括（　　）。
A. 直接费用　　B. 直接材料费　　C. 直接人工费　　D. 管理费用
5. 成本计算的主要程序包括（　　）。
A. 确定成本计算期　　B. 确定成本计算对象
C. 确定成本项目　　D. 归集和分配有关费用
6. 对于制造企业而言，下列内容应通过“制造费用”账户进行核算的有（　　）。
A. 生产车间管理人员的薪酬　　B. 生产车间生产工人的薪酬
C. 生产车间固定资产折旧费　　D. 行政管理部门固定资产折旧费

三、判断题

1. 产品生产成本也就是产品的制造成本。（　　）
2. 制造业企业发生的工资费用不一定都是生产费用。（　　）
3. 企业购入原材料的采购成本中包括增值税进项税额。（　　）
4. 费用和成本是既有联系又有区别的两个概念，费用与特定的计算对象相联系，而成本则与特定的会计期间相联系。（　　）
5. 成本是计量经营耗费和确定补偿尺度的重要工具。（　　）
6. 成本计算期的确定取决于企业生产组织的特点和管理要求。（　　）
7. 产品销售成本=生产成本+增值税销项税额。（　　）
8. 费用对象化就是该对象的成本。（　　）

四、简答题

1. 简述成本计算的意义。
2. 简述成本的概念。简述成本与费用的区别。
3. 简述成本计算的基本要求。
4. 如何确定成本计算对象？
5. 如何正确地归集和分配各种费用？
6. 如何正确地进行产品成本计算？

第 13 章 会计凭证

通过本章的学习，学生应在掌握会计凭证基本概念的基础上，初步了解会计凭证的作用，熟悉会计凭证的种类，为进一步研究会计凭证的有关问题打下坚实的基础。

第 1 节 会计凭证概述

一、会计凭证的含义

会计凭证是记录经济事项发生或完成情况的，能明确经济责任的，具有法律效力的书面证明，也是登记账簿的依据。

会计管理工作要求会计核算提供真实的会计资料，强调记录的经济业务必须有凭据。因此，任何企业、事业和行政单位，每发生一笔经济业务，都必须由执行或完成该项经济业务的有关人员取得或填制会计凭证，并在凭证上签名或盖章，以对凭证上所记载的内容负责。例如，购买商品、材料由供货方开出发票；接收商品、材料入库要有入库单；发出商品要有发货单；发出材料要有领料单；等等。这些发票、入库单、发货单、领料单都是会计凭证。

所有会计凭证都必须认真填制，同时还得经过财会部门严格审核，只有审核无误的会计凭证才能作为经济业务发生或完成的证明，才能作为登记账簿的依据。

二、会计凭证的意义

填制和审核会计凭证是会计核算方法之一，也是会计核算工作的基础。填制和审核会计凭证在经济管理中具有重要作用。

会计凭证的意义主要体现在以下三个方面：

（一）会计凭证能记录经济业务，提供记账依据

通过会计凭证的填制和审核，可以如实地反映各项经济业务的具体情况。但是会计凭证只是对经济业务做出的初步归类记录。要全面反映经济活动情况，还必须对经济业务在账户中做出进一步归类和系统化记录。任何单位都不能凭空记账，登记账簿必须以经过审核无误的会计凭证为依据。

（二）会计凭证能明确经济责任，强化内部控制

每一笔经济业务发生或完成都要填制和取得会计凭证，并由相关单位和人员在凭证上签名盖章，这样能促使经办人员严格按照规章制度办事。一旦出现问题，便于分清责任，及时采取措施，有利于岗位责任制的落实，强化内部控制。

（三）会计凭证能监督经济活动，控制经济运行

通过会计凭证的审核，可以检查企业的每一项经济业务是否符合国家有关政策、法律法规和制度等的规定，是否符合企业计划和预算进度，是否有违法乱纪、铺张浪费等行为，监督经济活动的真实性、合法性、合理性。通过会计凭证的审核，可以及时对经济活动进行事中控制，保证经济活动健康运行，从而严肃财经纪律，有效地发挥会计的监督作用。

三、会计凭证的种类

会计凭证按其填制的程序和用途的不同来划分，可以分为原始凭证和记账凭证两类。

记账凭证是由会计部门的会计人员根据已经审核的原始凭证进行归类整理而编制的会计分录凭证，是登记账簿的直接依据。

（一）原始凭证

原始凭证是在经济业务发生时取得或填制的，载明经济业务的具体内容和完成情况的证明文件。任何经济业务的发生都必须填制和取得原始凭证，原始凭证是会计核算的原始依据。

1. 原始凭证的基本内容

企业发生的经济业务纷繁复杂，反映其具体内容的原始凭证也品种繁多。虽然原始凭证反映经济业务的内容不同，但无论哪一种原始凭证，都应该说明有关经济业务的完成情况，都应该明确有关经办人员和经办单位的经济责任。因此，各种原始凭证尽管名称和格式不同，但都应该具备一些共同的内容。这些基本内容就是每一张原始凭证所应该具备的要素。

原始凭证必须具备以下基本内容：原始凭证的名称；填制原始凭证的日期和凭证编号；接受凭证的单位名称；经济业务内容，如品名、数量、单价、金额大小写；填制原始凭证的单位名称和填制人姓名；经办人员的签名或盖章。

在实际工作中，各单位根据会计核算和管理的需要，可自行设计印制适合本单位需要的各种原始凭证。但是对于在一个地区范围内经常发生的大量同类经济业务，应由各主管部门统一设计印制原始凭证。例如，由银行统一印制的银行汇票、转账支票和现金支票等，由铁路部门统一印制的火车票，由税务部门统一印制的税务登记的发票，由财政部门统一印制的收款收据等。这样不但可以使原始凭证的内容和格式统一，更便于加强监督管理。

2. 原始凭证的分类

纷繁复杂的经济业务导致原始凭证的品种繁多，为了更好地认识和利用原始凭证，

必须按照一定标准对原始凭证进行分类。原始凭证有以下几种分类标准：

（1）原始凭证按照来源不同，可分为外来原始凭证和自制原始凭证

①外来原始凭证是在经济业务完成时从其他单位或个人处取得的，载明经济业务的具体内容和完成情况的证明文件。外来原始凭证是进行会计核算的原始资料和主要依据。例如，从外单位购货时由供货单开出的增值税专用发票（见表 13-1）、由银行转来的结算凭证、铁路运输部门的火车票等都是外来原始凭证。

表 13-1　　　　××市增值税专用发票　　　　金额单位：元

开票日期：201×年×月×日　　　　№01643375

购货单位	名　称	鹏程机床厂			纳税人登记号	3570248123	
	地址、电话	34552048			开户银行及账号	浦发银行 3255787221	
商品或应税劳务名称		计量单位	数量	单价	金额	税率（%）	税额
硅钢 50WW600		千克	1 500	4	6 000	17	1 020
硅钢 50WW800		千克	1 000	4	4 000	17	680
合　计			2 500		10 000		1 700
价税合计（大写）		壹万壹仟柒佰零拾零元零角零分					￥：11 700
销售单位	名　称	酒泉钢厂			纳税人登记号	0655445712	
	地址、电话	55502819			开户银行及账号	开发银行 8889643521	

销货单位（章）：李 利　　收款人：张 顺　　复核：洪 一　　开票人：张 丽

②自制原始凭证是本企业开展业务的部门和人员在执行或完成某项经济业务时所填制的凭证。自制原始凭证也是进行会计核算的原始资料和主要依据。例如，企业内部的部门人员在领用材料时填写的领料单（见表 13-2）、限额领料单（见表 13-3）、产品入库单、工资结算表等。

表 13-2　　　　（星光机电）　　　　金额单位：元

领料单位：生产车间　　　　领　料　单　　　　编号：015

用　途：A 产品生产　　　　201×年×月×日　　　　仓库：2 号

材料类别	材料编号	材料名称	规格	计量单位	数量		单价	金额
					请领	实领		
型钢	0345	扁钢	25mm	千克	1 000	1 000	4.40	4 400
型钢	0348	扁钢	10mm	千克	500	500	4.40	2 200
合 计					1 500	1 500		6 600

记账 李 明　　发料 江 涛　　负责人 张 俊　　领料 王 力

表 13-3　　（星光机电）

限　额　领　料　单

金额单位：元

领料部门：生产车间　　发料仓库：2 号

用　　途：B 产品生产　　201×年×月×日　　编　　号：008

材料类别	材料编号	材料名称及规格	计量单位	领料限额	实际领用	单价	金额	备注
型钢	0348	角钢 50＊5	千克	500	480	4.40	2 112	

日期	请领		实发			限额结余	退库	
	数量	领用单位签章	数量	发料人	领料人		数量	退库单编号
××	200		200	江涛	王力	300		
××	100		100	江涛	王力	200		
××	180		180	江涛	王力	20		
合计	480		480			20		

供应部门负责人：李军　　生产计划部门负责人：佟强　　仓库负责人签章：刘刚

（2）原始凭证按照填制手续不同，可分为一次原始凭证、累计原始凭证和汇总原始凭证。

①一次原始凭证简称一次凭证，是一次性填制完成的只记载一项经济业务或同时记载若干项同类性质经济业务（如同为收入材料或同为发出材料）的原始凭证。外来原始凭证一般均属一次原始凭证，自制原始凭证中大多数也是一次原始凭证。日常的原始凭证多属此类，如收料单（见表 13-4）、领料单等。一次原始凭证能够清晰地反映经济业务活动情况，使用方便灵活，但数量较多。

表 13-4　　（鹏程机床厂）　　金额单位：元

收　　料　　单

供货单位：酒泉钢厂　　凭证编号：0010

发票编号：01643375　　201×年×月×日　　收料仓库：2 号

材料类别	材料编号	材料名称	规格	计量单位	数量		金额			
					应收	实收	单价	买价	采购费用	合计
型钢	0345	硅钢	50WW600	千克	1 500	1 500	4.40	6 000	600	6 600
型钢	0348	硅钢	50WW800	千克	1 000	1 000	4.40	4 000	400	4 400

会计主管　李一　　会计　王文　　审核　张凡顺　　记账　赵东　　收料　江涛

②累计原始凭证简称累计凭证，是在一张凭证上连续登记一定时期内不断重复发生的若干同类经济业务，直到期末才能填制完毕的原始凭证。累计原始凭证可以连续登记相同性质的经济业务，随时计算出累计数及结余数，期末按实际发生额记账。最

具代表性的累计原始凭证是限额领料单（见表 13-3）。

③汇总原始凭证也叫原始凭证汇总表，是根据许多同类经济业务的原始凭证或会计核算资料定期加以汇总而重新编制的原始凭证。例如，发出材料汇总表（见表 13-5）、差旅费报销单等。汇总原始凭证既可以提供经营管理所需要的总量指标，又可以大大简化核算手续。例如，发出材料汇总表就是根据一定期间内的若干领料单汇总编制的。

表 13-5　　**发出材料汇总表**　　单位：元

201×年×月×日

会计科目	领料部门	原材料	燃　料	合　计
生产成本	A 产品生产车间	6 600		6 600
	B 产品生产车间	2 112		2 112
	小　计	8 712		8 712
制造费用	车间一般耗用	220		220
管理费用	管理部门耗用	110		110
合　计		9 042		9 042

会计主管：李一　　复核：张顺　　制表：曲靖

（3）原始凭证按照格式不同，可分为通用凭证和专用凭证。

①通用凭证是指全国或某一地区、某一部门统一格式的原始凭证。例如，由银行统一印制的结算凭证、由税务部门统一印制的发票等。

②专用凭证是指一些单位具有特定内容、格式和专门用途的原始凭证。例如，高速公路通过费收据、养路费缴款单等。

以上是按不同的分类标准对原始凭证进行的分类。它们之间是相互依存、密切联系的，有些原始凭证按照不同的分类标准分别属于不同的种类。例如，现金收据对出具收据的单位来说是自制原始凭证，而对接收收据的单位来说则是外来原始凭证；同时，它既是一次原始凭证，也是专用凭证。外来原始凭证大多为一次原始凭证，累计原始凭证大多为自制原始凭证。

综上所述，原始凭证的分类如图 13-1 所示：

- 原始凭证
  - 按来源划分
    - 外来原始凭证
    - 自制原始凭证
  - 按填制手续划分
    - 一次原始凭证
    - 累计原始凭证
    - 汇总原始凭证
  - 按格式划分
    - 通用凭证
    - 专用凭证

图 13-1　原始凭证分类

（二）记账凭证

1. 记账凭证的基本内容

记账凭证是会计人员根据审核无误的原始凭证进行归类、整理，并确定会计分录而编制的会计凭证，是登记账簿的依据。由于原始凭证只表明经济业务的内容，而且种类繁多、数量庞大、格式不一，因此不能直接用于记账。为了做到分类反映经济业务的内容，必须按会计核算方法的要求，将其归类、整理、编制记账凭证，标明经济业务应记入的账户名称及应借或应贷的金额，作为记账的直接依据。因此，记账凭证必须具备以下内容：记账凭证的名称、填制凭证的日期、凭证编号、经济业务的内容摘要、经济业务应记入账户的名称、记账方向和金额所附原始凭证的张数、其他附件资料以及会计主管、记账、复核、出纳、制单等有关人员签名或盖章。

记账凭证和原始凭证同属于会计凭证，但二者存在以下不同之处：原始凭证由经办人员填制，记账凭证一律由会计人员填制；原始凭证根据发生或完成的经济业务填制，记账凭证根据审核无误的原始凭证填制；原始凭证仅用以记录、证明经济业务已经发生或完成情况，记账凭证依据会计科目对已经发生或完成的经济业务进行归类、整理；原始凭证是填制记账凭证的依据，记账凭证是登记账簿的依据。

2. 记账凭证的分类

由于会计凭证记录和反映的经济业务多种多样，因此记账凭证也是多种多样的。记账凭证有以下几种分类标准：

（1）记账凭证按其使用范围不同，可分为专用记账凭证和通用记账凭证。

①专用凭证指专门用来反映某类经济业务的记账凭证，又可分为收款凭证、付款凭证、转账凭证。

收款凭证是用于记录库存现金和银行存款收款业务的会计凭证。收款凭证是根据有关现金和银行存款收入业务的原始凭证填制，是登记现金日记账、银行存款日记账以及有关明细账和总账等账簿的依据，也是出纳人员收讫款项的依据。在实际工作中，出纳人员应根据会计人员审核的收款凭证作为记录货币资金的收入依据。出纳人员根据收款凭证收款时要在凭证上加盖“收讫”戳记，以避免出现差错。收款凭证一般按现金和银行存款分别编制。

付款凭证是用于记录库存现金和银行存款付款业务的会计凭证。付款凭证是根据有关现金和银行存款支付业务的原始凭证填制，是登记现金日记账、银行存款日记账以及有关明细账和总账等账簿的依据，也是出纳人员付讫款项的依据。在实际工作中，出纳人员应根据会计人员审核的付款凭证，作为记录货币资金支出并付出货币资金的依据。出纳人员根据付款凭证付款时，要在凭证上加盖“付讫”戳记，以免重付。付款凭证一般也按现金和银行存款分别编制。

特殊情况下，在会计实务中，对于现金和银行存款之间的收付款业务，为了避免记账重复，一般只编制付款凭证，不编制收款凭证。

转账凭证是用于记录不涉及库存现金和银行存款业务的会计凭证。转账凭证是根据有关转账业务的原始凭证填制。转账凭证是登记总分类账及有关明细分类账的依据。

收款凭证、付款凭证、转账凭证格式如表 13-6~表 13-8 所示：

表 13-6 收款凭证 单位：元

借方科目：银行存款 201×年×月×日 收 字第 3 号

摘　要	贷方科目		金　额	记　账
	一级科目	二级或明细科目		
销售甲产品	主营业务收入 应交税费	 应交增值税	20 000 3 400	
合　计			23 400	

附件贰张

会计主管 李一　记账 张清　稽核 沈彬　填制 方芳　出纳 张明

表 13-7 付款凭证 单位：元

贷方科目：银行存款 201×年×月×日 付 字第 10 号

摘　要	借方科目		金　额	记　账
	一级科目	二级或明细科目		
发放工资	应付职工薪酬		18 500	
合　计			18 500	

附件壹张

会计主管 李一　记账 张清　稽核 沈彬　填制 方芳　出纳 张明

表 13-8 转账凭证 单位：元

201×年×月×日 转 字第 8 号

摘　要	一级科目	二级或明细科目	借方金额	贷方金额	记　账
生产领用材料	生产成本 原材料	甲产品 钢材	10 000	 10 000	
合　计			10 000	10 000	

附件壹张

会计主管 李一　记账 张清　稽核 沈彬　填制 方芳　出纳 张明

②通用记账凭证是反映各类经济业务共同使用的统一格式的记账凭证（见表 13-9）。

表 13-9　　**通用凭证**　　单位：元

201×年×月×日　　总 字第 10 号

摘　要	一级科目	二级或明细科目	借方金额	贷方金额	记　账
计提折旧	生产成本	甲产品	10 000		
	管理费用	折旧费	2 000		
	累计折旧			12 000	
合　计			12 000	12 000	

附件贰张

会计主管 李一　记账 张清　稽核 沈彬　填制 方芳　出纳 张明

在经济业务比较简单的经济单位，为了简化凭证可以使用通用记账凭证记录所发生的各种经济业务。

（2）记账凭证按其填列方式不同，可分为单式记账凭证和复式记账凭证。

①单式凭证是指每一张记账凭证只填列经济业务事项所涉及的一个会计科目及其金额的记账凭证。填列借方科目的称为借项凭证，填列贷方科目的称为贷项凭证。在采用单式记账凭证的情况下，一项经济业务的会计分录，涉及几个对应的会计科目，就应分别填制几张记账凭证，借方科目填制借项记账凭证，贷方科目填制贷项记账凭证。借、贷项记账凭证一般分别用不同颜色的纸张，以示区别。采用单式记账凭证，内容单一，便于汇总计算每一会计科目的发生额，便于分工记账，但制证工作量大，不能在一张凭证上反映经济业务的全貌，内容分散，也不便于查账。单式记账凭证的格式如表 3-10 和表 3-11 所示：

表 3-10　　**借项收款凭证**

会计科目：银行存款

二级或明细科目	摘　要	账页	金额
	合计		

会计主管　记账　出纳　审核　填制

表 3-11　　**贷项收款凭证**

会计科目：银行存款

二级或明细科目	摘　要	账页	金额
	合计		

会计主管　记账　出纳　审核　填制

②复式凭证是指将每一笔经济业务事项所涉及的全部会计科目及其发生额均在同一张记账凭证中反映的一种凭证。复式记账凭证具有可以集中反映一项经济业务的科目对应关系，便于了解有关经济业务的全貌，减少凭证数量，节约纸张等优点，但复式记账凭证不便于汇总计算每一个会计科目的发生额。以上所举的收款凭证、付款凭证和转账凭证和通用凭证的格式，都是复式记账凭证的格式。

综上所述，记账凭证的分类如图 13-2 所示：

- 记账凭证
  - 按使用范围划分
    - 专用记账凭证
    - 通用记账凭证
  - 按填列方式划分
    - 单式记账凭证
    - 复式记账凭证

图 13-2 记账凭证的分类

第 2 节 会计凭证的传递和保管

一、会计凭证的传递

（一）会计凭证的传递的含义

会计凭证的传递是指从会计凭证取得或填制起至归档保管时止，在单位内部有关部门和人员之间按照规定的时间、程序进行传送的程序。各种会计凭证记载的经济业务不同，涉及的部门和人员不同，办理的业务手续也不同，因此应当为各种会计凭证规定一个合理的传递程序，即一张会计凭证填制后应交到哪个部门、哪个岗位以及由谁办理业务手续等，直到归档保管为止。

（二）会计凭证的传递的意义

正确组织会计凭证的传递，对于提高会计核算资料的及时性和正确性、加强经济责任、实行会计监督具有重要意义。

1. 正确组织会计凭证的传递，有利于提高工作效率

正确组织会计凭证的传递，能够及时、真实地反映和监督各项经济业务的发生和完成情况，为经济管理提供可靠的经济信息。例如，材料运到企业后，仓库保管员应在规定的时间内将材料验收入库，填制收料单，注明实收数量等情况，并将收料单及时送到财会部门及其他有关部门。财会部门接到收料单，经审核无误，就应及时编制记账凭证和登记账簿。生产部门得到该批材料已验收入库的凭证后，便可办理有关领料手续，用于产品生产等。如果仓库保管员未按时填写收料单或虽填写收料单，但没有及时送到有关部门，就会给人以材料尚未入库的假象，影响企业生产的正常进行。

2. 正确组织会计凭证的传递，能更好地发挥会计监督作用

正确组织会计凭证的传递，便于有关部门和个人分工协作、相互牵制，加强岗位责任制，更好地发挥会计监督的作用。例如，从材料运到企业验收入库，需要多少时间、由谁填制收料单、何时将收料单送到供应部门和财会部门以及会计部门收到收料单后由谁进行审核，并同供应部门的发货票进行核对，由谁何时编制记账凭证和登记账簿、由谁负责整理保管凭证等。这样就把材料验收入库到登记入账的全部工作在本单位内部进行分工合作，共同完成。同时，可以考核经办业务的有关部门和人员是否按规定的会计手续办理，从而加强经营管理，提高工作质量。

二、会计凭证的保管

会计凭证的保管是指会计凭证记账后的整理、装订、归档和存查工作。

会计凭证是记录经济业务、明确经济责任、具有法律效力的证明文件，又是登记账簿的依据，因此会计凭证是重要的经济档案和历史资料。任何企业在完成经济业务手续和记账之后，必须按规定立卷归档，形成会计档案资料，妥善保管，以便日后随时查阅。保证会计凭证的安全与完整是全体财会人员的共同职责，在存档之前，会计凭证的保管由财会部门负责；期满后，应当移交本单位档案机构统一保管。按照《会计档案管理办法》的规定，企业和其他组织的会计凭证保管期限为 15 年。

会计凭证的保管过程中应注意以下问题：

第一，记账凭证在装订成册之前，原始凭证一般是用回形针或大头针固定在记账凭证后面。在这段时间内，凡使用记账凭证的财会人员都有责任保管好原始凭证和记账凭证。使用完记账凭证后要及时传递，并且要严防在传递过程中散失。

第二，凭证在装订以后存档以前，要妥善保管，防止受损、弄脏、霉烂以及鼠咬虫蛀等。

第三，对于性质相同、数量过多或各种随时需要查阅的原始凭证，如收料单、发料单、工资卡等，可以单独装订保管，在封面上注明记账凭证种类、日期、编号，同时在记账凭证上注明“附件另订”和原始凭证的名称及编号。

第四，各种经济合同和涉外文件等凭证应另编目录，单独装订保存，同时在记账凭证上注明“附件另订”。

第五，原始凭证较多时可单独装订，但应在凭证封面注明所属记账凭证的日期、编号和种类，同时在所属的记账凭证上应注明“附件另订”及原始凭证的名称和编号，以便查阅。

第六，会计凭证应定期装订成册，防止散失。会计凭证封面应注明单位名称、凭证种类、凭证张数、起止号数、年度、月份、会计主管人员、装订人员等有关事项，会计主管人员和保管人员应在封面上签章。

第七，从外单位取得的原始凭证遗失时，应取得原签发单位盖有公章的证明，并注明原始凭证的号码、金额、内容等，由经办单位会计机构负责人、会计主管人员和

单位负责人批准后，才能代作为原始凭证。若确实无法取得证明的，如车票丢失，则应由当事人写明详细情况，由经办单位会计机构负责人、会计主管人员和单位负责人批准后，代作原始凭证。

第八，会计凭证不得外借，其他单位和个人经本单位领导批准调阅会计凭证，要填写会计档案调阅表，详细填写借阅会计凭证的名称、调阅日期、调阅人姓名和工作单位、调阅理由、归还日期、调阅批准人等。调阅人员一般不准将会计凭证携带外出。需复制的，要说明所复制的会计凭证名称、张数，经本单位领导同意后在本单位财会人员监督下进行，并应登记与签字。

第九，每年装订成册的会计凭证，在年度终了时可暂由单位会计机构保管一年，期满后应当移交本单位档案机构统一保管；未设立档案机构的，应当在会计机构内部指定专人保管。出纳人员不得兼管会计档案。

第十，严格遵守会计凭证的保管期限要求，期满前不得任意销毁。

作业与思考

一、单项选择题

1. “工资结算汇总表”是一种（　　）。

A. 一次凭证　　B. 累计凭证　　C. 汇总凭证　　D. 复式凭证

2. 下列属于累计凭证的是（　　）。

A. 领料单　　B. 限额领料单

C. 耗用材料汇总表　　D. 工资汇总表

3.（　　）是用来记录货币资金付款业务的凭证，是由出纳人员根据审核无误的原始凭证填制的。

A. 收款凭证　　B. 付款凭证　　C. 转账凭证　　D. 累计凭证

4. 企业购进原材料 60 000 元，款项未付。该笔经济业务应编制的记账凭证是（　　）。

A. 收款凭证　　B. 付款凭证　　C. 转账凭证　　D. 以上均可

5. 将库存现金送存银行，应填制的记账凭证是（　　）。

A. 库存现金收款凭证　　B. 库存现金付款凭证

C. 银行存款收款凭证　　D. 银行存款付款凭证

6. 关于会计凭证的保管，下列说法不正确的是（　　）。

A. 会计凭证应定期装订成册，防止散失

B. 会计主管人员和保管人员应在封面上签章

C. 原始凭证不得外借，其他单位如有特殊原因确实需要使用时，经本单位负

责人批准，可以复制

D. 经单位领导批准，会计凭证在保管期满前可以销毁

7. 付款凭证左上角的“贷方科目”可能登记的科目有（　　）。

A.“预付账款”　B.“银行存款”　C.“预收账款”　D.“其他应付款”

8. 下列不属于自制原始凭证的是（　　）。

A. 领料单　B. 成本计算单　C. 入库单　D. 火车票

9. 下列业务中应该编制收款凭证的是（　　）。

A. 购买原材料用银行存款支付　B. 收到销售商品的款项

C. 购买固定资产，款项尚未支付　D. 销售商品，收到商业汇票一张

10. 根据连续反映某一时期内不断重复发生而分次进行的特定业务编制的原始凭证有（　　）。

A. 一次凭证　B. 累计凭证　C. 记账凭证　D. 汇总原始凭证

11. 下列关于原始凭证的说法不正确的是（　　）。

A. 按照来源的不同，分为外来原始凭证和自制原始凭证

B. 按照格式的不同，分为通用原始凭证和专用原始凭证

C. 按照填制手续及内容的不同，分为一次原始凭证、累计原始凭证和汇总原始凭证

D. 按照填制方法的不同，分为外来原始凭证和自制原始凭证

12. 原始凭证是在（　　）时取得的。

A. 经济业务发生　B. 填制记账凭证　C. 登记总账　D. 登记明细账

13.（　　）是会计工作的起点和关键。

A. 填制和审核会计凭证　B. 编制会计分录

C. 登记会计账簿　D. 编制会计报表

14. 在实际工作中，规模小、业务简单的单位，为了简化会计核算工作，可以使用一种统一格式的（　　）。

A. 转账凭证　B. 收款凭证

C. 付款凭证　D. 通用记账凭证

15. 记账凭证是由（　　）编制的

A. 出纳人员　B. 经办人员　C. 会计人员　D. 经办单位

二、多项选择题

1. 记账凭证按其反映的经济业务内容的不同，可分为（　　）。

A. 一次凭证　B. 付款凭证　C. 收款凭证　D. 转账凭证

2. 其他单位因特殊原因需要使用本单位的原始凭证，正确的做法是（　　）。

A. 可以外借

B. 将外借的会计凭证拆封抽出

C. 不得外借，经本单位会计机构负责人或会计主管人员批准，可以复制

D. 将向外单位提供的凭证复印件在专设的登记簿上登记

3. 收料单是（　　）。

A. 外来原始凭证　　B. 自制原始凭证

C. 一次凭证　　D. 累计凭证

4. 限额领料单是（　　）。

A. 外来原始凭证　　B. 自制原始凭证

C. 一次凭证　　D. 累计凭证

5. 原始凭证应具备的基本内容有（　　）。

A. 原始凭证的名称和填制日期　　B. 接受凭证单位的名称

C. 经济业务的内容　　D. 数量、单价和大小写金额

6. 在原始凭证上书写阿拉伯数字，正确的是（　　）。

A. 金额数字一律填写到角、分

B. 无角分的，角位和分位可写“00”或者符号“-”

C. 有角无分的，分位应当写“0”

D. 有角无分的，分位也可以用符号“-”代替

7. 下列属于外来原始凭证的有（　　）。

A. 本单位开具的销售发票　　B. 供货单位开具的发票

C. 职工出差取得的飞机票和火车票　　D. 银行收付款通知单

8. 收款凭证的借方科目可能有（　　）。

A.“应收账款”　　B.“库存现金”　　C.“银行存款”　　D.“应付账款”

9. 下列经济业务中，应填制付款凭证的有（　　）。

A. 提现金备用　　B. 购买材料预付订金

C. 购买材料未付款　　D. 以银行存款支付前欠单位货款

10. 王明出差回来，报销差旅费 1 000 元，原预借 1 500 元，交回剩余现金 500 元，这笔业务应该编制的记账凭证有（　　）。

A. 付款凭证　　B. 收款凭证　　C. 转账凭证　　D. 原始凭证

11. 下列凭证中，属于汇总凭证的有（　　）。

A. 差旅费报销单　　B. 发料凭证汇总表

C. 限额领料单　　D. 工资结算汇总表

12. 以下有关会计凭证的表述中正确的有（　　）。

A. 会计凭证是记录经济业务的书面证明

B. 会计凭证可以明确经济责任

C. 会计凭证是编制报表的依据

D. 会计凭证是登记账簿的依据

13. 会计凭证的传递要做到（　　）。

A. 程序合理　　B. 时间节约　　C. 手续严密　　D. 责任明确

三、判断题

1. 任何会计凭证都必须经过有关人员的严格审核，确认无误后才能作为记账的依据。（　）

2. 原始凭证和记账凭证都是具有法律效力的证明文件。（　）

3. 原始凭证原则上不得外借，其他单位如有特殊原因确实需要使用时，经本单位会计机构负责人、会计主管人员批准，可以外借。（　）

4. 原始凭证是会计核算的原始资料和重要依据，是登记会计账簿的直接依据。（　）

5. 出纳人员在办理收款或付款业务后，应在凭证上加盖“收讫”或“付讫”的戳记。（　）

6. 从银行提取现金，既可以编制现金收款凭证，也可编制银行存款付款凭证。（　）

7. 原始凭证可以由非财会部门和人员填制，但记账凭证只能由财会部门和人员填制。（　）

8. 自制原始凭证都是一次凭证，外来原始凭证绝大多数是一次凭证。（　）

9. 会计凭证应定期装订成册，加具封面，归档保管。（　）

10. 会计凭证的保管期满以后，企业可自行进行处理。（　）

第 14 章 会计账簿

通过本章的学习，要求学生充分理解会计账簿的含义、明确会计账簿的种类；熟悉会计账簿的启用，熟练掌握会计账簿的登记规则；了解账簿的更换、交接和保管。

第 1 节　会计账簿概述

一、会计账簿的含义

会计账簿简称账簿，是指由一定格式的账页组成的，以审核无误的会计凭证为依据，全面、系统、连续地记录各项经济业务的簿籍。各单位应当按照国家统一会计制度的规定和会计业务的需要设置会计账簿。在形式上，会计账簿是若干账页的组合；在实质上，设置和登记账簿是编制会计报表的基础，是连接会计凭证和会计报表的中间环节，因此会计账簿在会计核算中具有重要意义。

二、会计账簿的意义

合理地设置和登记会计账簿能系统地记录和提供企业经济活动的各种数据。会计账簿对加强企业经济核算，提高经营管理水平有着重要意义，主要表现在以下三个方面：

第一，通过设置和登记账簿，可以系统地归纳和总结会计核算的信息，为改善企业经营管理、合理使用资金提供资料。通过账簿的序时核算和分类核算，把企业的经营情况，收入的构成和支出情况，财物的购置、使用、保管情况全面、系统地反映出来，用于监督计划、预算的执行情况和资金的合理有效使用，促使企业改善经营管理。

第二，通过设置和登记账簿，可以为财务报表的编制提供依据。根据账簿记录的费用和收入的资料，可以计算一定时期的财务成果，检查费用、成本、利润计划的完成情况。为了反映一定日期的财务状况及一定时期的经营成果，应定期开展账簿结账工作，进行有关账簿之间的核对，计算出本期发生额和余额，据以编制会计报表，向有关各方提供所需要的会计信息。

第三，通过设置和登记账簿，利用账簿的核算资料，为开展财务分析和会计检查提供依据。通过对账簿资料的检查、分析，可以了解企业贯彻有关方针、政策、制度的情况，考核各项计划的完成情况。另外，对资金使用是否合理、费用开支是否符合标准、经济效益有无提高、利润的形成与分配是否符合规定等作出分析、评价，从而找出差距，挖掘潜力，提出改进措施。

三、会计账簿与账户的关系

会计账簿与账户是形式和内容的关系，会计账簿只是一个外在形式，账户才是真实内容。具体关系如下：

第一，账户存在于账簿之中，账簿中的每一个账页就是账户的存在形式和载体，没有账簿，账户就无法存在。

第二，账簿序时、分类地记载经济业务是在个别账户中完成的。

因此，会计账簿只是一个外在形式，账户才是其真实内容，二者是相互依存、辩证统一的。

四、会计账簿的种类

在会计账簿体系中，有各种不同功能和作用的账簿，它们各自独立、相互补充。为了便于了解和使用，必须从不同的角度对会计账簿进行分类。会计账簿的种类很多，各会计主体应根据自身情况进行设置。

（一）按用途的不同，会计账簿可分为序时账簿、分类账簿和备查账簿

1. 序时账簿

序时账簿也称日记账，是指按照经济业务发生时间的先后顺序逐日逐笔登记的账簿。日记账的特点是序时登记和逐笔登记。

序时账簿按其记录内容的不同，又可分为普通日记账和特种日记账。

普通日记账又叫分录簿，是用来逐日逐笔记录全部经济业务的序时账簿。由于普通日记账登账手续繁琐，目前很少有企业设置。

特种日记账是指用来逐日逐笔记录某一类经济业务的序时账簿。在我国，大多数单位通常设置库存现金日记账和银行存款日记账。

2. 分类账簿

分类账簿是指对发生的全部经济业务按照会计要素的具体类别而设置的分类账户进行登记的账簿。分类账簿按分类的概括程度不同，又可分为总分类账簿和明细分类账簿。

总分类账簿简称总账，是根据总分类账户分类登记经济业务事项。总账对明细账具有统驭和控制作用。

明细分类账簿简称明细账，是根据明细分类账户分类登记经济业务事项。明细账是对总账的补充和具体化。

序时账簿能提供连续系统的信息，反映企业资金运动的全貌；分类账簿按照经营

与决策的需要而设置账户，归集并汇总各类信息，反映资金运动的各种状态、形式及其构成。

3. 备查账簿

备查账簿也称辅助账簿，是指对在日记账和分类账中未记录或记录不全的经济业务进行补充登记的账簿。例如，租入的固定资产登记簿、委托加工材料登记簿、代销商品登记簿等。

备查账簿与序时账簿和分类账簿相比，有两点不同：一是登记依据可能不需要记账凭证，甚至不需要一般意义上的原始凭证；二是账簿的格式和登记方法不同，备查账簿的主要栏目不记金额，更注重用文字来表述某项经济业务的发生情况。

（二）按外形特征的不同，会计账簿可分为订本式账簿、活页式账簿和卡片式账簿

1. 订本式账簿

订本式账簿简称订本账，是指在未启用前就把一定数量的账页固定装订成册的账簿。

订本账的优点是可以避免账页散失和防止抽换账页。订本账的缺点是由于序号和总数量已经固定，不能准确为各账户预留账页；一本账簿同一时间只能在一个人手中登记，不便于分工记账。订本账主要适用于总分类账、库存现金日记账和银行存款日记账。

2. 活页式账簿

活页式账簿简称活页账，是指在账簿登记完毕之前并不固定装订在一起，而是装在活页夹中。

活页账的优点是记账时根据实际需要，随时将空白账页装入账簿，或抽去不需用的账页，便于分工记账。活页账的缺点是如果管理不善，可能会造成账页散失或故意抽换账页。活页账主要适用于各种明细账。

3. 卡片式账簿

卡片式账簿简称卡片账，是将账户所需格式印刷在硬卡片上。严格来说，卡片账是一种活页账。在我国，一般只对固定资产的明细账采用卡片账。

（三）按账页格式的不同，会计账簿可分为两栏式账簿、三栏式账簿、多栏式账簿，数量金额式账簿

1. 两栏式账簿

两栏式账簿是由借方和贷方两个基本金额栏目组成的账簿。普通日记账和转账日记账一般采用两栏式。

2. 三栏式账簿

三栏式账簿是由借方、贷方和余额三个基本栏目组成的账簿。三栏式账簿适用于只记录金额的账户，如各种日记账、总分类账以及资本、债权、债务明细账。

3. 多栏式账簿

多栏式账簿由一个借方栏目、多个贷方栏目或一个贷方栏目、多个借方栏目组成

的账簿。成本计算账户、收入账户、费用账户等一般采用多栏式账簿格式。

4. 数量金额式账簿

数量金额式账簿由借方、贷方和余额三个栏目组成，三个栏目都分别设有数量、单价和金额三小栏，借以反映财产物资的实物数量和价值量。

适用于既要记录金额，又要记录实物数量的财产物资明细账，如原材料、库存商品、产成品等明细账一般都采用数量金额式账簿。

第 2 节　会计账簿的启用和登记规则

一、会计账簿的启用

（一）会计账簿的基本内容

各种会计账簿记录的经济内容不同，格式也不尽相同。可是账簿的基本内容是一致的，包括三个部分，即封面、扉页和账页。

1. 封面

封面主要表明账簿的名称、记账单位以及使用年度等内容。订本账通常将账簿名称印刷在封面中央以及账脊上，使用时不需要再填写；其他种类的会计账簿则需要另外填写。

2. 扉页

扉页的主要内容包括科目索引、账簿启用和经管人员一览表。

3. 账页

账页是会计账簿的主要组成部分，用来记录经济业务的具体内容。不同种类的会计账簿，其账页格式虽然有很大的不同，但一般都包括以下内容：账户名称（即会计科目）、登记账簿的日期栏、凭证的种类和号数栏、摘要栏、金额栏、总页次和分页次栏。

（二）会计账簿的启用规则

在启用会计账簿时，应当在账簿封面上写明单位名称和账簿名称，并在账簿扉页上附启用表（见表 14-1）。

更换记账人员时，应办理交接手续，在交接记录内填写交接日期和交接人员姓名并签章。

启用订本账应当从第一页到最后一页顺序编定页数，不得跳页、缺号。使用活页式账页，应当按账户顺序编号，并定期装订成册，装订之后再按实际使用的账页顺序编定页码，另加目录（见表 14-2），记明每个账户的名称和页次。

表 14-1　　　　　　　　　　　　　　**账簿启用表**

<table>
<tr><td colspan="2">单位名称</td><td colspan="9"></td><td>单位盖章</td></tr>
<tr><td colspan="2">账簿名称</td><td colspan="9"></td><td rowspan="7"></td></tr>
<tr><td colspan="2">账簿编号</td><td colspan="9">年　总　册 第　册</td></tr>
<tr><td colspan="2">账簿页数</td><td colspan="9">本账簿共计　页</td></tr>
<tr><td colspan="2">启用日期</td><td colspan="9">年　月　日至　年　月　日</td></tr>
<tr><td rowspan="3">经管人员</td><td colspan="3">负责人</td><td colspan="3">主办会计</td><td colspan="4">记账</td></tr>
<tr><td>职别</td><td>姓名</td><td>盖章</td><td>职别</td><td>姓名</td><td>盖章</td><td>职别</td><td>姓名</td><td colspan="2">盖章</td></tr>
<tr><td></td><td></td><td></td><td></td><td></td><td></td><td></td><td></td><td colspan="2"></td></tr>
<tr><td rowspan="7">交接记录</td><td rowspan="2">职别</td><td rowspan="2">姓名</td><td colspan="4">接管</td><td colspan="4">移交</td><td rowspan="2">印花税票粘贴处</td></tr>
<tr><td>年</td><td>月</td><td>日</td><td>盖章</td><td>年</td><td>月</td><td>日</td><td>盖章</td></tr>
<tr><td></td><td></td><td></td><td></td><td></td><td></td><td></td><td></td><td></td><td></td><td rowspan="5"></td></tr>
<tr><td></td><td></td><td></td><td></td><td></td><td></td><td></td><td></td><td></td><td></td></tr>
<tr><td></td><td></td><td></td><td></td><td></td><td></td><td></td><td></td><td></td><td></td></tr>
<tr><td></td><td></td><td></td><td></td><td></td><td></td><td></td><td></td><td></td><td></td></tr>
<tr><td></td><td></td><td></td><td></td><td></td><td></td><td></td><td></td><td></td><td></td></tr>
</table>

表 14-2　　　　　　　　　　**目录表（科目索引表）**

科目	编号	起讫页数	科目	编号	起讫页数	科目	编号	起讫页数

二、会计账簿的登记规则

会计账簿作为重要的会计档案，会计人员应根据审核无误的会计凭证、按规定的方法登记。登记规则如下：

（1）会计人员应当根据审核无误的会计凭证登记会计账簿。登记会计账簿时，应当将会计凭证日期、编号、业务内容摘要、金额和其他有关资料逐项记入账内，做到数字准确、摘要清楚、登记及时、字迹工整。

（2）登记完毕后，要在记账凭证上签名或者盖章，并注明已经登账的“√”符号，表示已经记账，避免重记、漏记。

（3）账簿中书写的文字和数字上面要留有适当空格，不要写满格，一般应占格距的 1/2，以预留 1/2 的位置改正错误。

（4）登记账簿要用蓝黑墨水或者碳素墨水书写，不得使用圆珠笔（银行的复写账簿除外）或者铅笔书写。

下列情况可以用红色墨水记账：

第一，按照红字冲账的记账凭证，冲销错误记录。

第二，在不设借贷等栏的多栏式账页中，登记减少数。

第三，在三栏式账户的余额栏前，如未印明余额方向的，在余额栏内登记负数余额。

第四，根据国家统一会计制度的规定可以用红字登记的其他会计记录。

（5）各种账簿按页次顺序连续登记，不得跳行、隔页。如果发生跳行、隔页，应当将空行、空页划线注销，或者注明“此行空白”“此页空白”字样，并由记账人员签名或者盖章。

（6）凡需要结出余额的账户，结出余额后，应当在“借或贷”等栏内写明“借”或者“贷”等字样。没有余额的账户，应当在“借或贷”等栏内写“平”字，并在余额栏内元位用“0”表示。现金日记账和银行存款日记账必须逐日结出余额。

（7）每一账页登记完毕结转下页时，应当结出本页合计数及余额，写在本页最后一行和下页第一行有关栏内，并在摘要栏内注明“过次页”和“承前页”字样。也可以将本页合计数及金额只写在下页第一行有关栏内，并在摘要栏内注明“承前页”字样。

财政部《会计基础工作规范》对于“过次页”的本页合计数的结计方法做了如下具体规定：

第一，对现金、银行存款以及收入、费用明细账等需要按月结计发生额账户，结计“过次页”的本页合计数应当是自本月初起至本页末止的发生额合计数。

第二，对需要结计本年累计发生额的某些明细账户，结计“过次页”的本页合计数应当是自年初起至本页末止的累计发生额。

第三，对不需按月和按年结计发生额的账户，可以只将每页末的余额结转次页。

第 3 节　会计账簿的更换和保管

一、会计账簿的更换

在新的会计年度，日记账、总分类账和大部分明细分类账都要每年更换新账。只有变动较小的部分明细账，如固定资产明细账或固定资产卡片，可以继续使用，不必每年更换新账。

会计主体的经营活动是持续进行的，并不因为分期假设而中断。为了在会计账簿上正确反映和体现这种持续进行的经济活动，每当一个会计年度结束时，我们都要在相关会计账簿的最后一笔经济业务之下的那一行结出本年余额，在新的相关会计账簿的空白账页第一页第一行将上年余额结转过来。

二、会计账簿的交接

由于人员的更替，或者出于岗位轮换以及内部牵制等的需要，一本会计账簿不一定自始至终都由某一位会计人员进行登记和保管。当同一本会计账簿需要更换登记人员时，为明确责任，按照会计法规的规定，必须要进行交接工作，办理交接手续。

交接时，首先至少必须要有三方在场，分别是交出方、接受方和监交方。必要时，还必须有会计主管或者单位负责人在场。其次，交出方和接受方要就交接的账簿及其具体内容和页次填写交接清单，三方均须在交接清单上签名或盖章，以示其责；最后，三方还要在账簿启用表上相关位置填写账簿交接记录。

三、会计账簿的保管

年终结账后，对于新的会计年度，都要启用新账。一般总账和日记账以及多数明细账应当更换新账，但有些财产物资和债权债务明细账，如固定资产明细账（卡）等可以连续使用，不必每年更换；各种备查账簿也可以连续使用。

按照《会计档案管理办法》的规定，总账（包括日记总账）、明细账、日记账和各种辅助账等保管15年以上，现金和银行存款日记账保管25年以上，固定资产明细账保管到该固定资产报废清理后。

作业与思考

一、单项选择题

1. 备查账簿是企业（　　）。

　A. 必设账簿　　　　B. 根据需要设置的账簿

　C. 内部账簿　　　　D. 外部账簿

2. 总分类账簿一般采用（　　）。

　A. 活页账　　　　B. 数量金额式账簿

　C. 订本账　　　　D. 卡片账

3. 收入费用明细账一般适用（　　）。

　A. 多栏式明细账　　　　B. 三栏式明细账

　C. 数量金额式明细账　　　　D. 平行式明细账

4. 一般情况下，不需要根据记账凭证登记的账簿是（　　）。

A. 明细分类账　　B. 总分类账　　C. 备查账簿　　D. 特种日记账

5. 多栏式明细账格式一般适用于（　　）。

A. 债权、债务类账户　　B. 财产、物资类账户

C. 费用成本类和收入成果类账户　　D. 货币资产类账户

6. "原材料"明细账的格式一般采用（　　）。

A. 数量金额式　　B. 横线登记式　　C. 三栏式　　D. 多栏式

7. 按照经济业务发生时间的先后顺序逐日逐笔进行登记的账簿是（　　）。

A. 总分类账簿　　B. 序时账簿

C. 备查账簿　　D. 明细分类账簿

8. 年度结账时，除结算出本年四个季度的发生额合计数，记入第四季度季结的下一行，在摘要栏注明"本年累计"字样外，还应在该行下画（　　）红线。

A. 一道　　B. 双道　　C. 三道　　D. 四道

二、多项选择题

1. 任何会计主体都必须设置的账簿有（　　）。

A. 日记账簿　　B. 备查账簿　　C. 总分类账簿　　D. 明细分类账簿

2. 明细分类账的账页格式一般有（　　）。

A. 三栏式　　B. 数量金额式　　C. 多栏式　　D. 以上都不

3. 在账簿记录中，红笔只能适用于（　　）。

A. 错账更正　　B. 冲账　　C. 结账　　D. 登账

4. 账簿按填制的程序和用途可分为（　　）。

A. 日记账　　B. 分类账　　C. 备查账　　D. 订本账

5. 必须采用订本式账簿的有（　　）。

A. 原材料明细账　　B. 现金日记账

C. 银行存款日记账　　D. 应付账款明细账

E. 总分类账

6. 下列错误中，可以通过试算平衡发现的有（　　）。

A. 借方发生额大于贷方发生额　　B. 应借应贷科目颠倒

C. 借方余额小于贷方余额　　D. 漏记一项经济业务

E. 重记一项经济业务

三、判断题

1. 序时账簿和分类账簿可结合在一本账簿中进行登记。（　　）

2. 会计年度终了，应将活页账装订成册，活页账一般只适用于总分类账。（　　）

3. 日记账是逐笔序时登记的，故月末不必与总账进行核对。（　　）

4. 现金日记账和银行存款日记账必须采用订本式账簿。（　　）

5. 总分类账对明细分类账起着统驭作用。 ( )

6. 账簿与账户是形式与内容的关系。 ( )

7. 总账只进行金额核算，提供价值指标，不提供实物指标；而明细账有的只提供价值指标，有的既提供价值指标，又提供实物指标。 ( )

第 15 章
财产清查

本章重点介绍了会计核算的基本方法——财产清查。其目的是使初学者明确财产清查对于保证会计核算质量的重要作用。通过本章的学习，学生应了解财产清查的含义及种类，熟练掌握库存现金和银行存款的清查方法及银行存款余额调节表的编制，熟练掌握财产清查结果的账务处理方法等内容。

第 1 节　财产清查概述

一、财产清查的含义

财产清查是指通过对货币资金、实物资产和往来款项的盘点或核对，确定其实存数，查明账存数与实存数是否相符的一种专门方法。

财产清查的关键是要解决账实不符的问题。造成账存数与实存数产生差异的原因是多方面的，但归纳起来，一般有以下几种情况：

第一，财产物资在保管过程中发生的自然损溢。

第二，在收发财产、物资时，由于计量、计算、检验不准确而发生的品种、数量、质量上差错。

第三，在财产物资增减变动时，由于没有及时办理手续或在计算、登记上发生了差错。

第四，由于管理不善、制度不严造成财产物资的损坏、丢失、被盗。

第五，在账簿记录中发生的重记、漏记、错记。

第六，由于自然灾害造成的非常损失。

第七，未达账项引起的账账、账实不符等。

二、财产清查的原因

由于主客观原因，导致财产物资的账面数与实存量不符。客观上，受自然条件的影响，物资质量发生变化或存在计量尾差。主观上，制度执行不严或工作人员疏忽产生计量差错、营私舞弊、贪污盗窃。为保证财产物资的安全，需要进行财产清查工作。

三、财产清查的作用

加强财产清查工作，对于加强企业管理、充分发挥会计的监督作用具有重要作用：

第一，通过财产清查，可以查明各项财产物资的实有数量，确定实有数量与账面数量之间的差异，查明原因和责任，以便采取有效措施，消除差异，改进工作，从而保证账实相符，提高会计资料的准确性。

第二，通过财产清查，可以查明各项财产物资的保管情况是否良好，有无因管理不善而造成霉烂、变质、损失浪费，或者被非法挪用、贪污盗窃的情况，以便采取有效措施，改善管理，切实保障各项财产物资的安全和完整。

第三，通过财产清查，可以查明各项财产物资的库存和使用情况，合理安排生产经营活动，充分利用各项财产物资，加速资金周转，提高资金使用效果。

四、财产清查的种类

（一）财产清查按照清查对象的范围不同，可分为全面清查和局部清查

1. 全面清查

全面清查是指对一个单位所有的财产物资、债权债务进行全面、系统、彻底的盘点与核对。全面清查具有范围大、内容多、时间长、参与人员多的特点。

在以下六种情况需要进行全面清查：

（1）年终决算之前。

（2）单位撤销、合并或改变隶属关系前。

（3）中外合资、国内合资前。

（4）企业股份制改制前。

（5）开展全面的资产评估、清产核资前。

（6）单位主要领导调离工作前。

2. 局部清查

局部清查是指对一个单位的一部分财产物资和债权、债务进行的清查。局部清查主要是对货币资金、存货等流动性较大、容易出错的重要财产物资进行的清查。局部清查具有范围小、内容少、时间短、参与人员少、专业性较强的特点。

局部清查一般包括下列清查内容：

（1）现金应每日清点一次。

（2）银行存款每月至少同银行核对一次。

（3）债权债务每年至少核对一至两次。

（4）各项存货应有计划、有重点地抽查。

（5）贵重物品每月清查一次等。

（二）财产清查按照清查的时间不同，可分为定期清查和不定期清查

1. 定期清查

定期清查是按规定的时间对财产物资进行的清查。这种清查的对象不定，可以是全面清查，也可以是局部清查。定期清查一般是在年末、季末或月末结账时进行。

2. 不定期清查

不定期清查是根据特殊的需要进行的临时性清查。不定期清查多数情况下是局部清查，因为临时的需要而进行，时间不确定，如改换财产物资保管人员进行的有关财产物资的清查、发生意外灾害等非常损失进行的损失情况的清查、有关部门进行的临时性检查等。不定期清查也可以是全面清查，如单位撤销、合并或改变隶属关系而进行的资产、债权债务的清查。

企业在编制年度财务会计报告前，应当全面清查财产、核实债务。各单位应当定期将会计账簿记录与实物、款项及有关资料相互核对，保证会计账簿记录与实物及款项的实有数额相符。

（三）财产清查按照实施的主体不同，可分为内部清查和外部清查

1. 内部清查

内部清查是本单位内部自行组织清查工作小组实施的财产清查工作，大多数财产清查都是内部清查。

2. 外部清查

外部清查由上级主管部门、审计机关、司法部门、注册会计师根据国家有关规定或情况需要对本单位所实施的财产清查。一般来讲，进行外部清查时，应有本单位相关人员参加。

第 2 节　财产清查的方法

一、实物清查的方法

对于各种实物，如原材料、在产品、产成品、固定资产等，都要从数量和质量上进行清查。由于实物的形态、体积、重量、堆放方式等不尽相同，因此采用的清查方法也不尽相同。实物数量清查的方法比较常用的有以下几种：

（一）实地盘点

实地盘点是通过逐一清点或用计量器具来确定实物的实存数量。其适用的范围较广，在多数财产物资清查中都可以采用这种方法。

（二）技术推算

采用这种方法，对于财产物资不是逐一清点计数，而是通过量方、计尺等技术推算财产物资的结存数量。这种方法只适用于成堆、量大而价值又不高且难以逐一清点

的财产物资的清查。例如，露天堆放的煤炭等。

实物清查过程中，实物保管人员和盘点人员必须同时在场。对于盘点结果，应如实登记盘存单，并由盘点人和实物保管人签字或盖章，以明确经济责任。盘存单既是纪录盘点结果的书面证明，也是反映财产物资实存数的原始凭证。盘存单的一般格式如表 15-1 所示：

表 15-1　　　　　　　　　　　　　**盘　存　单**

编制单位：　　　　　　　　　　　　盘点时间：

财产类别：　　　　　　　　　　　　存放地点：　　　　　　　　第　　页

编号	名称	规格或型号	计量单位	数量	单价	金额	备注

盘点人：　　　　　　　　　　　　　实物保管人：

实物的实有数量确定以后，应根据实存数和账簿记录编制实存账存对比表（或称盘点盈亏报告表），以确定盘盈盘亏数。实存账存对比表既是分析发生差异原因和明确经济责任的依据，又是调整账簿记录的重要依据。实存账存对比表的一般格式如表 15-2 所示：

表 15-2　　　　　　　　　　　　**实存账存对比表**

年　　月　　日

编制单位：　　　　　　　　　　　　　　　　　　　　　　　　第　　页

编号	类别及名称	格式或编号	计量单位	单价	实存		账存		对比结果				备注
									盘盈		盘亏		
					数量	金额	数量	金额	数量	金额	数量	金额	

单位主管：　　　　　　　　　主办会计：　　　　　　　制表：

二、货币资金清查的方法

（一）现金清查的方法

现金清查的主要方法是通过实地盘点库存现金的实存数，再与现金日记账的账面余额核对，确定账存与实存是否相符及盈亏情况。清查时，为了明确经济责任，出纳人员必须在场，现金由出纳人员经手盘点，清查人员从旁监督，不允许用不具法律效力的借条、收据等抵充库存现金。

现金清查后应填写现金盘点报告表，以其作为原始凭证来调整现金日记账的账面记录。现金盘点报告表的格式如表 15-3 所示：

表 15-3　　**库存现金盘点报告表**

单位：　　　　年　　月　　日

实存金额	账存金额	对比结果		备注
		盈	亏	

盘点人：　　　　出纳员：

（二）银行存款清查的方法

银行存款清查与实物和现金清查的方法不同，是采用与银行核对账目的方法来进行的。开户银行送来的银行对账单是银行在收付企业单位存款时复写的账页，完整地记录了企业单位存放在银行的款项的增减变动情况及结存余额，是进行银行存款清查的重要依据。

在实际工作中，企业银行存款日记账余额与银行对账单余额往往不一致，其主要原因有两个方面：一是双方账目发生错账、漏账。因此，在与银行核对账目之前，应先仔细检查企业单位银行存款日记账的正确性和完整性，然后再将企业银行存款日记账与银行送来的对账单逐笔进行核对。二是存在未达账项。所谓未达账项，是指由于双方记账时间不一致而发生的一方已经入账，而另一方尚未入账的款项。企业单位与银行之间的未达账项，有以下情况：

1. 企业已入账，但银行尚未入账

（1）企业送存银行的款项，企业已作为存款增加入账，但银行尚未入账。

（2）企业开出支票或其他付款凭证，企业已作为存款减少入账，但银行尚未付款、未记账。

2. 银行已入账，但企业尚未入账

（1）银行代企业收进的款项，银行已作为企业存款增加入账，但企业尚未收到通知，因而未入账。

（2）银行代企业支付的款项，银行已作为企业存款减少入账，但企业尚未收到通知，因而未入账。

上述任何一种情况的发生，都会使双方的账面存款余额不一致。因此，为了查明企业和银行双方账目的记录有无差错，同时也是为了发现未达账项，在进行银行存款清查时，必须将企业单位的银行存款日记账与银行对账单逐笔核对。通过核对，如果发现企业有错账或漏账，应立即更正；如果发现银行有错账或漏账，应及时通知银行查明更正；如果发现有未达账项，则应据以编制银行存款余额调节表进行调节，并验证调节后余额是否相等。

【例 15-1】2016 年 6 月 30 日某企业银行存款日记账的账面余额为 30 000 元，银行对账单的余额为 36 000 元，经逐笔核对，发现有下列未达账项：

（1）29 日，企业销售产品收到转账支票一张计 3 000 元，将支票存入银行，银行尚未办理入账手续。

（2）29 日，企业采购原材料开出转账支票一张计 1 000 元，企业已作银行存款付出，银行尚未收到支票而未入账。

（3）30 日，企业开出现金支票一张计 1 250 元，银行尚未入账。

（4）30 日，银行代企业收回货款 8 600 元，收款通知尚未到达企业，企业尚未入账。

（5）30 日，银行代企业付电费 1 850 元，付款通知尚未到达企业，企业尚未入账。

根据以上资料编制银行存款余额调节表如表 15-4 所示：

表 15-4 银行存款余额调节表

2016 年 6 月 30 日 单位：元

项目	金额	项目	金额
企业银行存款账面余额	30 000	银行对账单账面余额	36 000
加:银行已记增加,企业未记增加的账项	8 600	加:企业已记增加,银行未记增加的账项	3 000
减:银行已记减少,企业未记减少的账项	1 850	减:企业已记减少,银行未记减少的账项	2 250
调节后存款余额	36 750	调节后存款余额	36 750

如果调节后双方余额相等，则一般说明双方记账没有差错；若不相等，则表明企业方或银行方或双方记账有差错，应进一步核对，查明原因予以更正。

需要注意的是，对于银行已经入账而企业尚未入账的未达账项，不能根据银行存款余额调节表来编制会计分录，作为记账依据，必须在收到银行的有关凭证后方可入账。

三、往来款项清查的方法

往来款项清查采用与对方单位核对账目的方法。在检查本单位结算往来款项账目正确性和完整性的基础上，根据有关明细分类账的记录，按客户、供应商编制对账单，送交对方单位进行核对。对账单一般一式两联，其中一联作为回单。如果对方单位核对相符，应在回单上盖章后退回；如果数字不符，则应将不符的情况在回单上注明，或另抄对账单退回，以便进一步清查。

往来款项的清查一般用发函询证的方法进行核对。首先，将本单位的往来账款核对清楚。其次，编制往来款项对账单，寄往各有关往来单位，其中一联作为回单，对方单位核对后盖章退回。最后，收到上述回单后，编制往来款项清查表。

第 3 节　财产清查结果的处理

通过财产清查所发现的财产管理和核算方面存在的问题，应当认真分析研究，以有关的法令、制度为依据进行严肃处理。因此，应切实做好以下几个方面的工作：

一、查明差异，分析原因

通过财产清查所确定的各项财产物资的实有数和账簿记录之间存在差异，如财产的盘盈、盘亏以及逾期债权、债务等，都要认真查明其性质和原因，明确经济责任，提出处理意见，按照规定程序经有关部门批准后，予以认真严肃的处理。财产清查人员应以高度的责任心，深入调查原因，处理方法要得当。

二、认真总结，加强管理

财产清查以后，针对所发现的问题，应当认真总结经验教训。同时，要建立和健全以岗位责任制为中心的财产管理制度，切实提出改进工作的措施，进一步加强财产管理，保护社会主义财产的安全和完整。

三、调整账目，账实相符

财产清查的重要任务之一就是为了保证账实相符，财会部门对于财产清查中所发现的差异必须及时地进行账簿记录的调整。由于财产清查结果的处理要报请审批，因此在账务处理上通常分两步进行。第一步，将财产清查中发现的盘盈、盘亏或毁损数，通过“待处理财产损溢”账户，登记有关账簿，以调整有关账面记录，使账存数和实存数相一致。第二步，在审批后，应根据批准的处理意见，再从“待处理财产损溢”账户转入有关账户。最终经过处理，“待处理财产损溢”账户没有余额。

“待处理财产损溢”账户是一个暂时性的账户，是专门用来核算企业在财产清查过程中查明的各种财产物资的盘盈、盘亏和毁损的账户。该账户的借方登记各种财产物资的盘亏、毁损数及按照规定程序批准的盘盈转销数，该账户的贷方登记各种财产物资的盘盈数及按照规定程序批准的盘亏、毁损转销数。该账户的借方余额表示尚未处理的各种物资的净损失数，贷方余额表示尚未处理的各种财产物资的净溢余数（见图 15-1）。

待处理财产损溢（资产类）

（1）财产清查中发现各种财产盘亏损失的金额 （2）报经批准处理的盘盈数额	（1）财产清查中发现的除固定资产外的其他资产盘盈数额 （2）报经批准处理的盘亏数额
余额：企业尚未处理的财产净损失	余额：企业尚未处理的财产净溢余

期末：企业的财产损溢，应查明原因，在期末结账前处理完毕，处理后本账户应无余额。

明细：本账户可按盘盈、盘亏的资产种类和项目进行明细核算。

图 15-1 “待处理财产损溢”账户

流动资产的盘盈，其中无法查明的原因计入“营业外收入”账户。财产盘亏属于自然灾害或意外造成损失部分计入“营业外支出”账户。一般经营损失的部分（自然损耗）计入“管理费用”账户。

对于固定资产的盘亏，是人为原因造成，责令其赔偿，计入“其他应收款”账户。固定资产的盘盈，一般属于假账的，计入“以前年度损益调整”账户。

【例 15-2】某企业在财产清查中，发现库存现金溢余 150 元，无法查明原因。

（1）报批前（发现时）。

借：库存现金　150

　贷：待处理财产损溢　150

（2）批准后。

借：待处理财产损溢　150

　贷：营业外收入　150

【例 15-3】某企业在财产清查中，盘盈原材料 6 吨，价值 18 000 元。

报经批准前，根据实存账存对比表的记录，编制会计记录如下：

借：原材料　18 000

　贷：待处理财产损溢　18 000

经查明，这项盘盈材料因计量仪器不准造成生产领用少付多算，因此经批准冲减本月管理费用，编制会计分录如下：

借：待处理财产损溢　18 000

　贷：管理费用　18 000

【例 15-4】在财产清查中，发现购进的甲材料实际库存较账面库存短缺 15 000 元。

报经批准前，先调整账面余额，编制会计分录如下：

借：待处理财产损溢　15 000

　贷：原材料——甲材料　15 000

报经批准，如属于定额内的自然损耗，则应作为管理费用，计入本期损益，编制会计分录如下：

借：管理费用　15 000

　　贷：待处理财产损溢　　　　　　　　　　　　　　15 000

如果属于管理人员过失造成则应由过失人赔偿，编制会计分录如下：

借：其他应收款——某人　　　　　　　　　　　　15 000

　　贷：待处理财产损溢　　　　　　　　　　　　　　15 000

如果属于非常灾害造成的损失应经批准列作营业外支出，编制会计分录如下：

借：营业外支出　　　　　　　　　　　　　　　　15 000

　　贷：待处理财产损溢　　　　　　　　　　　　　　15 000

【例 15-5】某企业在财产清查过程，发现账外机器设备一台，其原值估价为 10 000 元，折旧估价为 4 000 元。

批准前，根据盘存单和实存账存对比表，编制会计记录如下：

借：固定资产　　　　　　　　　　　　　　　　　10 000

　　贷：累计折旧　　　　　　　　　　　　　　　　　4 000

　　　　待处理财产损溢　　　　　　　　　　　　　　6 000

经批准，作为企业营业外收入处理，编制会计分录如下：

借：待处理财产损溢　　　　　　　　　　　　　　6 000

　　贷：以前年度损益调整　　　　　　　　　　　　　6 000

作业与思考

一、单项选择题

1. 以下资产可以采用发函询证方法进行清查的是（　　）。

A. 煤炭　　B. 银行存款　　C. 固定资产　　D. 应收账款

2. 对库存现金的清查采用的方法是（　　）。

A. 实地盘点法　　B. 检查现金日记账

C. 倒挤法　　D. 抽查现金

3. 财产清查是对（　　）进行盘点和核对，确定其实存数，并查明账存数与实存数是否相符的一种专门方法。

A. 存货　　B. 固定资产　　C. 货币资金　　D. 各项财产

4. 银行存款的清查一般采用的方法是（　　）。

A. 实地盘点　　B. 技术推算　　C. 核对账目　　D. 抽查盘点

5.“待处理财产损溢”账户属于（　　）。

A. 损益类　　B. 资产类　　C. 成本类　　D. 所有者权益类

6. 某企业期末银行存款日记账余额为 80 000 元，银行送来的对账单余额为 82 425 元，经对未达账项调节后的余额为 83 925 元，则该企业的银行实有存款是（　　）元。

A. 82 425　　B. 80 000　　C. 83 925　　D. 24 250

7. 在记账无误的情况下，银行对账单与银行存款日记账账面余额不一致的原因是（　　）。

A. 存在应付账款　　B. 存在应收账款

C. 存在外埠存款　　D. 存在未达账项

8. 下列项目的清查应采用向有关单位发函签证核对账目的方法的是（　　）。

A. 原材料　　B. 应收账款　　C. 实收资本　　D. 短期投资

9. 下列财产物资中，可以采用技术推算法进行清查的是（　　）。

A. 现金　　B. 固定资产

C. 煤炭等大宗物资　　D. 应收账款

10. 库存商品因管理工作不善盘亏，经批准核销时，应借记（　　）账户。

A. "管理费用"　　B. "营业外支出"

C. "库存商品"　　D. "待处理财产损溢"

11. 下列属于实物资产清查范围的是（　　）。

A. 现金　　B. 存货　　C. 有价证券　　D. 应收账款

12. 下列说法正确的是（　　）。

A. 现金应每日清点一次

B. 银行存款每月至少同银行核对两次

C. 贵重物品每天应盘点一次

D. 债权债务每年至少核对二至三次

二、多项选择题

1. 进行局部财产清查时，正确的做法是（　　）。

A. 现金每月清点一次

B. 银行存款每月至少同银行核对一次

C. 贵重物品每月盘点一次

D. 债权债务每年至少核对一至二次

2. 下列有关企业进行库存现金盘点清查时的做法，正确的是（　　）。

A. 库存现金的清查方法采用实地盘点法

B. 在盘点库存现金时，出纳人员必须在场

C. 经领导批准，借条、收据可以抵充现金

D. 现金盘点报告表须由盘点人员和出纳人员共同签章方能生效

3. 国家统一的会计制度和单位内部会计控制制度对于财产清查结果处理的规定和要求是（　　）。

A. 分析产生差异的原因和性质，提出处理建议

B. 积极处理多余积压财产，清理往来款项

C. 总结经验教训，建立健全各项管理制度

D. 及时调整账簿记录，保证账实相符

4. 应记入“待处理财产损溢”账户借方核算的是（　　）。

A. 盘亏的财产物资数额　　B. 盘盈财产物资的转销数额

C. 盘盈的财产物资数额　　D. 盘亏财产物资的转销数额

5. 下列（　　）情况会使企业银行存款日记账余额大于银行对账单余额。

A. 企业已收，银行未收　　B. 企业已付，银行未付

C. 银行已收，企业未收　　D. 银行已付，企业未付

6. 下列各项中，关于库存现金清查的说法错误的有（　　）。

A. 库存现金只需要定期清查

B. 库存现金清查时出纳人员应该回避

C. 清查人员应该自己动手亲自盘点库存现金

D. 现金清查后，如果存在账实不符也不得调整库存现金日记账

三、银行存款余额调节表的编制

2016 年 6 月 30 日，某企业银行存款日记账余额为 413 280 元，银行对账单余额为 418 900 元。经逐笔核对，双方记账均无差错，但发现有下列未达账项：

（1）6 月 28 日，企业收到转账支票一张，计 46 800 元，企业已作为存款收入入账，但尚未到银行办理入账手续，银行尚未入账。

（2）6 月 29 日，企业开出转账支票一张，计 70 200 元，用以支付供货单位账款，企业已作为存款付出入账，但支票尚未到达银行，银行尚未入账。

（3）6 月 30 日，银行计算应付给企业存款利息 800 元，银行已登记入账，作为企业存款的增加，而企业未收到收款通知，尚未入账。

（4）6 月 30 日，银行代企业付水电费 18 580 元，银行已登记入账，作为企业存款的减少，而企业尚未收到付款通知，尚未入账。

请编制银行存款余额调节表（见表 15-5）。

表 15-5　　银行存款余额调节表

2016 年 6 月 30 日　　单位：元

项目	金额	项目	金额
企业银行存款账面余额		银行对账单账面余额	
加:银行已记增加,企业未记增加的账项 减:银行已记减少,企业未记减少的账项		加:企业已记增加,银行未记增加的账项 减:企业已记减少,银行未记减少的账项	
调节后存款余额		调节后存款余额	

四、简答题

1. 什么是财产清查？为什么要进行财产清查？财产清查有什么作用？

2. 哪些因素会造成各项财产账面数与实际数不一致？

3. 如何对现金、银行存款进行清查？可能会出现什么问题？如何解决？

4. 什么是“未达账项”？企业单位能否根据银行存款余额调节表将未达账项登记入账？为什么？

第 16 章

财务会计报告

本章阐述了财务会计报告的概念、内容、作用以及编制要求，通过本章的学习，学生应熟悉资产负债表、利润表的概念、作用、内容和结构。

第 1 节　财务会计报告概述

企业、行政单位、事业单位等的经济活动和财务收支，经过日常的会计核算，已在账簿中序时、连续、系统地进行了归集和记录。这些核算资料是分散地反映在各个账户之中，不能集中地、总括地、一目了然地反映企业、行政单位、事业单位等的经济活动和财务收支全貌。为了满足经营管理的需要，须将日常核算资料按照科学的方法和一定的指标定期进行系统地整理，以特定的形式全面、综合地反映企业整个经济活动和财务收支状况，这就形成了财务会计报告。可见财务会计报告是指单位会计部门根据经过审核的会计账簿记录和有关资料，编制并对外提供的反映单位某一特定日期财务状况和某一会计期间经营成果、现金流量及所有者权益等会计信息的总结性书面文件。

一、财务会计报告的内容

财务会计报告包括会计报表、会计报表附注和财务情况说明书。

（一）会计报表

会计报表是指企业以一定的会计方法和程序由会计账簿的数据整理得出，以表格的形式反映企业财务状况、经营成果和现金流量的书面文件，是财务会计报告的主体和核心。企业会计报表按其反映的内容不同，分为资产负债表、利润表、现金流量表、所有者权益（股东权益）变动表。其中，相关附表是反映企业财务状况、经营成果和现金流量的补充报表，主要包括利润分配表以及国家统一会计制度规定的其他附表。

（二）会计报表附注

会计报表附注是为便于会计报表使用者理解会计报表的内容而对会计报表的编制基础、编制依据、编制原则和方法及主要项目等所进行的解释。会计报表附注是财务会计报告的一个重要组成部分，有利于增进会计信息的可理解性，提高会计信息的可比性，突出重要的会计信息。

（三）财务情况说明书

财务情况说明书是财务会计报告的组成部分，是指会计单位提供的财务情况至少应当对下列情况作出说明：

（1）企业生产经营的基本情况；

（2）利润实现和分配情况；

（3）资金增减和周转情况；

（4）对企业财务状况经营成果、现金流量有重大影响的其他事项。

二、会计报表的作用、种类和编制要求

（一）会计报表的作用

会计报表是会计核算的又一种专门方法，也是会计工作的一项重要内容。会计报表所提供的指标，比其他会计资料提供的信息更为综合、系统和全面地反映企业、行政单位、事业单位等的经济活动的情况和结果。因此，会计报表对企业和行政单位、事业单位本身及其主管部门，对企业的债权人和投资者，对财税、银行、审计等部门来说，都是一种十分重要的经济资料。会计报表的作用具体表现在以下几个方面：

第一，会计报表所提供的资料可以帮助企业领导和管理人员分析检查企业的经济活动是否符合制度规定；考核企业资金、成本、利润等计划指标的完成程度；分析评价经营管理中的成绩和缺点，采取措施改善经营管理，提高经济效益；运用会计报表的资料和其他资料进行分析，为编制下期计划提供依据。同时，企业领导和管理人员通过会计报表，把会计经营情况和结果向职工交底，以便职工进行监督，进一步发挥职工的作用，从各个方面提出改进建议，促进企业增产节约措施的落实。

第二，单位主管部门利用会计报表考核所属单位的业绩以及各项经济政策贯彻执行情况，并通过各单位同类指标的对比分析，可及时总结成绩，推广先进经验；对发现的问题分析原因，采取措施，克服薄弱环节；通过报表逐级汇总所提供的资料，可以在一定范围内反映国民经济计划的执行情况，为国家宏观管理提供依据。

第三，财政、税务、银行和审计部门利用会计报表所提供的资料，可以了解企业资金的筹集与运用是否合理、检查企业税收解缴情况与利润计划的完成情况以及有无违反税法和财经纪律的现象，更好地发挥财政、税收的监督职能。银行部门可以考查企业流动资金的利用情况，分析企业银行借款的物资保证程度，研究企业流动资金的正常需要量，了解银行借款的归还以及信贷纪律的执行情况，充分发挥银行经济监督和经济杠杆作用。审计部门可以利用会计报表了解企业财务状况和经营情况以及财经政策、法令和纪律执行情况，从而为进行财务审计和经济效益审计提供必要的资料。

第四，企业的投资、债权人和其他利益群体需要利用会计报表所提供的企业财务状况和偿债能力，作为投资、贷款和交易的决策依据。行政单位、事业单位等的会计报表可以总括地反映预算资金收支情况和预算执行的结果，以便总结经验教训，改进工作，提高单位的管理水平，并为编制下期预算提供必要的资料。

（二）会计报表的种类

不同性质的经济单位由于会计核算的内容不一样，经济管理的要求及其所编制的

会计报表的种类也不尽相同。就企业而言，其所编制的会计报表也可按不同的标志划分为不同的类别。

1. 按照会计报表反映的经济内容分类

按照会计报表反映的经济内容分类，会计报表可分为以下四种类型：

（1）反映一定日期企业资产、负债及所有者权益等财务状况的报表（资产负债表）。

（2）反映一定时期企业经营成果的会计报表（利润表）。

（3）反映一定时期企业构成所有者权益的各组成部分的增减变动情况的报表（所有者权益变动表）。

（4）反映一定时期内企业财务状况变动情况的会计报表（现金流量表）。

以上四类报表可以划分为静态报表和动态报表。资产负债表为静态报表，利润表、所有者权益变动表和现金流量表为动态报表。

2. 按照会计报表的报送对象分类

按照会计报表的报送对象分类，会计报表可分为以下两大类：

一类是对外报送的会计报表，包括资产负债表、利润表、所有者权益变动表和现金流量表等。这些报表可用于企业内部管理，但更偏向于现在和潜在投资者、贷款人、供应商以及其他债权人、顾客、政府机构、社会公众等外部使用者的信息要求。这类报表一般有统一格式和编制要求。

另一类是对内报送的会计报表。这类报表是根据企业内部管理需要编制的，主要用于企业内部成本控制、定价决策、投资或筹资方案的选择等，这类报表无规定的格式、种类。

3. 按照会计报表的编制分类

按照会计报表的编制分类，会计报表可分为个别会计报表和合并会计报表两类。这种划分是在企业对外单位进行投资的情况下，由于特殊的财务关系所形成的。个别会计报表是指只反映对外投资企业本身的财务状况和经营情况的会计报表，包括对外会计报表和对内会计报表。合并会计报表是指一个企业在能够控制另一个企业的情况下，将被控制企业与本企业视为一个整体，将其有关经济指标与本企业的数字合并而编制的会计报表。合并会计报表所反映的是企业与被控制企业共同的财务状况与经营成果。合并会计报表一般只编制对外会计报表。

4. 按照会计报表的编制时间分类

按照会计报表的编制时间不同，会计报表可分为定期会计报表和不定期会计报表。定期会计报表又可分为年度会计报表、季度会计报表和月份会计报表三类。年度会计报表是年终编制的报表，是全面反映企业财务状况、经营成果及其分配、现金流量等方面的报表。季度会计报表是每一季度末编制的报表，种类比年度会计报表少一些。月份会计报表是月终编制的财务报表，只包括一些主要的报表，如资产负债表、利润表等。

在编制会计报表时，哪些报表为年度会计报表、哪些报表为季度会计报表、哪些报表为月份会计报表，都应根据《企业会计准则》的规定办理。月度会计报表、季度会计报表称为中期报告。企业在持续经营的条件下，一般是按年、季、月编制会计报表，但在某种特殊情况下则需编制不定期会计报表，如在企业宣布破产时应编制和报送破产清算会计报表。

5. 按照会计报表的编制单位分类

按照会计报表的编制单位分类，会计报表可分为单位会计报表和汇总会计报表两类。单位会计报表是指由独立核算的会计主体编制的，用以反映某一会计主体的财务状况、经营活动成果和费用支出及成本完成情况的报表。汇总会计报表是指由上级主管部门将其所属各基层经济单位的会计报表，与其本身的会计报表汇总编制的，用以反映一个部门或一个地区经济情况的会计报表。

（三）会计报表的编制要求

为了充分发挥会计报表的作用，会计报表的种类、格式、内容和编制方法，都应由财政部统一制定，企业应严格地按照统一规定填制和上报，才能保证会计报表口径一致，便于各有关部门利用会计报表，了解、考核和管理企业的经济活动。

为确保会计报表质量，编制会计报表必须符合以下要求：

1. 数字真实

根据客观性原则，企业会计报表所填列的数字必须真实可靠，能准确地反映企业的财务状况和经营成果。企业不得以估计数字填列会计报表，更不得弄虚作假、篡改、伪造数字。为了确保会计报表的数字真实准确，应做到如下几点：

（1）报告期内所有的经济业务必须全部登记入账，应根据核对无误的账簿记录编制会计报表，不得用估计数字编制会计报表，不得弄虚作假，不得篡改数字。

（2）在编制会计报表之前，应认真核对账簿记录，做到账证相符、账账相符。发现有不符之处，应先查明原因，加以更正，再据以编制会计报表。

（3）企业应定期进行财产清查，对各项财产物资、货币资金和往来款项进行盘点、核实，在账实相符的基础上编制会计报表。

（4）在编制会计报表时，要核对会计报表之间的数字，有勾稽关系的数字要认真核对；本期会计报表与上期会计报表之间的数字应相对衔接一致、本年度会计报表与上年度会计报表之间相关指标数字应衔接一致。

2. 内容完整

会计报表中各项指标和数据是相互联系、相互补充的，必须按规定填列齐全、完整。不论主表、附表或补充资料，都不能漏填、漏报。各会计报表之间、项目之间凡有对应关系的项目的数据，应该相互一致，做到表表相符。

3. 计算正确

会计报表上的各项指标，都必须按《企业会计准则》和《企业会计制度》中规定的口径填列，不得任意删减或增加，凡需经计算填列的指标，应按以上两个制度所规定的公式计算填列。

4. 编报及时

企业应按规定的时间编报会计报表，及时逐级汇总，以便报表的使用者及时、有效地利用会计报表资料。因此，企业应科学地组织好会计的日常核算工作，选择适合本企业具体情况的会计核算组织程序认真做好记账、算账、对账和按期结账工作。

（四）报表报送装订要求

第一，各时间段财务报表应当按照国家及公司规定的期限报送财务报表。其中，日报应当在每日工作时间结束之前上报；月报应当在次月3日之前上报；季报应当随季度结束次月的月报上报；年报应当在会计年度结束的次年1月之前上报；其他临时性报表应当按照国家及公司规定的期限报送。

第二，对外报送或内部管理需要的财务报告，应当依次编写页码，加具封面，装订成册，加盖公章。封面上应当注明单位名称，单位地址，财务报告所属年度、季度、月度，送出日期，并由单位领导人、总会计师、会计机构负责人、会计主管人员签名或者盖章。

第2节　资产负债表

资产负债表是总括反映企业在某一特定日期（月末、季末或年末）全部资产、负债和所有者权益情况的会计报表。

一、资产负债表的作用

资产负债表可提供的信息如下：

第一，流动资产实有情况的信息，包括货币资金、应收及预付款项、交易性金融资产和存货等流动资产实有情况的信息。

第二，非流动资产实有情况的信息，包括可供出售金融资产、持有至到期金融资产、长期股权投资、固定资产、无形资产等非流动资产实有情况的信息。

第三，流动负债的信息，包括短期借款、交易性金融负债、应付及预收款项等流动负债的信息。

第四，非流动负债的信息，包括长期借款、应付债券、长期应付款等信息。

第五，所有者权益的信息，包括实收资本、盈余公积和未分配利润的信息。

资产负债表总括地提供了企业的经营者、投资者和债权人等各方面所需要的信息，其具体作用如下：

第一，通过资产负债表可以了解企业所掌握的经济资源及其分布的情况，经营者可据此分析企业资产分布是否合理，以改进经营管理，提高管理水平。

第二，通过资产负债表可以了解企业资金的来源渠道和构成，投资者和债权人可据此分析企业所面临的财务风险，以监督企业合理使用资金。

第三，通过资产负债表可以了解企业的财务实力、短期偿债能力和支付能力，投资者和债权人可据此做出投资和贷款的正确决策。

第四，通过对前后期资产负债表的对比分析，可了解企业资金结构的变化情况，经营者、投资者和债权人可据此掌握企业财务状况的变化趋势。

二、资产负债表的结构

资产负债表的编制格式有账户式、报告式和财务状况式三种。其中，账户式资产负债表分为左右两方，左方列示资产项目，右方列示负债及所有者权益项目，左右两方的合计数应保持平衡。这种格式的资产负债表应用最广，我国《企业会计制度》要求采用的就是这种格式的资产负债表。

资产负债表是依据“资产=负债+所有者权益”这一会计等式的基本原理设置的，分为左右两方。左方反映企业所拥有的全部资产，右方反映企业的负债和所有者权益，根据会计等式的基本原理，左方的资产总额等于右方的负债和所有者权益的总额。资产负债表左右两方各项目前后顺序是按其流动性排列的。一般企业的资产负债表基本格式如表 16-1 所示：

表 16-1 **资产负债表** 会企 01 表

编制单位： 年 月 日 单位：元

资　产	期末余额	年初余额	负债和所有者权益	期末余额	年初余额
流动资产：			流动负债：		
货币资金			短期借款		
交易性金融资产			交易性金融负债		
应收票据			应付票据		
应收账款			应付账款		
预付款项			预收账款		
应收利息			应付职工薪酬		
应收股利			应交税费		
其他应收款			应付利息		
存货			应付股利		
一年内到期的非流动资产			其他应付款		
其他流动资产			一年内到期的非流动负债		
流动资产合计			其他流动负债		
非流动资产：			流动负债合计		
可供出售金融资产			非流动负债：		
持有至到期投资			长期借款		
长期应收款			应付债券		
长期股权投资			长期应付款		
投资性房地产			专项应付款		
固定资产			预计负债		
工程物资			递延所得税负债		
在建工程			其他非流动负债		
固定资产清理			非流动负债合计		
生产性生物资产			负债合计		
油气资产			所有者权益：		
无形资产			实收资本		
开发支出			资本公积		
商誉			减：库存股		
递延所得税资产			盈余公积		
其他非流动资产			未分配利润		
非流动资产合计			所有者权益合计		
资产总计			负债和所有者权益总计		

不论是何种格式的资产负债表，在编制时，首先需要把所有项目按一定的标准进行分类，并以适当的顺序加以排列。世界上大多数国家所采用的都是按流动性排序的资产负债表。该种资产负债表首先把所有项目分为资产、负债、所有者权益三个部分，并按项目的流动性程度来决定其排列顺序。

资产项目按其流动性排列，流动性大的排在前，流动性小的排在后；负债项目按其到期日的远近排列，到期日近的排在前，到期日远的排在后；所用者权益项目按其永久程度高低排列，永久程度高的排在前，永久程度低的排在后。

（一）资产的排列顺序

1. 流动资产

流动资产包括在一年或超过一年的一个经营周期以内可以变现或耗用、售出的全部资产。流动资产在资产负债表上排列为：货币资金、交易性金融资产、应收票据、应收账款、预付款项、应收利息、其他应收款、存货、一年内到期的非流动资产等。

2. 非流动资产

非流动资产包括变现能力在一年或超过一年的一个经营周期以上的资产。非流动资产在资产负债表上排列为：可供出售金融资产、持有至到期投资、长期股权投资、长期应收款、投资性房地产、固定资产、在建工程、工程物资、固定资产清理、生产性生物资产、油气资产、无形资产、开发支出、商誉、长期待摊费用、递延所得税资产等。

（二）负债的排列顺序

1. 流动负债

流动负债包括偿还期在一年以内的全部负债。流动负债在资产负债表上排列为：短期借款、交易性金融负债、应付票据、应付账款、预收款项、应付职工薪酬、应交税费、应付利息、应付股利、其他应付款、一年内到期的非流动负债等。

2. 非流动负债

非流动负债包括偿还期在一年或超过一年的一个经营周期以上的债务。非流动负债在资产负债表上排列为：长期借款、应付债券、长期应付款、专项应付款、预计负债、递延所得税负债等。

（三）所有者权益的排列顺序

所有者权益包括所有者投资、企业在生产经营过程中形成的盈余公积和未分配利润。所有者权益在资产负债表上排列为：实收资本、资本公积、盈余公积和未分配利润等。

第3节 利润表

利润表是总括反映企业在一定时期（年度、季度或月份）内经营成果的会计报表，用以反映企业一定时期内利润（或亏损）的实际情况。

一、利润表的内容

利润表可以提供的信息如下：

第一，企业在一定时期内取得的全部收入，包括营业收入、投资收益和营业外收入。

第二，企业在一定时期内发生的全部费用和支出，包括营业成本、销售费用、管理费用、财务费用和营业外支出。

第三，全部收入与支出相抵后计算出企业一定时期内实现的利润（或亏损）总额。

二、利润表的作用

会计报表使用者通过利润表可以了解企业利润（或亏损）的形成情况，据以分析、考核企业经营目标及利润计划的执行结果，分析企业利润增减变动的原因，以促进企业改善经营管理，不断提高管理水平和盈利水平；通过利润表可以评比对企业投资的价值和报酬，判断企业的资本是否保全；通过利润表提供的信息可以预测企业在未来期间的经营状况和盈利趋势。

三、利润表的结构

利润表一般包括表首、正表两部分。其中，表首概括说明报表名称、编制单位、编制日期、报表编号、货币名称、计量单位；正表是利润表的主体，反映形成经营成果的各个项目和计算过程。正表的格式一般有两种：单步式利润表和多步式利润表。单步式利润表是将当期所有的收入列在一起，然后将所有的费用列在一起，两者相减得出当期净损益。多步式利润表是通过对当期的收入、费用、支出项目按性质加以归类，按利润形成的主要环节列示一些中间性的利润指标，如营业利润、利润总额、净利润，分步计算当期净损益。我国《企业会计准则》规定利润表采用多步式。

利润表的格式如表16-2所示：

表 16-2　　利润表

编制单位：　　年　月　　单位：元

项目	本月数	本年累计数
一、营业收入		
减：营业成本		
营业税金及附加		
销售费用		
管理费用		
财务费用		
资产减值损失		
加：公允价值变动收益（损失以“-”号填列）		
投资收益		
二、营业利润（亏损以“-”号填列）		
加：营业外收入		
减：营业外支出		
三、利润总额（净亏损以“-”号填列）		
减：所得税费用		
四、净利润		
五、每股收益		
（一）基本每股收益		
（二）稀释每股收益		

为了清楚地反映各项指标的报告期数及从年初到报告期为止的累计数，在利润表中应分别设置“本月数”和“本年累计数”两栏。

第 4 节　现金流量表

一、现金流量表的概念

现金流量表是反映企业一定会计期间内现金和现金等价物流入和流出信息的会计报表，是一张动态报表。编制现金流量表的主要目的是为会计报表使用者提供企业一定会计期间内现金和现金等价物流入和流出的会计信息，以便于会计报表使用者了解和评价企业获取现金和现金等价物的能力，分析企业的支付能力、偿债能力、周转能力以及企业收益质量和影响现金净流量的因素，并据以预测企业未来现金流量。

二、现金流量表的编制基础

现金流量表是以现金为基础编制的，这里的现金是广义的现金，包括库存现金、可以随时用于支付的存款以及现金等价物。

（一）库存现金

库存现金是指企业持有的、可随时用于支付的现金限额。

（二）银行存款

银行存款是指企业存在金融企业、随时可以用于支付的存款，即与会计核算中“银行存款”账户的内容基本一致，但是编制现金流量表所指的银行存款是可以随时用于支付的银行存款，如结算户存款、通知存款等，不包括不能随时用于支取的存款。

（三）其他货币资金

其他货币资金是指企业存在金融企业有特定用途的资金，如外埠存款、银行汇票存款、银行本票存款、信用证存款、信用卡存款等。

（四）现金等价物

现金等价物是指企业持有的期限短、流动性强、易于转换为已知金额的现金、价值变动风险很小的投资。现金等价物虽然不是现金，但其支付能力相当于现金，能够满足企业即期支付的需要。

三、现金流量表的结构和内容

现金流量表的基本结构包括正表和补充资料两部分。正表的内容主要如下：

（一）经营活动产生的现金流量

经营活动是指企业投资活动和筹资活动以外的所有交易和事项。经营活动产生的现金流量包括经营活动产生的现金流入和经营活动产生的现金流出。一般来说，经营活动产生的现金流入项目主要有销售商品、提供劳务收入的现金，收到的税费返还，收到的其他与经营活动有关的现金。经营活动产生的现金流出项目主要有购买商品、接受劳务支付的现金，支付给职工以及为职工支付的现金，支付的各项税费，支付的其他与经营活动有关的现金。

（二）投资活动产生的现金流量

投资活动是指企业长期资产的购建和不包括在现金等价物范围内的投资及处置活动。投资活动产生的现金流量包括投资活动产生的现金流入和投资活动产生的现金流出。一般来说，投资活动的现金流入项目主要有收回投资所收到的现金，取得投资收益所收到的现金，处置固定资产、无形资产和其他长期资产所收回的现金净额，收到的其他与投资活动有关的现金。投资活动产生的现金流出项目主要有购建固定资产、无形资产和其他长期资产所支付的现金，投资所支付的现金，支付的其他与投资活动有关的现金。

（三）筹资活动产生的现金流量

筹资活动是指导致企业资本及债务规模和构成发生变化的活动。筹资活动产生的现金流量包括筹资活动产生的现金流入和筹资活动产生的现金流出。一般来说，筹资活动的现金流入项目主要有吸收投资所收到的现金、取得借款所收到的现金、收到的其他与筹资活动有关的现金。筹资活动的现金流出项目主要有偿还债务所支付的现金，分配股利、利润或偿付利息所支付的现金，支付的与其他筹资活动有关的现金。

正表除上述三项内容外，还包括汇率变动对现金的影响和现金及现金等价物净增加额两项。

现金流量表正表的格式如表 16-3 所示：

表 16-3　　　　现 金 流 量 表

编制单位：　　　　201×年度　　　　单位：元

项　　目	行次	金额
一、经营活动产生的现金流量：		
销售商品、提供劳务收到的现金	1	
收到的税费返还	3	
收到的其他与经营活动有关的现金	8	
现金流入小计	9	
购买商品、接受劳务支付的现金	10	
支付给职工以及为职工支付的现金	12	
支付的各项税费	13	
支付的其他与经营活动有关的现金	18	
现金流出小计	20	
经营活动产生的现金流量净额	21	
二、投资活动产生的现金流量		
收回投资所收到的现金	22	
取得投资收益所收到的现金	23	
处置固定资产、无形资产和其他长期资产所收回的现金净额	25	
收到的其他与投资活动有关的现金	28	
现金流入小计	29	
购建固定资产、无形资产和其他长期资产所支付的现金	30	
投资所支付的现金	31	
支付的其他与投资活动有关的现金	35	
现金流出小计	36	
投资活动产生的现金流量净额	37	
三、筹资活动产生的现金流量		
吸收投资所收到的现金	38	
借款所收到的现金	40	
收到的其他与筹资活动有关的现金	43	
现金流入小计	44	
偿还债务所支付的现金	45	
分配股利、利润或偿付利息所支付的现金	46	
支付的其他与筹资活动有关的现金	52	
现金流出小计	53	

表16-3(续)

项　目	行次	金额
筹资活动产生的现金流量净额	54	
四、汇率变动对现金的影响	55	
五、现金及现金等价物净增加额	56	

第5节　所有者权益（或股东权益）变动表

所有者权益（或股东权益）变动表是反映企业年末所有者权益（或股东权益）增减变动情况的报表。通过该表，可以了解企业某一会计年度所有者权益（或股东权益）的各项目实收资本（或股本）、资本公积、盈余公积和未分配利润等的增加、减少及其余额的情况，分析其变动原因及预测未来的变动趋势。

根据《企业会计准则第30号——财务报表列报》的规定，所有者权益（或股东权益）变动表至少应当单独列示下列信息项目：

（1）净利润。

（2）直接计入所有者权益的利得和损失及其总额。

（3）会计政策变更和差错更正的累计影响金额。

（4）所有者投入资本和向所有者分配利润等。

（5）按照规定提取的盈余公积。

（6）实收资本（或股本）、资本公积、盈余公积、未分配利润的期初和期末余额及其调节情况。

所有者权益（或股东权益）变动表的格式如表16-4所示：

表16-4　　所有者权益（或股东权益）变动表

编制单位：　　201×年度　　单位：元

项目	本年金额						上年金额					
	实收资本（或股本）	资本公积	减：库存股	盈余公积	未分配利润	所有者权益合计	实收资本（或股本）	资本公积	减：库存股	盈余公积	未分配利润	所有者权益合计

第6节 会计报表附注

一、会计报表附注的概念

会计报表附注是为了便于会计报表使用者理解会计报表的内容而对会计报表的编制基础、编制依据、编制原则和方法及主要项目等所进行的解释。会计报表附注是对会计报表的补充说明，是财务会计报告的重要组成部分。

二、会计报表附注的内容

根据《企业会计制度》的规定，会计报表附注主要应当包括以下内容：

（1）企业的基本情况。

（2）财务报表的编制基础。

（3）遵循《企业会计准则》的申明。

（4）重要会计政策和会计估计。

（5）会计政策和会计估计变更以及差错更正的说明。

（6）报表重要项目的说明。

（7）或有事项。

（8）资产负债表日后事项的说明。

（9）关联方关系及其交易的说明。

（10）会计报表重要项目的说明。

（11）收入。

（12）所得税的会计处理方法。

（13）合并会计报表的说明。

（14）有助于理解和分析会计报表需要说明的其他事项。

作业与思考

一、单项选择题

1. 国务院于2000年6月21日公布了（　　），对企业财务会计报告的含义、构成等，均制定了规范。

A.《企业会计准则》　　B.《企业财务通则》

C.《企业财务会计报告条例》　　D.《企业会计制度》

2. 按照《企业财务会计报告条例》的规定，（　　）对企业财务会计报告的真实性、完整性负责。

A. 企业负责人　　B. 总会计师
C. 企业财务经理　　D. 主管会计

3. 下列不属于对外会计报表的是（　　）。
A. 资产负债表　　B. 利润表
C. 现金流量表　　D. 产品生产成本表

4. 下列属于静态报表的是（　　）。
A. 资产负债表　　B. 利润表
C. 现金流量表　　D. 商品产品成本表

5. 汇总会计报表与单位会计报表是会计报表按照（　　）进行的分类。
A. 报送对象　　B. 反映的经济内容
C. 编制单位　　D. 会计主体

6. 个别会计报表与合并会计报表是会计报表按照（　　）进行的分类。
A. 报送对象　　B. 反映的经济内容
C. 编制单位　　D. 会计主体

7. 下列会计报表中属于月报的有（　　）。
A. 资产负债表　　B. 利润表
C. 现金流量表　　D. 资产负债表和利润表

8. 下列会计报表中属于动态报表的有（　　）。
A. 资产负债表　　B. 利润表
C. 现金流量表　　D. 管理费用明细表

9. 其全部指标均依据有关账户余额填列的会计报表是（　　）。
A. 资产负债表　　B. 利润表
C. 现金流量表　　D. 商品产品成本表

10. 汇总会计报表是根据（　　）汇总编制的。
A. 月度会计报表　　B. 季度会计报表
C. 年度会计报表　　D. 单位会计报表

11. 资产负债表的资产项目，说明了企业所拥有的各种经济资源以及企业（　　）。
A. 偿还债务的能力　　B. 偿债期限的长短
C. 投资者的所有权　　D. 财务状况的变化

12. 资产负债表的负债项目，显示了企业所负担债务的（　　）。
A. 偿还能力　　B. 变动状况
C. 数量和偿还期长短　　D. 占资产总额的比例

13. 下列资产负债表项目可根据总账余额直接填列的是（　　）。
A. 货币资金　　B. 存货
C. 短期借款　　D. 未分配利润

14. 资产负债表内各项目分类与排列的依据是（　　）。

A. 项目内容的经济性质　　B. 项目内容的流动性
C. 项目金额的大小　　D. 项目内容的经济性质和流动性

15. 下列选项中正确反映了资产负债表中资产项目排列顺序的是（　　）。
A. 流动资产、长期投资、固定资产、无形资产及其他资产
B. 流动资产、无形资产、固定资产、长期投资及其他长期资产
C. 固定资产、流动资产、无形资产、长期投资及其他长期资产
D. 无形资产、长期投资、固定资产、流动资产及其他长期资产

16. 下列选项中，正确反映资产负债表中所有者权益项目的排列顺序是（　　）。
A. 实收资本、盈余公积、资本公积、未分配利润
B. 实收资本、资本公积、盈余公积、未分配利润
C. 未分配利润、盈余公积、资本公积、实收资本
D. 盈余公积、资本公积、实收资本、未分配利润

17. 下列资产负债表项目中，需根据总账账户余额计算填列的项目是（　　）。
A. 短期投资　　B. 货币资金　　C. 应付账款　　D. 累计折旧

18. 下列资产负债表项目中，需根据明细账户余额计算填列的项目是（　　）。
A. 短期投资　　B. 货币资金　　C. 应付账款　　D. 累计折旧

19. 下列资产负债表项目中，需根据总账账户和明细账户余额分析计算填列的项目是（　　）。
A. 长期借款　　B. 货币资金　　C. 应付账款　　D. 累计折旧

二、多项选择题

1. 年度、半年度财务会计报告应当包括（　　）。
A. 会计报表　　B. 会计报表附注
C. 财务情况说明书　　D. 资产负债表
E. 损益表

2. 会计报表应当包括（　　）。
A. 资产负债表　　B. 利润表
C. 现金流量表　　D. 相关附表
E. 财务状况变动表

3. 反映企业财务状况的报表有（　　）。
A. 资产负债表　　B. 利润表
C. 现金流量表　　D. 商品产品成本表
E. 利润分配表

4. 企业的对外报表有（　　）。
A. 资产负债表　　B. 利润表
C. 现金流量表　　D. 商品产品成表
E. 利润分配表

5. 下列会计报表中属于动态报表的有（　　）。
A. 资产负债表　　B. 利润表
C. 现金流量表　　D. 商品产品成表
E. 利润分配表
6. 下列会计原则中，属于为保证会计信息质量而规定的原则有（　　）。
A. 权责发生制原则　　B. 实际成本原则
C. 客观性原则　　D. 相关性原则
E. 可比性原则
7. 资产负债表从表内的项目构成及其数据看，其特征有（　　）。
A. 平衡　　B. 分类
C. 比较　　D. 以收抵支
E. 项目间相互关联
8. 下列资产负债表项目中，可根据有关总账账户余额直接填列的有（　　）。
A. 应收票据　　B. 短期借款
C. 应收股利　　D. 应收账款
E. 应付账款
9. 下列资产负债表项目中，需根据有关总账及其所属明细账户余额计算填列的有（　　）。
A. 应收票据　　B. 短期借款
C. 应收股利　　D. 货币资金
E. 应付账款
10. 下列资产负债表项目中，需根据账户余额减去其备抵项目后的净额填列的有（　　）。
A. 应收票据　　B. 短期投资
C. 货币资金　　D. 存货
E. 应收账款
11. 资产负债表的格式有（　　）。
A. 报告式　　B. 账户式
C. 单步式　　D. 多步式
E. 直接式
12. 损益表的结构形式有（　　）。
A. 报告式　　B. 账户式
C. 单步式　　D. 多步式
E. 直接式
13. 现金流量表把现金来源和运用分为（　　）。
A. 销售产品产生的现金流量　　B. 提供劳务产生的现金流量
C. 经营活动产生的现金流量　　D. 投资活动产生的现金流量
E. 筹资活动产生的现金流量

第 4 篇　会计方法的运用

学习目标

会计专门方法运用于工业企业从资金的筹集到生产准备、生产过程、销售过程、结算及利润分配的整个资金的运动过程中。在现实的企业中，会计日常工作流程主要是填制凭证、登记账簿、编制报表。

重点与难点

- 设置账户、借贷记账法在工业企业的运用
- 凭证、账簿、报表在会计工作中的运用

第 17 章
工业企业中的会计运用

本章主要以制造企业生产经营过程中的基本经济业务为线索，阐述账户和复式记账方法的具体应用。通过本章的学习，学生应理解企业资金筹集，供应过程、生产过程、销售过程以及财务成果形成与分配等业务的活动内容；掌握主要经营过程核算设置的主要账户，并能用这些账户对企业主要经营过程的基本业务进行正确的账务处理。

第 1 节　工业企业的资金运动过程

资金运动包括工业企业的资金投入、资金运用（循环和周转）、资金退出等过程。

一、资金投入

工业企业要进行生产经营，必须拥有一定的资金，这些资金的来源包括所有者投入的资金和债权人投入的资金两部分，前者属于企业的所有者权益，后者属于企业的债权人权益，即企业的负债。

二、资金循环和周转

工业企业的经营过程包括供应、生产、销售三个阶段。在供应过程中，企业要购买原材料等劳动对象，发生材料买入价、运输费、装卸费等材料采购成本，与供应单位发生货款的结算关系。在生产过程中，劳动者借助于劳动手段将劳动对象加工成特定的产品，同时发生原材料消耗、固定资产磨损的折旧费、生产工人劳动耗费的人工费，使企业与职工之间发生工资结算关系、与有关单位之间发生劳务结算关系等。在销售过程中，企业将生产的产品销售出去，支付销售费用、收回货款、缴纳税金等业务活动，并同购货单位发生货款结算关系、同税务机关发生税务计算关系。

综上所述，资金的循环就是从货币资金开始依次转化为储备资金、生产资金、产品资金，最后又回到货币资金的过程，资金周而复始的循环称为资金的循环。

三、资金退出

资金退出包括偿还债务、上缴各项税金、向所有者分配利润等，使得这部分资金离开本企业，退出企业的资金循环与周转。

上述资金运用的三阶段是相互支持、相互制约的统一体，没有资金投入，就没有资金循环与周转，就不会有债务的偿还、税金的上缴和利润的分配等；没有资金退出，就不会有新一轮的资金投入，也就不会有企业的进步和发展。

为了全面、连续、系统地反映和监督由上述企业主要经济业务所形成的生产经营活动过程和结果，也就是企业再生产过程中的资金运动，企业必须根据各项经济业务的具体内容和管理要求，相应地设置不同的账户，并运用借贷记账法，对各项经济业务的发生进行账务处理，以提供管理上所需要的各种会计信息。

工业企业是依法自主经营、自负盈亏、独立核算的产品生产和经营的单位。工业企业的基本经济业务按其与生产经营过程及其经营资金运动的关系分类，主要包括资金筹集业务、材料采购业务、产品生产业务、销售业务以及财务成果核算业务。

资金筹集是企业经营资金运动全过程的起点。企业通过吸收投资、向债权人借款筹集企业生产经营所必需的资金。投资者向企业投入资金，形成企业的所有者权益；企业向债权人借入的资金，形成企业的负债。企业将筹集到的资金投入到企业生产经营过程就形成了企业的经营资金。因此，投资者向企业投入资金、企业向债权人借入资金，就构成了资金筹集过程中的基本经济业务。

在材料采购过程中，企业要购买、建造固定资产为生产经营准备必要的劳动资料，要购买原材料等为生产经营准备必要的劳动对象，这时资金从货币资金转化为储备资金。固定资产的购建业务和原材料采购业务以及与供应单位之间的贷款结算业务，就构成了材料采购过程中的基本经济业务。

在产品生产过程中，一方面，劳动者借助于劳动资料对劳动对象进行加工，制造出各种工业产品；另一方面，企业要发生各种劳动耗费，主要有原材料耗费、工资耗费、固定资产折旧以及其他各种费用等。这些费用需要按一定的标准分配、归集到各种产品中去，以计算各种产品的生产成本。这时随着生产费用的支出及产品的加工制成，资金就从储备资金转化为生产资金和成品资金。因此，生产费用的发生、归集与分配，产品成本的计算，完工产品的验收入库等就构成了生产过程的基本经济业务。

在产品销售过程中，企业将产品投放市场，销售给购货单位，并根据等价交换的原则收取货款。这时资金又从成品资金转化为货币资金，完成一次资金循环。因此，取得销售收入、发生各种销售费用、缴纳销售税金以及由此发生的企业与其他单位之间的结算业务，就构成了销售过程中的基本经济业务。

产品销售过程结束后，企业应将实现的各种收入和发生的费用进行对比，计算企业的最终经营成果，并进行合理分配。因此，计算盈亏、缴纳所得税、进行利润分配等构成了财务成果核算过程中的基本经济业务。

以下以工业企业的基本经济业务为例，说明会计日常核算中应开设哪些账户以及如何运用借贷记账法对这些账户进行账务处理。

第 2 节　资金筹集业务的核算

筹集资金是企业主要经济业务之一。为了进行生产经营活动，企业必须拥有一定数量的资金，作为生产经营活动的物质基础。企业筹集资金是指企业根据生产经营、对外投资和调整资金结构等需要，通过资金市场和筹集渠道，运用筹资方式，有效地筹集资金的过程。企业筹集资金的渠道有两种：一是接受投资者投入的资本；二是向银行或其他金融机构借款，或发行债券向社会集资，构成企业的借债。因此，实收资本和借款业务的核算就构成了资金筹集业务核算的主要工作内容。

一、投入资本的核算

投资者对企业进行投资，便成为企业的股东，进而可以参与企业的经营决策、并获得企业盈利分配。企业吸收投资者的投资后，企业的资产增加了，同时投资者在企业中所享有的权益也增加了。所有者权益包括投入资本（实收资本和资本公积）、利得与损失、留存收益（盈余公积和未分配利润）。本节只介绍投入资本部分业务的核算方法，其他内容的核算在后续章节中讲述。

（一）实收资本业务的核算

企业投资者的投资一般是在企业筹建阶段投入的，也可以是为了扩大经营规模对原企业的追加投资。投资一般是现金投资，也可以是固定资产、无形资产等非现金资产投资。投资主体可以是国家、其他法人单位、个人或外商等，我国国有企业的投资者是国家或其他国有企业，股份制企业的投资者可以是国家、外商、其他单位法人等，私营企业的投资者是个人。

1. 实收资本的含义

实收资本是指企业的投资者按照企业章程或合同、协议的约定实际投入企业的资本金以及按照有关规定由资本公积、盈余公积转为资本的资本金。

2. 实收资本的分类

实收资本按投资主体分为国家资本金、法人资本金、个人资本金和外商资本金。

实收资本按投资形式分为货币资金投资和非货币资产投资（如材料、机器设备、商标权等投资）。

3. 实收资本入账价值的确定

货币资金投资按实际收到的货币资金金额入账。

非货币资产投资以投资各方确认的价值入账。

企业实际收到货币资金金额或投资各方确认的资产价值超过投资方在注册资本中所占份额部分，不计入实收资本，而是计入资本公积。

4. 账户的设置

（1）“库存现金”账户。“库存现金”账户用来核算企业存放在保险柜现金的增减变动和结存情况。

本账户是资产类账户，借方登记企业增加的库存现金；贷方登记减少的库存现金；期末为借方余额，反映企业持有的库存现金。

企业应当设置库存现金日记账，采用专用的库存现金日记账，账页格式一般为三栏式，根据收付款记账凭证，按照业务发生顺序逐日逐笔登记。

“库存现金”账户的T形结构如图17-1所示：

库存现金

提现，罚款收入等库存现金增加额	报销、日常零星开支等库存现金减少额
余：期末库存现金结余	

图17-1 “库存现金”账户的T形结构

（2）“银行存款”账户。“银行存款”账户用来核算企业存入银行或其他金融机构的各种款项。

本账户是资产类账户，借方登记增加的银行存款；贷方登记减少的银行存款；期末为借方余额，反映企业存在银行或其他金融机构的各种款项的结存数。

企业应该设置银行存款日记账，采用专用的银行存款日记账，账页格式一般为三栏式，根据收付款记账凭证，按照业务的发生顺序逐日逐笔登记。

“银行存款”账户的T形结构如图17-2所示：

银行存款

销售商品等银行存款增加额	采购材料等银行存款减少额
余：期末银行存款结余额	

图17-2 “银行存款”账户的T形结构

（3）“实收资本”账户。实收资本是指企业实际收到投资者投入的资本，是企业所有者权益中的主要组成部分。

“实收资本”账户用来核算企业实收资本的增减变动情况及其结果，股份有限公司应将本账户称为“股本”。

本账户是所有者权益类账户，贷方登记企业实际收到投资者投入的资本数；借方登记企业按法定程序报经批准减少的注册资本数；期末为贷方余额，表示企业实收资本或股本总额。

本账户应按投资者设置明细账，进行明细分类核算，适合采用三栏式明细账。

企业收到所有者的投资都应按实际投资数额入账。其中，以货币资金投资的，应按实际收到的款项作为投资额入账；以固定资产、原材料等实物形态投资，或以专利权、商标权等无形资产投资，应按照投资各方共同确认的价值（或评估值）作为实际投资额入账。企业在生产经营过程中所取得的收入或收益、所发生的费用或损失，不得直接增减投入资本或股本。

"实收资本"账户的 T 形结构如图 17-3 所示：

实收资本（或股本）（按投资人设置明细账）

①合同期满或破产清算时收回的投资额	①所有者投入 ②所有者追加投资 ③资本公积转增资本
	余：企业实有的资本(或股本)数额

图 17-3 "实收资本"账户的 T 形结构

（4）"固定资产"账户。"固定资产"账户用来核算和监督企业固定资产的增减变动及结果情况。

本账户是资产类账户，借方登记企业增加（包括外购、接受投资、盘盈等原因增加）的固定资产原始价值；贷方登记因各种原因减少的固定资产原始价值（包括处置、投资转出、盘亏等原因减少）；期末为借方余额，表示企业实际持有的固定资产原始价值。

本账户应按固定资产的类别和项目设置明细账，进行明细分类核算，适合采用专用的固定资产及折旧明细账。

"固定资产"账户的 T 形结构如图 17-4 所示：

固定资产

外购、接收投资者投入等增加的固定资产原始价值	出售、报废、毁损等减少的固定资产原始价值
余：现有固定资产的原始价值	

图 17-4 "固定资产"账户的 T 形结构

（5）"无形资产"账户。"无形资产"账户用来核算企业持有的没有实物形态的、价值可以辨认的资产，包括专利权、非专利技术、商标权、著作权、土地使用权等。

本账户是资产类账户，借方登记取得无形资产的实际成本；贷方登记减少无形资产的实际成本；期末为借方余额，表示企业实际持有的无形资产成本。

本账户应按无形资产的项目设置明细账，进行明细分类核算，适合采用三栏式明细账。

"无形资产"账户的 T 形结构如图 17-5 所示：

无形资产

外购、接收投资者投入等增加的无形资产价值	转让等减少的无形资产价值
余：现有无形资产的价值	

图 17-5 “无形资产”账户的 T 形结构

5. 核算举例

为使读者更加直观具体地掌握企业会计核算内容与方法，本教材以“A 公司”为模拟企业，进行详尽具体地讲解。

A 公司是增值税一般纳税人企业，适用的增值税税率为 17%，企业所得税税率为 25%。

【例 17-1】A 公司注册成立，接受 B 公司投入的货币资金 100 万元，款项已通过银行转入。

分析：A 公司接受投资者投入资金，获得一笔银行存款，故“银行存款”增加，记借方；同时，A 公司接受投资者投入的资本增加，即“实收资本”增加，记贷方。A 公司会计人员应根据业务内容编制会计分录如下：

借：银行存款　　1 000 000

　贷：实收资本——B 公司　　1 000 000

【例 17-2】A 公司注册成立，接受 C 公司投入的机器设备一台，价值为 60 万元；接受 D 公司投入的发明专利一项，协议价为 20 万元。

分析：A 公司接受投资者投入的机器设备，获得一笔固定资产，故“固定资产”增加，记借方；同时，A 公司接受投资者投入的资本增加，即“实收资本”增加，记贷方。A 公司会计人员应根据业务内容编制会计分录如下：

借：固定资产　　600 000

　　无形资产　　200 000

　贷：实收资本　　800 000

（二）资本公积业务的核算

1. 资本公积的含义

投资者投入企业的投资金额超过其法定注册资本的部分，其所有权归属于投资者，是所有者权益的重要组成部分，其实质上是一种准资本。

2. 资本公积的来源

（1）投资者投入企业的在金额上超过其法定注册资本的部分。

（2）直接计入资本公积的利得和损失。

3. 资本公积的用途

资本公积主要用于转增注册资本金。

4. 账户的设置

“资本公积”账户用于核算投资者投入企业、所有权归属投资者、金额上超过法定资本部分的资本。

本账户借方登记用资本公积转增资本及资本公积的减少数；贷方登记从不同渠道取得的资本公积的增加数；余额在贷方，表示资本公积期末结余额。本账户设置“资本溢价”“其他资本公积”等明细账户，进行明细核算。

“资本公积”账户的 T 形结构如图 17-6 所示：

资本公积——资本溢价

借方	贷方
资本公积转增实收资本减少额	资本溢价等资本公积增加额
	余：企业资本公积的结余额

图 17-6 “资本公积”账户的 T 形结构

5. 核算举例

【例 17-3】A 公司接受投资者的货币资金投资 5 000 000 元。其中，4 000 000 元作为实收资本，另外 1 000 000 元作为资本公积。

分析：A 公司会计人员应根据业务内容编制会计分录如下：

借：银行存款　　5 000 000

　贷：实收资本　　4 000 000

　　　资本公积——资本溢价　　1 000 000

【例 17-4】A 公司经股东大会批准，将公司的资本公积 200 000 元转作实收资本。

分析：A 公司会计人员应根据业务内容编制会计分录如下：

借：资本公积　　200 000

　贷：实收资本　　200 000

二、借入资金的核算

企业自有资金不足以满足企业经营运转需要时，可以通过从银行或其他金融机构借款的方式筹集资金，并按借款协议约定的利率承担支付利息及到期归还借款本金的义务。企业借入资金时，一方面银行存款增加，另一方面负债也相应增加。借入资金按偿还期限长短可分为短期借款和长期借款。

（一）短期借款业务的核算

1. 短期借款的含义

短期借款是指偿还期在 1 年以内（含 1 年）的借款。短期借款主要是满足企业生产经营临时周转需要。如购买材料、偿付债务等。

短期借款必须按期归还本金并按时支付利息。短期借款的利息支出属于企业在经营过程中为筹集资金而发生的一项耗费。在会计核算中，企业应将其作为财务费用加以确认。由于短期借款利息支付方式和支付时间不同，会计处理的方法也有一定的区别。如果银行对企业的短期借款按月计收利息，或者虽然在借款到期收回本金时一并收回利息，但利息数额不大，企业可以在收到银行的计息通知或者在实际支付利息时，直接将发生的利息费用计入财务费用；如果银行对企业的短期借款采取按季或半年等较长时间计收利息，或者是在借款到期收回本金时一并计收利息且利息数额较大，为了正确计算各期的利润，保持各个期间利润的均衡性，企业通常按权责发生制核算基础的要求，按月确认该月的利息费用，一方面计入当期的财务费用，另一方面计入应付利息，待到季度或者半年结息期末或到期支付利息时，再冲销应付利息。

2. 短期借款本金及利息的确认与计量

（1）本金的确认与计量。本金按借款单据上的金额确认与计量。

（2）利息的确认与计量。

①确认方法：按月确认为借款使用期间的财务费用（期间费用）。

②计算公式如下：

短期借款利息＝借款本金×利率×时间（按月）

公式中的利率是指年利率，为计算企业在各月、每天应支付的利息应换算为月利率、日利率。

月利率＝年利率÷12

日利率＝月利率÷30＝年利率÷360

3. 短期借款的核算方法

（1）账户设置。

①“短期借款”账户。短期借款是指企业为了满足其生产经营活动对资金的临时需要而向银行或金融机构等借入的，偿还期在一年以内（含一年）的各种借款。

“短期借款”账户是负债类账户，用来核算企业向银行或其他金融机构借入的期限在1年以下（含1年）的各种借款。该账户的贷方登记借入的各种短期借款本金；借方登记归还的短期借款本金；其贷方余额表示尚未归还的短期借款本金。该账户按贷款单位和贷款种类设置明细分类账。

“短期借款”账户的T形结构如图17-7所示：

短期借款

企业归还的短期借款本金	企业借入的短期借款本金
	余：企业尚未归还的短期借款本金

图17-7 “短期借款”账户的T形结构

②“财务费用”账户。“财务费用”账户是损益类账户，用来核算企业为筹集生产经营所需资金等而发生的费用。财务费用包括利息支出（减利息收入）以及相关的手续费等。该账户借方登记企业本期为生产经营活动借款而发生的财务费用；贷方登

记企业的利息收入以及期末转入“本年利润”账户的财务费用；期末，“财务费用”账户的余额应转入“本年利润”账户，结转后“财务费用”科目应无余额。“财务费用”账户应按费用项目设置明细账。

为购入固定资产而筹集长期资金所发生的诸如借款利息支出等费用，在固定资产尚未完工交付使用之前发生的，应对其予以资本化，计入有关固定资产的购建成本，不在该账户核算；在固定资产建造工程完工投入使用之后再发生的利息支出，则应计入当期损益，计入该账户。

“财务费用”账户的 T 形结构如图 17-8 所示：

财务费用	
利息、手续费等财务费用增加额	期末转入“本年利润”账户的财务财务费用转出额

图 17-8　“财务费用”账户的 T 形结构

③“应付利息”账户。该账户是负债类账户，用来核算企业按照借款合同约定应支付的利息，如应向银行支付的短期借款的利息、应向债权人支付的企业债券的利息等。“应付利息”账户借方登记实际支付的利息费用；贷方登记预提的短期借款的利息以及应付未付的企业债券利息等；期末余额在贷方，表示尚未支付的应付利息。

“应付利息”账户的 T 形结构如图 17-9 所示：

应付利息	
实际支付的利息费用	应付未付的利息费用
	余：尚未支付的利息费用

图 17-9　“应付利息”账户的 T 形结构

（2）核算举例。

【例 17-5】月初 A 公司从 B 银行借入半年期借款 10 万元，年利率为 12%，每月付息一次，到期一次还本。

分析：A 公司从 B 银行借入资金后，银行存款增加，故借记“银行存款”；同时，A 公司增加了一项负债，即“短期借款”增加，故贷记“短期借款”。A 公司会计人员应根据上述业务内容编制如下会计分录：

借：银行存款　　100 000

　贷：短期借款——B 银行　　100 000

A 公司借入上述短期借款后，必须承担支付利息的义务。对于发生的利息费用，应通过“财务费用”等账户进行核算。

【例 17-6】A 公司计提本月短期借款利息 1 000 元。

分析：A 公司在期末确认发生的利息费用时，费用增加，应记“财务费用”账户的借方；同时，利息费用已经发生可是不需要每个月月末支付给银行，而是到期一次支付，应贷记“应付利息”账户的贷方。A 公司会计人员应根据上述业务内容编制如下会计分录：

借：财务费用　　1 000

　贷：应付利息　　1 000

【例 17-7】A 公司到期还本付息。

分析：A 公司归还借款，则负债减少，故应借记“短期借款”；同时，A 公司还应确认并支付下半年的借款利息，因此还应借记“财务费用”、贷记“银行存款”。A 公司会计人员应根据上述业务内容编制如下会计分录：

借：短期借款——B 银行　　100 000

　　应付利息　　6 000

　贷：银行存款　　106 000

（二）长期借款业务的核算

1. 长期借款的基本含义

长期借款是指企业向银行及其他金融机构借入的，偿还期在 1 年以上的各种借款。长期借款主要用于满足企业进行固定资产购建的需要，如购买设备、建造厂房等。在会计核算中，应当区分长期借款的性质，按照申请获得贷款时实际收到的贷款数额进行确认和计量，并按照规定的利率和使用期限定期计息，确认为长期借款入账。

2. 长期借款本金及利息的确认与计量

（1）本金的确认与计量。本金按申请借款时实际收到的借款数额进行确认与计量。

（2）利息的确认与计量。长期借款的利息费用按照权责发生制核算的要求，按期计算提取计入所构建资产的成本或直接计入财务费用。具体来说，按照规定的利率和使用期限定期计息并确认。在工程项目完工之前发生的利息，应将其资本化，计入工程成本。工程完工投入使用后发生的利息，应将其费用化，计入财务费用。

3. 长期借款的核算方法

（1）账户设置——“长期借款”账户。

“长期借款”账户是负债类账户，用来核算企业向银行或其他金融机构借入的期限在 1 年以上（不含 1 年）的各种借款。该账户的贷方登记借入的长期借款的本金；借方登记归还的长期借款的本金；贷方余额表示尚未归还的长期借款的本金。该账户按本金和应计利息设置明细分类账。

“长期借款”账户的 T 形结构如图 17-10 所示：

长期借款

企业归还的长期借款本金利息数额	企业借入的长期借款本金利息金额
	余：企业尚未归还的长期借款本金利息

图 17-10　“长期借款”账户的 T 形结构

企业借入的长期借款，除应按规定办理借入手续外，还应按期支付利息，并按规定期限归还借款。因此，长期借款的会计处理应反映长期借款的借入、利息的结算和借款本息的归还情况。

（2）核算举例

【例 17-8】A 公司于 201×年 12 月向某银行借入两年期借款 10 万元，年利率为 12%，到期一次还本付息。

分析：A 公司借入资金，则银行存款增加，应借记“银行存款”；同时，A 公司也增加了一笔负债，故应贷记“长期借款——本金”。A 公司会计人员应根据上述业务内容编制如下会计分录：

借：银行存款　　100 000

　贷：长期借款——本金　　100 000

【例 17-9】A 公司计提 12 月长期借款的利息。

分析：A 公司从 12 月借入资金，产生利息费用，则财务费用增加，应借记“财务费用”；同时，A 公司也增加了一笔负债，故应贷记“长期借款——应计利息”。A 公司会计人员应根据上述业务内容编制如下会计分录：

借：财务费用　　1 000

　贷：长期借款——应计利息　　1 000

【例 17-10】A 公司在 201×年 12 月全部偿还该笔借款的本金和利息。

分析：A 公司偿还本金和利息，则负债减少，应借记“长期借款”；同时，A 公司用银行存款偿还，故应贷记“银行存款”。A 公司会计人员应根据上述业务内容编制如下会计分录：

借：长期借款——本金　　100 000

　　长期借款——应计利息　　24 000

　贷：银行存款　　124 000

第 3 节　生产准备业务的核算

为了进行产品的生产，企业必须购建厂房建筑物和机器设备等固定资产，并进行材料采购。因此，固定资产购建业务和材料采购业务的核算，就成为企业生产准备业务核算的主要内容。

一、固定资产购置业务的核算

（一）固定资产的含义

固定资产是企业经营过程中使用的长期资产，包括房屋建筑物、机器设备、运输车辆以及工具、器具等。根据我国《企业会计准则》的规定，固定资产是指同时具有下列两个特征的有形资产：第一，为生产商品、提供劳务、出租或经营管理而持有的；第二，使用寿命超过一个会计期间。这里的使用寿命是指企业使用固定资产的预计时间，或者该固定资产所能生产产品或提供劳务的数量。

根据《企业会计准则第 4 号——固定资产》规定，固定资产应当按照历史成本计量。

固定资产取得的时间成本是指企业构建固定资产达到预计可使用状态前所发生的一切合理的、必要的支出，其反映的是固定资产处于可使用状态时的实际成本。对于所建造的固定资产已经达到预计可使用状态，但尚未办理竣工决算的，《企业会计准则》规定应自达到可使用状态之日起，根据工程决算、造价或工程实际成本等相关资料，按估计的价值转入固定资产，并计提折旧。是否达到“预计可使用状态”是衡量是否作为固定资产进行核算和管理的标志，而不再是“竣工决算”，这是实质重于形式的重要体现。企业的固定资产在达到预定可使用状态前发生的合理的、必要的支出中，既有直接发生的，如支付的固定资产的买价、运杂费、包装费、安装费等，也有间接发生的，如固定资产在建造过程中的利息费用等，这些直接、间接的支出对形成固定资产的能力都有一定的作用，应计入固定资产的价值。一般来说，固定资产取得时的实际成本包括买价、运杂费、保险费、包装费、安装费等。

（二）企业取得固定资产入账价值的确定

1. 建造固定资产价值的确定

对建造固定资产已达到预定可使用状态（不管是否办理竣工决算），即可按估计价值入账，包括人工、材料、机械等成本。

2. 购置固定资产价值的确定

对购入设备等固定资产，应按发生的实际支出确定入账价值，包括买价、运输费、包装费和安装成本等。

二、在建工程的核算

为了反映和监督固定资产原始价值的增减变化及结余情况，需要设置“固定资产”账户（该账户在第 2 节资金筹集业务的核算中已设置）。同时，为了反映和监督构建固定资产的实际支出，还需要设置“在建工程”账户。“在建工程”账户是指企业正在施工、安装、尚未达到预计使用状态的基建工程、安装工程等。

（一）账户设置——“在建工程”账户

“在建工程”账户是资产类账户。核算企业进行固定资产基建、安装、技术改造以及大修理等工程而发生的全部支出（包括安装设备的支出），并据以计算确定各项工程成本的账户。“在建工程”账户借方登记工程支出的增加；贷方结转已完工工程的成本；期末余额在借方，表示未完工工程的成本。“在建工程”账户按工程内容，如建筑工程、安装工程、在安装设备、待摊支出以及单项工程等设置明细账户，进行明细核算。

“在建工程”账户的 T 形结构如图 17-11 所示：

在建工程	
基建、安装、技术改造等发生的全部支出	已经完工转入“固定资产”账户的工程支出的转出额
余：未完工工程的成本	

图 17-11 “在建工程”账户的 T 形结构

（二）核算举例

【例 17-11】A 公司购入一台不需要安装的设备，该设备买价为 125 000 元，发生包装及运杂费等 2 000 元，全部货款用银行存款支付，设备当即投入使用。

分析：A 公司购入不需要安装的设备，则 A 公司固定资产增加，借记“固定资产”；同时，A 公司用银行存款支付相关费用，则 A 公司资产减少，贷记“银行存款”科目。A 公司会计人员应根据上述业务内容编制如下会计分录：

借：固定资产 127 000

贷：银行存款 127 000

企业购置固定资产，对于其中需要安装的部分，在交付使用之前，也就是达到预定可使用状态之前，由于没有形成完整的取得成本（原始价值），因此必须通过“在建工程”账户进行核算。在购建过程中所发生的全部支出，都归集在“在建工程”账户，待工程达到预定可使用状态形成固定资产之后，方可将该工程成本从“在建工程”账户转入“固定资产”账户。

【例 17-12】A 公司用银行存款购入一台需要安装的设备，买价为 480 000 元，包装及运杂费等 5 000 元，设备投入安装。

分析：A 公司购入的设备因需要安装，发生的安装费均构成需要安装设备的实际成本，先借记“在建工程”账户。发生安装费用时，在建工程成本增加，同时银行存款减少。待安装完工时，则将“在建工程”账户借方发生额合计转入“固定资产”账户。A 公司会计人员应根据上述业务内容编制会计分录如下：

借：在建工程 485 000

贷：银行存款 485 000

借：固定资产 485 000

贷：在建工程 485 000

三、材料采购业务的核算

企业在供应过程中，一方面要从购买单位取得所需的各种材料，另一方面要向材料供应商支付材料的买价和增值税，并可能会发生各种采购费用（包括运输费、装卸费、包装费、运输途中的保险费和入库前的挑选整理费用等）。所有这些款项的发生都需要企业与各相关单位发生结算业务。材料运达企业，经验收入库后，即为企业可供生产领用的库存材料。材料的买价加上各项采购费用，就构成了材料的采购成本。因此，材料的买价、增值税和各项采购费用的发生和结算以及材料采购成本的计算，就构成了供应过程经济业务核算的主要内容。

企业对材料采购业务的核算通常有实际成本计价和计划成本计价两种。

（一）原材料按实际成本计价的业务核算

1. 实际成本计价的基本含义

实际成本计价是指材料的收、发、结存量都按其取得或生产过程中所发生的实际成本计价。这种计价方法适用于材料品种较少，材料收、发次数不多的企业。在按实际成本计价时，同一种材料因进货批次不同、成本不同而会出现多种价格，而材料管理按材料品类分类保管，库存同一品种的材料会有多种价格。因此，企业领用或发出的存货必须选定一种方法进行计价核算。企业领用或发出存货通常有以下几种计价方法：先进先出法、加权平均法、移动加权平均法、后进先出法、个别计价法。

2. 原材料采购实际成本的构成

材料采购实际成本=买价+相关采购费用

买价，即购货发票所注明的货款金额。相关采购费用包括：

（1）采购过程中发生的运杂费、运输费、装卸费、包装费、保险费、仓储费，不包括按规定根据运输费的一定比例计算的可抵扣的增值税税额。

（2）材料在运输途中发生的合理损耗。对于材料采购途中发生的物资毁损、短缺等，合理损耗部分应当作为材料采购费用计入材料的采购成本，其他损耗不得计入材料采购成本，如供应单位、外部运输机构等收回的物资短缺、毁损赔款，而应冲减材料采购成本。

（3）材料入库前发生的整理挑选费用。

（4）按规定应计入材料采购成本中的各种税金，如为国外进口材料支付的关税等。

（5）其他费用，如大宗物资的市内运杂费。

购入材料过程中发生的除买价之外的采购费用，如能够分清是某种材料直接负担的，可直接计入该材料的采购成本，否则就应进行分配。如果购买一种材料发生的买价和采购费用，则构成了该种材料的实际采购成本；如果购买两种或两种以上材料，共同支付一笔采购费用时，则需要将这笔采购费用按照一定的标准分配，分别计入所购材料的实际成本。分配时，首先根据材料的特点确定分配标准，一般来说可以选择的分配标准有材料的重量、体积、价格等，然后计算材料采购费用的分配率，最后计算各种材料的采购费用负担额。

$$采购费用分配率=\frac{共同发生的采购费用}{运输材料重量（体积、价格）之和}$$

某种材料应负担的采购费用=某种材料重量（体积、价格）×分配率

3. 原材料按实际成本计价的核算

（1）账户设置。

①“在途物资”账户。该账户属于资产类账户，用于核算企业外购材料的买价和各种采购费用，据以计算、确定购入材料的实际采购成本。该账户借方登记购入材料的买价和各种采购费用；贷方结转完成采购过程、验收入库材料的实际成本；期末余额在借方，表示尚未运达企业或者已经运达企业尚未验收入库的在途材料的成本。

企业对于购入的材料，不论是否已经付款，一般都应该先计入“在途物资”账户，在材料验收入库结转成本时，再将其成本转入“原材料”账户。

“在途物资”账户的 T 形结构如图 17-12 所示：

在途物资——品种、规格

外购材料物资的买价和采购费用	已经验收入库转入“原材料”账户的买价和采购费用转出额
余：在途材料的买价和采购费用	

图 17-12　“在途物资”账户的 T 形结构

②“原材料”账户。该账户属于资产类账户，用于核算企业库存材料实际成本的增减变动及其结存情况。该账户借方登记已验收入库材料实际成本的增加；贷方登记已发出材料的实际成本的减少；期末余额在借方，表示库存材料实际成本的期末结余额。该账户按照材料的保管地点、材料的种类或类别设置明细账户，进行明细核算。

“原材料”账户的 T 形结构如图 17-13 所示：

原材料——品种、规格

验收入库材料的实际成本	发出、领用材料的实际成本
余：库存材料的实际成本	

图 17-13　“原材料”账户的 T 形结构

③“应付账款”账户。该账户是负债类账户，用于核算企业因购买原材料、商品和接受劳务供应等经营活动应支付的款项。该账户贷方登记应付供应单位款项的增加（买价、税金和代垫运杂费等）；借方登记应付供应单位款项的减少（即偿还）；期末余额在贷方，表示尚未偿还的应付款的余额。该账户按照供应单位的名称设置明细账户，进行明细核算。

“应付账款”账户的 T 形结构如图 17-14 所示：

应付账款——供应商

借方	贷方
已经偿还的购货款	应付未付的购货款
	余：尚未支付的购货款

图 17-14 “应付账款”账户的 T 形结构

④“应付票据”账户。该账户是负债类账户，用于核算企业采用商业汇票结算方式购买材料物资等开出商业汇票的增减变动及其结余情况。该账户贷方登记企业应付未付货款而开出商业汇票的增加；借方登记到期承兑货款商业汇票的减少；期末余额在贷方，表示尚未到期的商业汇票的期末结余额。该账户按照供应商的不同设置明细账户，进行明细核算。同时，设置“应付票据备查簿”，详细登记商业票据的种类、号数、出票日期、到期日、票面金额、交易合同号和收款人姓名或收款单位名称以及付款日期和金额等资料。应付票据到期结清时，在备查簿中注销。

商业汇票是一种信用结算票据，具有一定的付款期限，一般附有一定的利率，可用于企业之间的往来结算。

“应付票据”账户的 T 形结构如图 17-15 所示：

应付票据——供应商

借方	贷方
票据到期承兑	开出商业票据
	余：尚未支付的购货款

图 17-15 “应付票据”账户的 T 形结构

⑤“预付账款”账户。该账户是资产类账户，用于核算企业按照合同规定向供应单位预付购料款而与供应单位发生的结算债权的增减变动及其结余情况。该账户借方登记结算债权的增加，即预付款的增加；贷方登记收到供应单位提供的材料物资而应冲销的预付款债权，即预付款减少；期末余额在借方，表示尚未结算的预付款的结余额。该账户按照供应单位的名称设置明细账户，进行明细核算。

“预付账款”账户的 T 形结构如图 17-16 所示：

预付账款——供应商

借方	贷方
预付款的增加额	以货物抵预付款或退回多付预付款等预付款的减少额
余：已经预付尚未收到货物	

图 17-16 “预付账款”账户的 T 形结构

⑥“应交税费”账户。该账户是负债类账户，用于核算企业按照税法规定计算应缴纳的各种税费，包括增值税、消费税、营业税、所得税、资源税、土地增值税、城市维护建设税、房产税、土地使用税、车船使用税、教育费附加、矿产资源补偿费等。

该账户贷方登记计算出的各种应缴纳而未缴纳税费的增加；借方登记实际缴纳的各种税费；期末余额在贷方，表示未缴纳税费的结余额，余额在借方，表示多缴纳税费的结余额。该账户按照税费品种设置明细账户，进行明细分类核算。

"应交税费"账户的 T 形结构如图 17-17 所示：

应交税费——税种

实际缴纳的各种税费	应缴纳未缴纳的税费
余：多缴纳的税款	余：应缴纳未缴纳的税款

应交税费——应交增值税

进项税额	销项税额
余：多缴纳尚未抵扣的增值税	余：尚未缴纳的增值税

图 17-17　"应交税费"账户的 T 形结构

增值税（Value-added Tax）是以商品（含应税劳务）在流转过程中产生的增值额作为计税依据而征收的一种流转税。从计税原理上说，增值税是对销售货物或者提供加工、修理修配劳务以及进口货物的单位和个人，就其取得的货物或者应税劳务销售额计算税款，并实行税款抵扣制的一种流转税。由于增值税是对商品生产或流通的各个环节的新增价值或商品附加值进行征税，因此称为增值税。增值税已经成为中国最主要的税种之一，增值税一般税率为 17%。增值税是一种价外税，采取两段征收法，分为增值税进项税额和销项税额。当期应缴纳的增值税的计算公式如下：

当期应缴纳的增值税=当期销项税额-当期进项税额

其中，销项税额是指纳税人销售货物或者提供应税劳务，按照销售额和规定的税率计算并向购买方收取的增值税额。其计算公式如下：

销项税额=销售额×税率

进项税额是指纳税人购进货物或者接受应税劳务所支付或负担的增值税税额。其计算公式如下：

进项税额=购货款等×税率

（2）核算举例。

【例 17-13】A 公司从本溪钢铁公司购买原材料铁板 100 吨，单价 2 000 元，增值税税率为 17%，货款通过银行电汇，原材料验收入库。

分析：该笔经济业务发生后，引起 A 公司资产要素与负债要素同时发生变化。

一方面，A 公司购买原材料，引起资产要素中的原材料项目增加 200 000 元，应借记"原材料"账户；同时，A 公司作为一般纳税人，按照采购材料价款的 17%支付增值税 34 000 元，由卖方代收并代缴，应记入"应交税费——应交增值税"账户的借方，表示A公司应尽义务的完成。

另一方面，A公司委托银行电汇给本溪钢铁公司234 000元，资产要素中的银行存款项目减少，应贷记“银行存款”账户。

A公司会计人员应根据上述业务内容编制如下会计分录：

借：原材料——铁板　　200 000

　　应交税费——应交增值税（进项税额）　　34 000

　贷：银行存款　　234 000

【例17-14】12月8日，A公司从鞍山钢铁公司采购钢管10吨，单价13 000元，购买钢板20吨，单价6 000元，增值税税率为17%。A公司开出银行承兑汇票一张，票面金额为292 500元，约定201×年3月8日（3个月后）付款，原材料尚未验收入库。

分析：该项经济业务发生后，引起A公司资产和负债要素发生变化。

一方面，钢管买价130 000元，构成资产要素中的原材料成本增加130 000元，钢板买价120 000元，构成资产要素中的原材料成本增加120 000元，但由于材料正在运输途中，尚未验收入库，应借记“在途物资”账户；同时，应交增值税42 500元由卖方代收代缴，应借记“应交税费——应交增值税”账户。

另一方面，银行承兑汇票约定3个月以后付款，A公司负债增加，应贷记“应付票据”292 500元。

A公司会计人员应根据上述业务内容编制如下会计分录：

借：在途物资——钢管　　130 000

　　　　　　——钢板　　120 000

　　应交税费——应交增值税（进项税额）　　42 500

　贷：应付票据——鞍山钢铁公司　　292 500

【例17-15】12月9日，A公司用电汇方式支付从鞍山钢铁公司采购材料运杂费3 000元，原材料验收入库。

分析1：A公司因为运输材料而支付运杂费3 000元，使材料成本除买价外又增加3 000元，应该记入“在途物资”账户的借方；同时，通过银行电汇3 000元，使银行存款减少，应该记入“银行存款”账户的贷方。

A公司支付3 000元的运杂费，由于购买的是钢管和钢板两种材料，因此运费须共同分摊。本例按照运输钢管和钢板两种原材料的重量分配采购费用最为合适，计算过程如下：

$$采购费用分配率=\frac{3\ 000}{10+20}=100（元/吨）$$

钢管应负担的运杂费=10×100=1 000（元）

钢板应负担的运杂费=20×100=2 000（元）

因此，A公司支付并分配采购费用应编制如下会计分录：

借：在途物资——钢管　　1 000

　　　　　　——钢板　　2 000

　贷：银行存款　　3 000

分析 2：由于原材料验收入库，在途材料的核算任务已经完成，引起企业资产要素中两个项目发生此增彼减的变化。一方面，资产要素中库存材料的增加，应借记“原材料”账户；另一方面，随着原材料的验收入库，资产要素中的在途材料减少，应贷记“在途物资”账户。

因此，A 公司该笔经济业务应编制如下会计分录：

借：原材料——钢管　　131 000

　　　　——钢板　　122 000

　贷：在途物资——钢管　　131 000

　　　　　　——钢板　　122 000

【例 17-16】12 月 9 日，A 公司从抚顺星光电机厂购入电脑板仪表 500 台，单价共计 800 元，价款 400 000 元，增值税税率为 17%，增值税为 68 000 元，价税合计为 468 000 元，约定 3 日内付款。A 公司用现金支付市内运杂费 10 元，材料运达 A 公司并验收入库。

分析 1：A 公司用现金支付运杂费，一方面，市内运杂费应该在管理费用中核算，应记入“管理费用”账户的借方；另一方面，库存现金减少 10 元，应该记入“库存现金”账户的贷方。因此，该笔经济业务 A 公司应编制如下会计分录：

借：管理费用——运杂费　　10

　贷：库存现金　　10

分析 2：材料入库业务发生后，引起 A 公司资产和负债要素发生变化。一方面，因为原材料入库，应借记“原材料”账户 400 000 元；同时，应纳增值税 68 000 元，应记在“应交税费”账户的借方（增值税是购买电脑板仪表的时候已经缴纳给抚顺星光电子公司，而不欠国家税款）；另一方面，约定 3 日内付款，导致企业债务增加 468 000 元，应贷记“应付账款”账户。因此，该笔经济业务 A 公司应编制如下会计分录：

借：原材料——电脑板仪表　　400 000

　　应交税费——应交增值税（进项税额）　　68 000

　贷：应付账款——抚顺星光电子公司　　468 000

【例 17-17】A 公司因订购专用成套配件而预付给 B 钢厂 320 000 元，转账支票正联交给 B 钢厂，收到对方开具的专用收款收据一张。

分析：该项经济业务发生后，引起 A 公司资产要素中两个项目一增一减发生变化。

一方面，开具的“专用收款收据”表明 A 公司因预付定金而使本企业索取货物或定金的权力增加，即资产要素中的预付账款项目增加了 320 000 元，应借记“预付账款”；另一方面，“转账支票”表明 A 公司通过转账付款，银行存款减少 320 000 元，应贷记“银行存款”账户。

因此，该笔经济业务A公司应编制如下会计分录：

借：预付账款——B钢厂　　320 000

　贷：银行存款　　320 000

【例17-18】A公司收到从B钢厂预订专用套件的增值税专用发票，单件800元/套，数量900套，价款为720 000元，增值税为122 400元，已预付定金320 000元，尚欠部分款项，约定次日付款，材料运达A公司并验收入库。

分析：该项经济业务发生后，引起A公司资产要素和负债要素发生变化。

一方面，因为原材料入库720 000元，应借记“原材料”720 000元，应交增值税122 400元由卖方代收代缴，应借记“应交税费”账户；另一方面，由于预付定金，结算时应该把价税合计842 400元先抵预付款320 000元，不足的部分记在“应付账款”账户的贷方。

因此，该笔经济业务A公司应编制如下会计分录：

借：原材料——专用套件　　720 000

　　应交税费——应交增值税（进项税额）　　122 400

　贷：应付账款——B钢厂　　522 400

　　　预付账款——B钢厂　　320 000

【例17-19】次日，A公司开出转账支票，支付B钢厂预付不足尚欠的货款522 400元，收到对方开具的专用收款收据。

分析：该项经济业务发生后，引起A公司资产要素中两个项目发生变化。

一方面，因为补付预付不足款522 400元，应借记“预付账款”，这样预付账款账户余额为零；另一方面，银行存款减少522 400元，应贷记“银行存款”账户。

因此，该笔经济业务A公司应编制如下会计分录：

借：应付账款——B钢厂　　522 400

　贷：银行存款　　522 400

【例17-20】12月11日，A公司应付抚顺新钢银行承兑汇票581 000元，到期支付。

分析：该项经济业务发生后，引起A公司资产要素中两个项目发生变化。

一方面，因为应付票据到期支付581 000元，使负债减少，应借记“应付票据”账户，这样应付票据账户余额为零；另一方面，银行存款减少581 000元，应贷记“银行存款”账户。

因此，该笔经济业务A公司应编制如下会计分录：

借：应付票据——抚顺新钢　　581 000

　贷：银行存款　　581 000

（二）原材料按计划成本计价的业务核算

在企业材料种类比较多、收发次数比较频繁的情况下，其核算的工作量较大，实际成本法不便于考核材料采购业务的成果，分析材料采购计算的完成情况。因此，我国一些大、中型工业企业，材料按计划成本计价。

1. 计划成本计价的基本含义

计划成本计价是指企业存货的日常收入、发出和结余均按预先制订的计划成本计价，材料总账及明细账按计划成本登记，同时另设材料成本差异账户，作为计划成本和实际成本联系的纽带，用来登记实际成本和计划成本的差额。月末再通过对存货成本差异的分摊，将发出存货的计划成本和结存存货的计划成本调整为实际成本，进而确定发出材料的实际成本的一种核算方法。

采购时，先以实际支付的价款入账；材料入库时，按计划成本入账，差额计入材料成本差异账户。月末结转材料成本差异，将计划成本调整为实际成本。

2. 原材料按计划成本计价的核算

（1）账户设置。

①“材料采购”账户。该账户是资产类账户。该账户借方登记核算材料购进的实际成本及结转入库材料的节约差异；贷方登记核算入库原材料的计划成本及结转入库材料的超支差异；期末余额一般在借方，反映期末为止在途原材料的成本。在计划成本下，取得的材料要先通过“材料采购”账户进行核算，企业支付的货款和运杂费等构成的实际成本，记入此账户。

“材料采购”账户的 T 形结构如图 17-18 所示：

材料采购

购入材料的实际成本 结转入库材料的节约差异	入库材料的计划成本 结转入库材料的超支差异
余：在途材料的成本	

图 17-18 “材料采购”账户的 T 形结构

②“材料成本差异”账户。该账户是资产类账户，用来核算企业各种材料的实际成本与计划成本的差异，以及调整发出材料应负担的成本差异。该账户的借方登记验收入库材料成本的超支差异及发出材料的节约差异；贷方登记验收入库材料成本的节约差异以及发出材料应负担的超支差异；期末余额在借方，反映企业库存材料拥有的超支差异，期末余额在贷方，反映企业库存材料拥有的节约差异。

“材料成本差异”账户的 T 形结构如图 17-19 所示：

材料成本差异

入库材料超支差异及发出材料 节约差异	入库材料节约差异及发出材料 超支差异
余：库存材料的超支差异	余：库存材料的节约差异

图 17-19 “材料成本差异”账户的 T 形结构

(2) 核算举例。

【例 17-21】A 公司购进 A 材料 3 000 千克，增值税专用发票上反映货款为 120 000 元，增值税为 20 400 元，发票收到，材料已入库，款项已支付。A 公司另用 3 000 元现金支付了该批材料的运杂费。

A 公司会计处理如下：

①购入时。

借：材料采购——A 材料　（实际成本）123 000
　　应交税费——应交增值税（进项税额）　20 400
　贷：银行存款　140 400
　　　库存现金　3 000

②入库时，计划成本为 120 000 元，结转该批材料的计划成本和差异额。

借：原材料　120 000
　贷：材料采购　120 000
借：材料成本差异　3 000
　贷：材料采购　3 000

③领用时，A 公司本月生产产品，领用 A 材料计划成本总额 150 000 元，月末计算确定材料应负担的差异额，并予以结转。假设期初库存 A 材料计划成本为 300 000 元，成本差异额为超支差异 5 400 元。

$$材料成本差异率=\frac{月初库存材料差异额+本月购入材料差异额}{期初库存材料计划成本+本月入库材料计划成本}$$

发出材料应负担的差异额=成本差异率×发出材料的计划成本

$$本月\text{A}材料的成本差异率=\frac{5\ 400+3\ 000}{300\ 000+120\ 000}\times100\%=2\%$$

发出 A 材料应负担的差异额=150 000×2%=3 000（元）

A 公司编制会计分录如下：

借：生产成本　150 000
　贷：原材料　150 000
借：生产成本　3 000
　贷：材料成本差异——A 材料　3 000

第 4 节　生产业务的核算

一、生产业务的核算内容

产品生产是工业企业生产经营活动的中心环节，是工业企业生产经营的第二个阶段。这一阶段工业企业从原材料投入生产起，到产品完工入库止。在这个过程中，既有劳动资料的耗费，又有劳动对象的耗费；既有物化劳动的耗费，又有活劳动的耗费。企业为了生产产品所发生的各种耗费，最终要归集分配到具体的产品成本计算对象中。因此，产品生产业务核算的内容，概括而言就是生产费用的归集与分配和产品生产成本的计算。

二、生产费用的分类

企业在一定时期的生产经营活动中发生的各项耗费统称为生产费用。

（一）生产费用按是否构成产品的生产成本（或按经济用途）划分，可分为生产费用和期间费用

1. 生产费用

生产费用是指企业在一定时期为生产产品所发生的各项费用。生产费用具体包括有关劳动对象消耗的费用，如消耗的原料、燃料、辅助材料等；有关劳动资料消耗的费用，如固定资产折旧费、修理费等；有关劳动者消耗的费用，如支付给职工的工资及提取的职工福利费等；其他有关费用，如办公费、水电费、旅差费、租金支出、书报费；等等。

以上各项费用，有的能够直接计入产品的生产成本，有的需要分配后才能计入产品的生产成本。能够直接计入产品生产成本的生产费用称为直接生产费用，需要分配后才能计入产品生产成本的生产费用称为间接生产费用，间接生产费用也称制造费用。

2. 期间费用

期间费用是指与产品生产无直接关系，属于某一期间耗费的费用，不计入产品成本，而是直接计入当期损益。期间费用包括管理费用、财务费用、销售费用。管理费用是指企业行政管理部门为组织和管理生产经营活动而发生的费用，包括行政管理人员工资和福利费、行政部门固定资产折旧费和修理费、工会经费、业务招待费、职工教育经费、劳动保险费、待业保险费、无形资产摊销、坏账损失等。这些费用发生后，按月汇集，月末直接转入当期损益。财务费用是指企业为筹集生产经营所需资金等而发生的费用，包括借款利息支出（减利息收入）、发行债券的利息支出以及相关手续费、支付给金融机构的手续费等。这些费用发生后，按月汇集，月末直接转入当期损益。销售费用是指企业专设销售机构的各项经费和销售商品、提供劳务等日常活动中发生的除营业成本以外的各项费用。

（二）生产费用按是否计入成本划分，可分为计入成本的费用和计入损益的费用

1. 计入成本的费用

计入成本的费用又称生产费用，是指在生产领域发生的各项耗费，按照其与产品之间的关系，可以分为直接费用和间接费用。

（1）直接费用。直接费用是指直接为生产产品或提供劳务而发生的费用，包括直接材料、直接人工和其他直接费用。直接费用直接计入“生产成本”账户。

①直接材料是指直接用于产品生产、构成产品主要实体的原材料、主要材料以及

有助于产品形成的辅助材料，包括直接耗用的原材料、辅助材料、外购配件、燃料、包装物等。

②直接人工是指直接参加生产产品的工人工资、奖金、福利费及津贴等支出。

③其他直接费用是指直接用于产品生产的、不能归入直接材料和直接人工中的各种耗费，如能够直接计量的生产产品用电、用水的耗费。

（2）间接费用。间接费用是指企业各生产单位（分厂、车间）为组织和管理生产所发生的共同费用，如生产车间为组织和管理生产发生的各项费用，包括车间管理人员的工资、福利、奖金、津贴等支出，车间固定资产的折旧费、保险费，车间办公费、水费、电费、电话费、修理费等支出。

生产车间发生的间接费用平时计入“制造费用”账户，月末将全月发生的制造费用按照一定的标准在不同产品中进行分配，结转计入“生产成本”账户。

生产费用按一定种类和数量的产品进行归集，就形成了产品的生产成本。因此，在产品生产过程中费用的发生、归集和分配以及产品成本的形成，就构成了生产过程核算的主要工作内容。

2. 计入损益的费用

计入损益的费用又称期间费用，是指发生在非生产领域、不计入生产成本，而在发生的会计期间直接计入当期损益的费用，包括销售费用、管理费用和财务费用。

（1）销售费用。销售费用是指企业在销售产品、自制半成品和提供劳务等过程中发生的各项费用以及为销售本企业产品而专设的销售机构的各项费用支出。销售费用包括由企业负担的包装费、运输费、广告费、装卸费、保险费、委托代销手续费、展览费、租赁费（不含融资租赁费）和销售服务费、销售部门人员工资、职工福利费、差旅费、折旧费、修理费、物料消耗、低值易耗品摊销以及其他经费等。与销售有关的差旅费应计入销售费用。

（2）管理费用。管理费用是指企业行政管理部门为组织和管理生产经营活动而发生的费用。管理费用包括公司经费、职工教育经费、业务招待费、税金、技术转让费、无形资产摊销、咨询费、诉讼费、开办费摊销、上缴上级管理费、劳动保险费、待业保险费、董事会会费、财务报告审计费、筹建期间发生的开办费以及其他管理费用。

（3）财务费用。财务费用是指企业在生产经营过程中为筹集资金而发生的筹资费用。财务费用包括企业生产经营期间发生的利息支出（减利息收入）、汇兑损益、金融机构手续费以及企业发生的现金折扣或收到的现金折扣等。

三、生产成本

生产成本亦称制造成本，是企业为生产一定种类和数量的产品所发生的生产费用，即将生产费用按照一定的产品成本计算对象进行归集分配，便形成该产品的生产成本。简言之，生产成本就是对象化的生产费用。

生产成本的基本项目由直接材料费用、直接人工费用和制造费用三个部分构成，这三项成本项目简称为料、工、费。

（1）直接材料费用。直接材料费用是为了生产某种产品直接消耗的各种原材料、燃料和辅助材料的价值。这些费用发生时就能辨明属于哪种产品，因此这些费用发生后直接归集到各个产品成本中。

（2）直接人工费用。直接人工费用是直接从事产品生产的生产工人的工资以及按规定提取的福利费。由于生产工人直接从事产品生产，人工费用的发生能够辨明应由哪种产品负担，因此这些费用的发生直接归集到各产品成本中。

（3）制造费用。制造费用是指企业生产车间为组织和管理生产活动而发生的各项间接生产费用。制造费用包括车间管理人员的工资、提取的福利费；车间一般消耗的材料费用；车间机器设备等固定资产折旧费、修理费；车间发生的办公费、水电费、劳动保护费等。这些费用通常不能直接认定应由哪种产品负担，因此平时按月归集、汇总，月末再按一定标准分配计入各种产品成本中去。制造费用分配的主要标准有生产工人的工资、生产工时等。

四、生产过程的业务核算

（一）账户设置

1.“生产成本”账户

“生产成本”账户是用来归集和分配产品生产过程中所发生的各项费用，包括生产各种产品（产成品、自制半成品等）、自制材料、自制工具、自制设备等。

“生产成本”账户是成本类账户，借方登记应计入产品生产成本的各项直接费用和月末分配转入的制造费用；贷方登记完工入库产品的生产成本；期末借方余额，表示企业尚未加工完成的在产品成本。

“生产成本”账户的 T 形结构如图 17-20 所示：

生产成本

①直接材料 ②直接人工 ③期末分配转来的制造费用	完工入库转入“库存商品”账户的生产成本转出额
余：未完工的在产品的成本	

图 17-20　“生产成本”账户的 T 形结构

2.“制造费用”账户

“制造费用”账户用来核算企业生产车间为生产产品和提供劳务而发生的各项间接费用，包括生产车间管理人员的工资等职工薪酬、生产车间计提的固定资产折旧、办公费、水电费、修理费、机物料消耗等。

“制造费用”账户是成本类账户，借方登记实际发生的各项制造费用；贷方登记分配转入产品生产成本的制造费用；期末结转后，该账户一般没有余额。

“制造费用”账户应按不同车间设置明细账（小型企业可按费用项目设置明细账），进行明细分类核算，适合采用借方多栏式明细账，也有专用的明细账。

“制造费用”账户的T形结构如图17-21所示：

制造费用

本期在车间范围实际发生的各种间接费用	期末分配转入“生产成本”账户的制造费用转出额

图17-21 “制造费用”账户的T形结构

3.“应付职工薪酬”账户

职工薪酬是指企业因获得职工提供的服务而给予职工的各种形式的报酬。

“应付职工薪酬”账户用来核算企业根据有关规定应付给职工的各种薪酬，包括以下内容：

（1）职工工资、奖金、津贴和补贴。

（2）职工福利。

（3）各项保险待遇（医疗、养老、失业、工伤、生育保险费等社会保险以及企业为职工购买的各种商业保险）和住房公积金。

（4）工会经费和职工教育经费等项目。

“应付职工薪酬”账户是负债类账户，贷方登记应由本月负担但尚未支付的职工薪酬；借方登记本月实际支付的职工薪酬；期末通常为贷方余额，表示企业应付未付的职工薪酬。

“应付职工薪酬”账户可按“工资”“职工福利”“社会保险费”“住房公积金”“工会经费”等设置明细账，进行明细分类核算，适合采用贷方多栏式明细账，也有专用的明细账。

“应付职工薪酬”账户的T形结构如图17-22所示：

应付职工薪酬

实际支付的职工薪酬	应负担但尚未支付的职工薪酬
	余：应付未付的职工薪酬

图17-22 “应付职工薪酬”账户的T形结构

4.“累计折旧”账户

在会计核算中，为了反映企业固定资产的增减变动及其结果，提供管理需要的有用会计信息，除了核算“固定资产”原始价值的增减变动情况与结存情况，还应核算固定资产在其使用期限内其价值随着固定资产的损耗而逐渐减少的金额。固定资产由于损耗而减少的价值就是固定资产的折旧，将每月计提的折旧加起来，就是累计折旧。

企业的固定资产在使用过程中其价值因损耗而逐渐地、部分地转移到产品成本或费用中，成为产品成本或费用的构成内容。这部分因固定资产损耗而转移的价值称为固定资产折旧，其价值量称为折旧额。固定资产折旧额一般应该在固定资产使用期间内按月计提，计算方法有直线法、工作量法和加速折旧法等。

（1）直线法也称平均年限法，是将固定资产的折旧额均衡地分摊到各个会计期间的一种方法。采用这种折旧方法，每年折旧额是相同的，每月折旧额是相等的。其计算公式如下：

$$\text{年折旧额}=\frac{\text{固定资产原值}-\text{预计净残值}}{\text{预计使用年限}}\times 100\%$$

$$\text{月折旧额}=\frac{\text{年折旧额}}{12}$$

（2）工作量法是按实际工作量计提固定资产折旧额的一种方法，按固定资产所能工作的时数平均计算折旧额。实质上，工作量法是平均年限法的补充和延伸，“年折旧率”为固定值。工作量法适用于在使用期间负担程度差异很大，提供经济效益很不均衡的固定资产。其计算公式如下：

$$\text{每工作量折旧额}=\text{原值}\times(1-\text{预计净残值率})\div\text{工作总量}$$

（3）加速折旧法也称递减费用法，是指在固定资产使用初期计提折旧较多而在后期计提折旧较少，从而相对加速折旧的方法。

①年数总和法又称总和年限法或年限合计法，是固定资产加速折旧法的一种。年数总和法是将固定资产的原值减去残值后的净额乘以一个逐年递减的分数计算确定固定资产折旧额的一种方法。

年数总和法的计算公式如下：

$$\text{年折旧率}=\text{尚可使用年数}\div\text{年数总和}\times 100\%$$

$$\text{年折旧额}=(\text{固定资产原值}-\text{预计残值})\times\text{年折旧率}$$

$$\text{月折旧率}=\text{年折旧率}\div 12$$

$$\text{月折旧额}=(\text{固定资产原值}-\text{预计净残值})\times\text{月折旧率}$$

②双倍余额递减法是在不考虑固定资产残值的情况下，根据每期期初固定资产账面余额和双倍的直线法折旧率计算折旧的一种方法。

双倍余额递减法的公式如下：

①$\text{年折旧率}=\frac{2}{\text{预计折旧年限}}\times 100\%$

$\text{折折旧额}=\text{期初账面余额}\times\text{年折旧率}$

②$\text{最后两年年折旧额}=\frac{\text{原值}-\text{累计折旧}-\text{残值}}{2}$

为了不影响“固定资产”账户按固定资产的原始价值反映期间增减变动和结存情况，又要能够核算固定资产因损耗而减少的价值，需要专门设置账户，即“累计折旧”账户。

“累计折旧”账户用来核算企业固定资产的累计折旧。

“累计折旧”账户是资产类账户，每月计提的固定资产折旧，记入“累计折旧”账户的贷方，表示固定资产因损耗增加而减少的价值；对于固定资产因出售、报废等原因引起的价值减少，在注销固定资产的原始价值（即贷记“固定资产”账户）的同时，应借记“累计折旧”账户，注销其已提取的折旧额；期末贷方余额，表示现有固定资产已提取的累计折旧额。

“累计折旧”账户可按固定资产的类别或项目进行明细分类核算，适合采用专用的固定资产及折旧明细账。

“累计折旧”账户的T形结构如图17-23所示：

累计折旧

固定资产因出售、报废等原因引起折旧的减少或注销数	计提的固定资产折旧
	余：现有固定资产已提取的累计折旧额

图17-23 “累计折旧”账户的T形结构

5.“库存商品”账户

“库存商品”账户是资产类账户，用来核算企业库存的各种商品的实际成本。该账户借方登记已验收入库商品的实际成本；贷方登记发出商品的实际成本；期末借方余额，表示库存商品的实际成本。

“库存商品”账户应按商品的种类、品种和规格设置明细账，进行明细分类核算，适合采用数量金额式明细账。

“库存商品”账户的T形结构如图17-24所示：

库存商品——品种、规格

验收入库商品的实际成本	发出、领用商品的实际成本
余：库存商品的实际成本	

图17-24 “库存商品”账户的T形结构

6.“管理费用”账户

“管理费用”账户用来核算企业行政管理部门为组织和管理生产经营活动而发生的费用，包括企业在筹建期间内发生的开办费、董事会和行政管理部门在企业的经营管理中发生的或者应由企业统一负担的公司经费（包括行政管理部门职工工资及福利费、办公费和差旅费等）、工会经费、董事会费、聘请中介机构费、咨询费（含顾问费）、诉讼费、业务招待费、房产税、车船使用税、土地使用税、印花税、技术转让费、矿产资源补偿费、研究费用、排污费等。

“管理费用”账户是损益类账户，借方登记发生的各种费用；贷方登记期末转入

“本年利润”账户的费用；期末结转后，该账户无余额。

“管理费用”账户应按费用项目设置明细账，进行明细分类核算，适合采用借方多栏式明细账，也有专用明细账。

“管理费用”账户的 T 形结构如图 17-25 所示：

管理费用——项目

组织和管理生产发生的各种费用	期末转入“本年利润”账户的管理费用转出数

图 17-25 “管理费用”账户的 T 形结构

7.“销售费用”账户

“销售费用”账户用来核算企业在销售商品过程中发生的各种费用，包括保险费、包装费、展览费、广告费、运输费、装卸费以及为销售本企业商品而专设销售机构（含销售网点、售后服务网点等）的职工薪酬，业务费、折旧费等经营费用。

“销售费用”账户是损益类账户，借方登记发生的各种销售费用；贷方登记转入“本年利润”账户的销售费用；期末结转后，该账户无余额。

“销售费用”账户应按照费用项目设置明细账，进行明细分类核算，适合采用借方多栏式明细账。

“销售费用”账户的 T 形结构如图 17-26 所示：

销售费用——项目

为了促销发生的各种费用	期末转入“本年利润”账户的销售费用转出数

图 17-26 “销售费用”账户的 T 形结构

（二）核算举例

【例 17-22】A 公司生产 A 产品领用甲材料 20 000 元，生产 B 产品领用甲材料 10 000 元。

分析：该项经济业务发生后，引起 A 公司资产要素、费用要素发生变化。材料从仓库领出，则库存的原材料减少；同时，因为生产产品领用各种材料，使生产成本增加。A 公司应编制如下会计分录：

借：生产成本——A 产品　　20 000

　　　　　　——B 产品　　10 000

　贷：原材料——甲材料　　30 000

【例 17-23】A 公司车间领用甲材料，价值 20 000 元；行政部门领用甲材料，价值 15 000 元；销售部门领用甲材料，价值 5 000 元。

分析：该项经济业务发生后，引起A公司资产要素、费用要素发生变化。材料从仓库领出，则库存的原材料减少；同时，车间耗用原材料，使间接费用制造费用增加。行政部门耗用材料，使管理费用增加。销售机构耗用，使销售费用增加。A公司应编制如下会计分录：

借：制造费用　　20 000
　　管理费用　　15 000
　　销售费用　　5 000
　贷：原材料——甲材料　　40 000

【例17-24】A公司期末计算确认当期应付人员的薪酬为50 000元，其中生产A产品的工人工资20 000元，生产B产品的工人工资16 000元，车间管理人员的工资14 000元。企业管理人员工资10 000元，专设销售部门人员工资10 000元。

分析：该笔经济业务发生后，引起A公司费用要素和负债要素发生变化。一方面，费用要素中的生产成本、制造费用、管理费用、销售费用项目分别增加，应按受益单位分别借记“生产成本”“制造费用”“管理费用”和“销售费用”账户，表示成本费用的增加；另一方面，引起负债要素中的应付职工薪酬项目增加，应贷记“应付职工薪酬”账户。因此，A公司应编制如下会计分录：

借：生产成本——A产品　　20 000
　　　　　　——B产品　　16 000
　　制造费用　　14 000
　　管理费用　　10 000
　　销售费用　　10 000
　贷：应付职工薪酬——工资　　70 000

【例17-25】A公司以银行存款支付上述生产人员薪酬，同时代扣职工个人所得税1 000元。

分析：该笔经济业务发生后，引起A公司费用要素和负债要素发生变化。A公司以银行存款支付职工薪酬，一方面，引起企业银行存款减少，同时减少了企业的应付职工薪酬；另一方面，企业代扣了职工的个人所得税，应交税费相应增加。因此，A公司应编制如下会计分录：

借：应付职工薪酬——工资　　70 000
　贷：银行存款　　69 000
　　　应交税费——应交个人所得税　　1 000

【例17-26】公司决定发放职工福利，其中生产A产品的工人福利费14 000元，生产B产品的工人福利费16 000元，车间管理人员的工资14 000元，企业管理人员工资10 000元，专设销售部门人员的工资10 000元。

分析：该笔经济业务发生后，引起A公司费用要素和负债要素发生变化。一方面，费用要素中的生产成本、制造费用、管理费用、销售费用项目分别增加，应按受益单位位分别借记“生产成本”“制造费用”“管理费用”和“销售费用”账户，表示成本费用的增加；另一方面，引起负债要素中的应付职工薪酬项目增加，应贷记“应付职工薪酬”账户。因此，A 公司应编制如下会计分录：

借：生产成本——A 产品　　14 000
　　　　　　——B 产品　　16 000
　　制造费用——职工福利　　14 000
　　管理费用——职工福利　　10 000
　　销售费用——职工福利　　10 000
　贷：应付职工薪酬——职工福利　　64 000

【例 17-27】A 公司当月计提车间固定资产折旧 16 000 元，行政部门折旧 4 000 元。

分析：固定资产在生产过程中，由于使用而损耗的价值，叫做固定资产折旧。生产车间的折旧费是产品成本的组成部分，应按期计入产品成本，由于 A 公司生产多种产品，折旧费不能直接确定计入哪一种产品，因此先记入“制造费用”账户，然后再进行分配，转入“生产成本”账户，最终列入产品成本。企业行政管理部门的固定资产计提的折旧，应按期记入“管理费用”账户，期末余额转入“本年利润”账户，抵减本期收入。计提固定资产折旧，表明固定资产价值因磨损而减少，固定资产价值的减少本应记入“固定资产”账户的贷方，但为了反映固定资产的原始价值、折旧和净值情况，固定资产因磨损而减少的价值不直接记入固定资产账户的贷方，而是设置“累计折旧”账户，在“累计折旧”账户的贷方反映计提的固定资产折旧。企业对固定资产计提折旧，一方面表明企业所有在产品应承担的间接生产费用增加，另一方面表明固定资产的账面价值在减少。因此，A 公司应编制如下会计分录：

借：制造费用——折旧费　　16 000
　　管理费用——折旧费　　4 000
　贷：累计折旧　　20 000

【例 17-28】A 公司开出转账支票一张，支付本月生产车间机器修理费 4 000 元。

分析：该笔经济业务发生后，引起 A 公司费用和资产要素发生变化。一方面，车间修理费用增加 4 000 元，使企业费用要素中的制造费用增加，应借记“制造费用”账户；另一方面，付款引起资产要素中的银行存款项目减少 4 000 元，应贷记“银行存款”账户。因此，A 公司应编制如下会计分录：

借：制造费用——修理费　　4 000
　贷：银行存款　　4 000

【例 17-29】A 公司本月以银行存款支付下一年度财产保险费 6 000 元。

分析：A 公司预先支付下一年度财产保险费，该项费用虽在本期支付，但根据按权责发生制的要求，不属于本期的费用支出，即使支付也不应作为本期费用处理，故应作为预付费用。该项经济业务发生后，引起 A 公司资产要素内部发生此增彼减的变化。一方面，资产要素中的预付款项增加，应借记“预付账款”账户；另一方面，资产要素中的银行存款项目减少，应贷记“银行存款”账户。因此，A公司应编制如下会计分录：

借：预付账款——保险费 6 000

贷：银行存款 6 000

【例17-30】A公司将年初预付的报刊费分配计入本期成本、费用，其中生产车间计2 000元，行政部门计4 000元。

分析：该项经济业务发生后，引起A公司费用要素和资产要素发生变化。一方面，报刊费应由本期车间和厂部分别负担，费用要素中的制造费用与管理费用增加，应借记“制造费用”和“管理费用”账户；另一方面，该款项已经在年初预先支付，使资产要素中的预付账款减少，应贷记“预付账款”账户。因此，A公司应编制如下会计分录：

借：制造费用——办公费 2 000

管理费用——办公费 4 000

贷：预付账款——报纸杂志费 6 000

【例17-31】A公司按计划预提本月应负担的短期借款利息2 000元。

分析：A公司向银行借款，根据规定应按期结算借款利息，借款利息应在财务费用中列支。为了正确计算各月损益，每月应将借款利息平均预提。预提时，一方面企业费用要素中的财务费用增加了2 000元，应借记“财务费用”账户；另一方面负债要素中的应付利息项目增加了6 000元，应贷记“应付利息”账户。因此，A公司应编制如下会计分录：

借：财务费用——利息费 2 000

贷：应付利息 2 000

【例17-32】A公司通过银行支付办理汇款的手续费300元。

分析：该项经济业务发生后，引起A公司费用要素和资产要素发生变化。一方面，支付汇款手续费，使费用要素中财务费用增加了300元，应借记“财务费用”账户；另一方面，该款项已通过银行存款户直接划转，使资产要素中的银行存款减少了300元，应贷记“银行存款”账户。因此，A公司应编制如下会计分录：

借：财务费用——手续费 300

贷：银行存款 300

【例17-33】A公司用银行存款支付本月电费4 200元，按电表计算，A产品生产耗电1 500元，B产品生产耗电1 800元，车间照明用电300元，企业管理部门照明用电600元。

分析：该项经济业务的发生，一方面使A公司的银行存款减少了4 200元，应记入“银行存款”账户的贷方；另一方面，A公司支付的直接用于A产品和B产品的电费应记入“生产成本”账户的借方，车间照明用电费300元应记入“制造费用”账户的借方，企业管理部门照明用电600元应记入“管理费用”账户的借方。因此，A公司应编制如下会计分录：

借：生产成本——A 产品　　1 500

　　　　　　——B 产品　　1 800

　　制造费用——电费　　300

　　管理费用——电费　　600

　贷：银行存款　　4 200

【例 17-34】A 公司以现金购买车间办公用品 400 元，企业管理部门办公用品 300 元。

分析：这项经济业务的发生，使现金减少了 700 元，应记入“库存现金”账户的贷方；车间购买的办公用品，应记入“制造费用”账户的借方，管理部门购买的办公用品，应记入“管理费用”账户的借方。因此，A 公司应编制如下会计分录：

借：制造费用——办公费　　400

　　管理费用——办公费　　300

　贷：库存现金　　700

【例 17-35】月末，A 公司分配并结转本月制造费用，其中 A 产品的工时为 600 小时，B 产品的工时为 400 小时。

月末，A 公司应将本月累计发生的“制造费用”在不同的产品间进行分配，并将其转入相应的产品“生产成本”账户中去。具体分配标准一般有产品数量、产品生产工时、产品重量等。

分配程序如下：

第一，计算分配率。

制造费用分配率=制造费用总额÷分配标准

第二，计算各种产品应负担的制造费用。

某种产品应负担的制造费用=分配率×该种产品的分配标准

要想分配制造费用，必须首先知道本月的制造费用总额是多少。综合例 7-23、例 7-24、例 7-26、例 7-27、例 7-28、例 7-30、例 7-33、例 7-34，可以计算出本月的制造费用总额为 70 700 元（20 000+14 000+14 000+16 000+4 000+2 000+300+400）。

其中，A 产品的生产工时为 600 小时，B 产品的生产工时为 400 小时。月末，A 公司将上述间接生产费用分别转入两种产品的“生产成本”账户。

分配率=70 700÷(600+400)= 70. 7（元/小时）

A 产品应分配=600×70. 7=42 420（元）

B 产品应分配=400×70. 7=28 280（元）

分析：将间接生产费用制造费用分配转入产品的生产成本，则“制造费用”因分配结转而减少，“生产成本”因转入分配的“制造费用”而增加。因此，A 公司应编制如下会计分录：

借：生产成本——A 产品　　42 420

——B 产品　　28 280

贷：制造费用　　70 700

【例 17-36】月末，A 公司结转本月生产完工验收入库产品的生产成本。本期生产两种产品，期初无在产品，其中 A 产品为 300 件，B 产品为 590 件。

生产成本是指企业为生产一定种类和数量的产品所发生的各项生产费用的总和。生产成本是对象化的生产费用，一般包括四个成本项目：直接材料费用、直接人工费用、分配过来的制造费用和其他直接费用。

月末，A 公司根据归集的生产费用，结合有关期初在产品数量、本期投入量和期末在产品数量等资料，按照一定的成本计算方法，将每一种产品归集的生产费用在完工产品和在产品之间进行分配，计算出完工产品的总成本和单位成本。

假设 A 产品的总成本为 88 500 元，B 产品的总成本为 59 000 元。因此，可以计算出 A 产品的单位成本为 295 元/件，B 产品的单位成本为 100 元/件。

分析：该笔经济业务发生后，引起资产和费用两个要素发生变化。一方面，引起资产要素中的库存商品项目增加，应借记“库存商品”账户；另一方面，伴随着产品完工入库，引起费用要素中的生产成本项目减少，应贷记“生产成本”账户。因此，A 公司应编制如下会计分录：

借：库存商品——A 产品　　88 500

——B 产品　　59 000

贷：生产成本——A 产品　　88 500

——B 产品　　59 000

第 5 节　产品销售业务的核算

销售过程是企业生产经营活动的关键阶段。在这个阶段，制造企业要将生产过程中生产的产品销售出去，收回货币资金，以保证企业再生产活动的顺利进行。

企业的销售过程就是将已验收入库的合格产品，按照销售合同规定的条件送交订货单位或组织发运，并按照销售价格和结算制度规定，办理结算手续，及时收取货款、确认收入实现的过程。

在销售过程中，企业一方面取得了销售产品的收入，另一方面还会发生一些销售费用，如销售产品的运输费、装卸费、包装费和广告费等。企业还应当根据国家有关税法的规定，计算缴纳企业销售活动应负担的税金及附加。企业销售产品取得的收入，扣除因销售产品而发生的实际成本、企业销售活动应负担的税金及附加，即为企业的主营业务利润，这是企业营业利润的主要构成部分。除此以外，企业还可能发生一些其他经济业务，取得其他业务收入和发生其他业务成本。

因此，销售过程业务核算的内容，主要包括确定和记录产品销售收入，因为销售产品而发生的实际成本和销售费用，计算企业销售活动应负担的营业税金及附加，反映企业与购货单位所发生的货款结算情况，考核销售计划的执行情况，监督营业税金及附加的及时缴纳等。通过销售过程业务的核算，促使企业努力增加收入、节约费用，实现尽可能多的营业利润。

一、商品销售收入的确认条件

第一，商品所有权上的主要风险和报酬等已转移给购货方。

第二，企业已经失去了与所有权相联系的继续管理权和控制权。

第三，收入的金额能够可靠计量。

第四，与交易相关的经济利益能够可靠地流入销售企业。

第五，相关的成本能够可靠地计量。

二、商品销售收入的计量

商品销售收入一般应按照从购货方已收货款金额或合同等确定的应收款金额计量。

三、商品销售业务的核算

（一）账户设置

1.“主营业务收入”账户

“主营业务收入”账户用来核算企业因开展销售商品、提供劳务等日常活动中发生的收入。

“主营业务收入”账户是损益类账户，贷方登记企业销售商品（包括产成品和自制半成品等）、提供劳务所实现的收入；借方登记发生的销售退回或销售折让和期末转入“本年利润”账户的收入；期末将本账户的余额结转到“本年利润”账户后，本账户应无余额。

“主营业务收入”账户应按主营业务的种类设置明细账，进行明细分类核算，适合采用“贷方多栏式”明细账。

“主营业务收入”账户的 T 形结构如图 17-27 所示：

主营业务收入

①销售退回 ②期末转入“本年利润”账户的收入转出数	企业销售商品、提供劳务所实现收入

图 17-27　“主营业务收入”账户的 T 形结构

2.“主营业务成本”账户

“主营业务成本”账户用来核算企业因开展销售商品、提供劳务等主营业务收入时应结转的成本。

“主营业务成本”账户是损益类账户，借方登记本期（月）销售各种商品、提供各种劳务应结转的实际成本；本期（月）发生销售退回，如果已结转销售成本，则应记在本账户的贷方；期末，将本账户的余额转入“本年利润”账户，本账户无余额。

“主营业务成本”账户应按照主营业务的种类设置明细账，进行明细分类核算，适合采用借方多栏式明细账。

“主营业务成本”账户的 T 形结构如图 17-28 所示：

主营业务成本

①销售商品、提供劳务所应结转的实际成本	期末转入“本年利润”账户的主营业务成本转出数

图 17-28 “主营业务成本”账户的 T 形结构

3.“营业税金及附加”账户

“营业税金及附加”账户用来核算企业经营活动应发生的营业税、消费税、城市维护建设税、资源税和教育费附加等相关税费。

“营业税金及附加”账户是损益类账户，借方登记按照规定计算的与经营活动相关的税费；贷方登记期末转入“本年利润”账户的营业税金及附加；期末结转后，本账户无余额。

“营业税金及附加”账户明细账适合采用三栏式。

“营业税金及附加”账户的 T 形结构如图 17-29 所示：

营业税金及附加

按照规定计算的与经营活动相关的税费	期末转入“本年利润”账户的营业税金及附加转出数

图 17-29 “营业税金及附加”账户的 T 形结构

4.“应收账款”账户

“应收账款”账户用来核算企业因开展销售商品、提供劳务等经营活动应收取的款项。

“应收账款”账户是资产类账户，借方登记因开展销售商品、提供劳务等经营活动应收取的货款、增值税以及代购货单位垫付的包装费、运杂费等款项；贷方登记实际收回的应收款项；月末余额通常是借方性质，表示应收而未收回的款项，如果出现贷方性质，表示企业预收的款项。

“应收账款”账户应按照债务人、购货单位或接受劳务单位设置明细账，进行明细分类核算，适合采用三栏式明细账。

“应收账款”账户的 T 形结构如图 17-30 所示：

应收账款——债务人

应收未收的销货款	实际收回的应收款项
余：应收而未收回的款项	余：预收的款项

图 17-30　“应收账款”账户的 T 形结构

5.“应收票据”账户

“应收票据”账户用来核算企业因销售商品、提供劳务等而收到的商业汇票，包括银行承兑汇票和商业承兑汇票。

“应收票据”账户是资产类账户，借方登记企业因销售商品、提供劳务等而收到开出的商业汇票的票面金额；贷方登记商业汇票到期收到的金额；月末借方余额，表示企业持有的商业汇票的票面金额。

“应收票据”账户应当按照开出、承兑商业汇票的单位进行明细核算，适合采用三栏式明细账。

“应收票据”账户的 T 形结构如图 17-31 所示：

应收票据

收到开出的商业汇票	汇票到期承兑货款
余：仍持有的商业汇票金额	

图 17-31　“应收票据”账户的 T 形结构

6.“预收账款”账户

预收账款账户用来核算企业按照合同规定向购货单位预收的款项。

“预收账款”账户是负债类账户，贷方登记企业向购货单位预收的款项；借方登记企业销售实现的收入。购货单位补付的款项，贷记本账户；退回多付的款项，借记本账户。

“预收账款”账户期末余额如果是贷方性质，表示企业向购货单位预收的款项（尚未结算或结算后应退还部分）；如果是借方性质余额，表示应收的款项。

“预收账款”账户应按购货单位进行明细核算，适合采用三栏式明细账。

“预收账款”账户的 T 形结构如图 17-32 所示：

预收账款

发出商品抵预收款	向购货单位预收的款项
余：应收的款项	余：预收的款项

图 17-32　“预收账款”账户的 T 形结构

7.“其他业务收入”账户

“其他业务收入”账户用来核算企业根据收入准则确认的除主营业务活动以外的其他经营活动实现的收入，包括出租固定资产、出租无形资产、出租包装物和商品、销售材料、用材料进行非货币性交换或债务重组等实现的收入。

“其他业务收入”账户是损益类账户，贷方登记企业确认的其他业务收入；借方登记期末结转到“本年利润”账户的已实现的其他业务收入；期末结转以后，本账户无余额。

“其他业务收入”账户应按其他业务的收入种类设置明细账，进行明细分类核算，适合采用“贷方多栏式”明细账。

“其他业务收入”账户的T形结构如图17-33所示：

其他业务收入——种类

期末转入“本年利润”账户的 其他业务收入转出数	其他经营活动实现的收入

图17-33 “其他业务收入”账户的T形结构

8.“其他业务成本”账户

“其他业务成本”账户用来核算企业确认的除主营业务活动以外的其他经营活动所发生的支出，包括销售材料的成本、出租固定资产的折旧额、出租无形资产的摊销额、出租包装物的成本或摊销额等。

“其他业务成本”账户是损益类账户，借方登记企业发生的其他业务成本；贷方登记期末结转到“本年利润”账户的数额；期末结转以后，本账户无余额。

“其他业务成本”账户应按其他业务成本的种类设置明细账，进行明细分类核算，适合采用借方多栏式明细账。

“其他业务成本”账户的T形结构如图17-34所示：

其他业务成本——种类

其他经营活动所发生的支出	期末转入“本年利润”账户的 其他业务成本转出数

图17-34 “其他业务成本”账户的T形结构

（二）核算举例

【例17-37】A公司售给大康公司A产品80件，每件售价500元，货款40 000元，增值税税率为17%，增值税额6 800元，货款存入银行。

分析：该笔经济业务发生后引起资产和收入及负债三个要素发生变动。一方面，使企业资产要素中的银行存款项目增加，应借记“银行存款”账户；另一方面，使企业收入要素中的主营业务收入项目增加，应贷记“主营业务收入”账户。同时，一般纳税企业在销售商品时，不仅要向客户收取货款，还应按适用的税率计算并代收增值税。因此，企业在确认收入的同时，还应确认一笔应交税费使负债要素中的应交税费——应交增值税（销项税额）项目增加，应贷记“应交税费——应交增值税（销项税额）”账户。A 公司应编制如下会计分录：

借：银行存款　　46 800
　贷：主营业务收入——A 产品　　40 000
　　应交税费——应交增值税（销项税额）　　6 800

【例 17-38】A 公司售给大丰公司 A 产品 100 件，单价 300 元，货款 30 000 元，增值税税率为 17%，增值税额 5 100 元，采用商业汇票结算，当即收到票面金额为 35 100 元的商业汇票一张，承兑期 3 个月。

分析：该笔经济业务发生后引起资产和收入及负债三个要素发生变动。一方面，使企业资产要素中的应收票据项目增加，应借记“应收票据”账户；另一方面，使企业收入要素中的主营业务收入项目增加，应贷记“主营业务收入”账户。同时，一般纳税企业在销售商品时，不仅要向客户收取货款，还应按适用的税率计算并代收增值税。因此，企业在确认收入的同时，还应确认一笔应交税费使负债要素中的应交税费——应交增值税（销项税额）项目增加，应贷记“应交税费——应交增值税（销项税额）”账户。A 公司应编制如下会计分录：

借：应收票据　　35 100
　贷：主营业务收入——A 产品　　30 000
　　应交税费——应交增值税（销项税额）　　5 100

【例 17-39】A 公司售给大华公司 A 产品 20 件，每件售价 500 元，货款 10 000 元，增值税税率为 17%，增值税额 1 700 元，货款尚未收讫。

分析：该笔经济业务发生后引起资产和收入及负债三个要素发生变动。一方面，使企业资产要素中的应收账款项目增加，应借记“应收账款”账户；另一方面，使企业收入要素中的主营业务收入项目增加，应贷记“主营业务收入”账户。同时，一般纳税企业在销售商品时，不仅要向客户收取货款，还应按适用的税率计算并代收增值税。因此，企业在确认收入的同时，还应确认一笔应交税费使负债要素中的应交税费——应交增值税（销项税额）项目增加，应贷记“应交税费——应交增值税（销项税额）”账户。因此，A 公司应编制如下会计分录：

借：应收账款　　11 700
　贷：主营业务收入——A 产品　　10 000
　　应交税费——应交增值税（销项税额）　　1 700

【例 17-40】A 公司预收 C 商业城购买商品定金 1 000 元，收到对方开具的可在全国通用的支票。

分析：该笔经济业务发生后引起资产和负债两个要素发生变动。一方面，使企业资产要素中的银行存款项目增加了 1 000 元，应借记“银行存款”账户；另一方面，使企业负债要素中的预收账款项目增加了 1 000 元，应贷记“预收账款”账户。因此，A 公司应编制如下会计分录：

借：银行存款　　1 000

　贷：预收账款——C 商业城　　1 000

【例 17-41】A 公司向 C 商业城销售 A 产品 20 件，单价 400 元/件，B 商品 10 件，单价 200 元/件，增值税税率为 17%，已于前日预收定金 10 00 元，双方约定余款次日结清。

分析：该笔经济业务发生后引起 A 公司收入和负债两个要素发生变动。一方面，A 公司发出购货方预定的货物，使 A 公司负债要素中的预收账款项目处于结算状态，应该将全部金额记在“预收账款”账户的借方；另一方面，使 A 公司收入要素中的主营业务收入项目增加，应贷记“主营业务收入”账户。同时，一般纳税企业在销售商品时，不仅要向客户收取货款，还应按适用的税率计算并代收增值税。因此，A 公司在确认收入的同时，还应确认一笔应交税费使负债要素中的应交税费——应交增值税（销项税额）项目增加，应贷记“应交税费——应交增值税（销项税额）”账户。A 公司应编制如下会计分录：

销项税额＝(20×400+10×200)×17%＝1 700（元）

价税合计＝20×400+10×200+1 700＝11 700（元）

借：预收账款——C 商业城　　11 700

　贷：主营业务收入——A 产品　　8 000

　　　　　　　　　——B 商品　　2 000

　　应交税费——应交增值税（销项税额）　　1 700

【例 17-42】A 公司收到 C 商业城补付的不足款 10 700 元。

分析：该笔经济业务发生后引起 A 公司资产要素两个账户发生变动。一方面，A 公司补收货款，使企业资产要素中的银行存款增加，应该记在“银行存款”账户的借方；另一方面，补收货款应记在“预收账款”账户的贷方。因此，A 公司应编制如下会计分录：

借：银行存款　　10 700

　贷：预收账款——C 商业城　　10 700

【例 17-43】A 公司销售 A 产品 10 件，价税合计 117 000 元，增值税税率为 17%，收到款项并存入银行。

增值税是以商品生产流通和劳动服务各个环节的增值因素为征税对象的一种流转税。所谓增值，是指一个纳税人在其生产经营活动中所创造的新增价值，也可认为是纳税人在一定时期内销售产品或提供劳务所取得的收入大于其购进商品或接受劳务时所支付金额的差额。由于增值因素在经济生活中是一个难以精确计算的数据，增值操作大都采用间接操作办法，即以商品销售额为计税依据，同时允许从税额中扣除上一道环节已缴纳的税款。增值税征收范围包括生产、批发、零售和进口商品及加工修理修配，还包括公用事业中水、电、热、气及食盐。

所有销售增值税应税产品和应税劳务的工商企业单位及个人均为增值税纳税义务人。增值税实行价外计税，即以不含增值税税金的价格为计税依据，一般纳税人的基本税率为 17%，增值税应纳税额计算公式如下：

应纳税额＝当期销项税额－当期进项税额

销项税额＝销售额×适用税率

销售额如包含了增值税额，则应换算为不含税销售额，计算方法为：

销售额＝含税销售额÷(1+增值税税率)

销售额进项税额为当期购进货物时从销售方取得的增值税专用发票上注明的增值税额。

分析：该笔经济业务发生后引起 A 公司资产、收入和负债三个要素发生变动。一方面，使 A 公司资产要素中的银行存款项目增加，应借记“银行存款”账户；另一方面，使 A 公司收入要素中的主营业务收入项目增加，应贷记“主营业务收入”账户。同时，一般纳税企业在销售商品时，不仅要向客户收取货款，还应按适用的税率计算并代收增值税。因此，企业在确认收入的同时，还应确认一笔应交税费使负债要素中的应交税费——应交增值税（销项税额）项目增加，应贷记“应交税费——应交增值税（销项税额）”账户。A 公司应编制如下会计分录：

应缴纳的增值税＝117 000÷(1+17%)×17%＝17 000（元）

主营业务收入＝117 000－17 000＝100 000（元）

借：银行存款	117 000	
贷：主营业务收入		100 000
应交税费——应交增值税（销项税额）		17 000

【例 17-44】A 公司以银行存款支付宣传广告费 600 元。

分析：该笔经济业务发生后引起 A 公司费用和资产两个要素发生变动。一方面，A 公司广告费用增加，应借记“销售费用”账户；另一方面，付款使 A 公司资产要素中的银行存款减少，应贷记“银行存款”账户。因此，A 公司应编制如下会计分录：

借：销售费用——广告费	600	
贷：银行存款		600

【例 17-45】A 公司支付由本企业承担的销售运杂费 500 元。

分析：该笔经济业务发生后引起费用和资产两个要素发生变动。一方面，根据销售合同，由 A 公司承担销售商品的运杂费 500 元，应借记“销售费用”账户；另一方面，付款使 A 公司资产要素中的银行存款减少了 500 元，应贷记“银行存款”账户。因此，A 公司应编制如下会计分录：

借：销售费用——运杂费	500	
贷：银行存款		500

【例 17-46】经计算，A 公司当期销售商品应缴纳的消费税为 4 000 元、城市维护建设税为 1 000 元。

分析：A 公司因销售商品必须承担相应的纳税义务，由此而产生的费用增加记入“营业税金及附加”账户的借方，同时确认相应的负债（应交税费）增加。A 公司应编制如下会计分录：

借：营业税金及附加　　5 000
　贷：应交税费——应交消费税　　4 000
　　　　　　——应交城市维护建设税　　1 000

【例 17-47】A 公司出售钢管 1 吨，售价 15 000 元，增值税额 2 550 元，开出增值税专用发票一张，收到转账支票一张。

分析：该笔经济业务发生后，引起了 A 公司资产、收入和负债要素发生变化。A 公司资产要素中的银行存款增加，应借记“银行存款”账户；收入要素中的其他业务收入增加，应贷记“其他业务收入——销售材料”账户；负债要素中的应交税费——应交增值税（销项税额）项目增加，应贷记“应交税费——应交增值税（销项税额）”账户。因此，A 公司应编制如下会计分录：

借：银行存款　　17 550
　贷：其他业务收入——销售材料　　15 000
　　　应交税费——应交增值税（销项税额）　　2 550

【例 17-48】月末，A 公司结转本月销售产品的销售成本。A 公司本月销售 A 产品 230 件，B 产品 10 件。

由例 17-36 可知：

销售 A 产品的成本 $=230\times295=67\ 850$（元）

销售 B 产品的成本 $=10\times100=1\ 000$（元）

分析：该笔经济业务发生后引起 A 公司费用和资产两个要素发生变化。一方面，A 公司销售商品引起费用要素中的主营业务成本项目增加，应借记“主营业务成本”账户；另一方面，资产要素中的库存商品项目减少，应贷记“库存商品”账户。因此，A 公司应编制如下会计分录：

借：主营业务成本——A 商品　　67 850
　　　　　　　　——B 商品　　1 000
　贷：库存商品——A 商品　　67 850
　　　　　　　——B 商品　　1 000

【例 17-49】结转出售 1 吨钢管材料的成本 13 050 元。

分析：此项业务引起了 A 公司资产、费用要素发生变化。一方面，A 公司费用要素中的其他业务支出增加了 13 050 元，应借记“其他业务成本”账户；另一方面，A 公司资产要素中的原材料减少了 13 050 元，应贷记“原材料”账户。因此，A 公司应编制如下会计分录：

借：其他业务成本——销售材料　　13 050
　　贷：原材料——钢管　　13 050

第 6 节　其他业务的核算

在企业经济业务的核算内容中，除了上述资金筹集业务、供应过程业务、生产过程业务、销售过程业务等主要经济活动需要会计人员进行账务处理，还会发生一些其他经济业务，如个人借款、报销差旅费、收取押金、归还押金、缴纳罚款、收取罚款、捐赠等业务。

一、账户设置

1.“其他应收款”账户

“其他应收款”账户用来核算企业除应收票据、应收账款、预付账款、应收股利等经营活动以外的其他各种应收、暂付的款项。

“其他应收款”账户是资产类账户，借方登记企业发生其他各种应收、暂付款项；贷方登记收回或转销的各种应收、暂付款项；期末借方余额，反映企业尚未收回的其他应收款。

“其他应收款”账户应当按照其他应收款的项目和对方单位（或个人）设置明细账，进行明细分类核算，适合采用三栏式明细账。

“其他应收款”账户的 T 形结构如图 17-35 所示：

其他应收款

应收未收的罚款、职工借等其他应收款项款	实际收回的职工借款、罚款等
余：尚未收回的其他应收款	

图 17-35　“其他应收款”账户的 T 形结构

2.“其他应付款”账户

“其他应付款”账户用来核算企业除应付票据、应付账款、预收账款、应付职工薪酬、应付利息、应交税费等经营活动以外的其他各项应付、暂收的款项。

“其他应付款”账户是负债类账户，贷方登记企业发生其他各种应付、暂收款项；借方登记支付的其他各种应付、暂收款项；期末贷方余额，反映企业尚未支付的其他应付款项。

“其他应付款”账户应当按照其他应付款的项目和对方单位（或个人）设置明细账，进行明细分类核算，适合采用三栏式明细账。

“其他应付款”账户的 T 形结构如图 17-36 所示：

其他应付款

支付的其他各种应付、暂收款项	发生其他各种应付、暂收款项
	余：尚未支付的其他应付款项

图 17-36 “其他应付款”账户的 T 形结构

3.“营业外收入”账户

“营业外收入”账户用来核算企业发生的与日常生产经营活动无直接关系的各项营业外收入，主要包括政府补助、捐赠利得、罚款利得、确定无法支付的应付款等。

“营业外收入”账户是损益类账户，贷方登记企业发生的各种营业外收入；借方登记期末转入“本年利润”账户的营业外收入；期末结转后，本账户应无余额。

“营业外收入”账户应按照营业外收入的项目设置明细账，进行明细分类核算，适合采用贷方多栏式明细账。

“营业外收入”账户的 T 形结构如图 17-37 所示：

营业外收入——项目

期末转入“本年利润”账户的营业外收入转出数	发生的各种营业外收入

图 17-37 “营业外收入”账户的 T 形结构

4.“营业外支出”账户

“营业外支出”账户用来核算企业发生的与日常生产经营活动无直接关系的各项营业外支出，包括非流动资产处置损失、非货币性资产交换损失、债务重组损失、公益性捐赠支出、非常损失、盘亏损失等。

“营业外支出”账户是损益类账户，借方登记企业发生的各种营业外支出；贷方登记期末转入“本年利润”账户的营业外支出；期末结转后，本账户无余额。

“营业外支出”账户应按照营业外支出的项目设置明细账，进行明细分类核算，适合采用借方多栏式明细账。

“其他业务成本”账户的 T 形结构如图 17-38 所示：

营业外支出——种类

发生的各种营业外支出	期末转入“本年利润”账户的营业外支出的转出数

图 17-38 “营业外支出”账户的 T 形结构

5.“投资收益”账户

“投资收益”账户用来核算企业确认的对外投资收益或投资损失。

“投资收益”账户是损益类账户，贷方登记取得的投资收益或期末投资净损失的转出数；借方登记发生的投资损失和期末投资净收益的转出数；无论发生投资收益还是投资损失，都要结转到“本年利润”账户，期末结转后，本账户无余额。

“投资收益”账户应按照投资项目设置明细账，进行明细分类核算，适合采用三栏式明细账，也可以采用借贷双方多栏式明细账。

“投资收益”账户的 T 形结构如图 17-39 所示：

投资收益

发生的投资损失和期末投净收益的转出数资	取得的投资收益或期末投资净损失的转出数

图 17-39　“投资收益”账户的 T 形结构

二、核算举例

【例 17-50】采购员李强出差预借差旅费 3 000 元，A 公司开出现金支票一张。

分析：该笔经济业务发生后，一方面，职工借款 3 000 元，应借记“其他应收款”账户；另一方面，银行存款减少了 3 000 元，应贷记“银行存款”账户。因此，A 公司应编制如下会计分录：

借：其他应收款——李强　　3 000

　贷：银行存款　　3 000

【例 17-51】采购员李强出差回来报销差旅费，原借款 3 000 元，报销 2 800 元，余额退回现金 200 元。

分析：该笔经济业务发生后，引起费用要素和资产要素之间以及资产要素内部发生变动。一方面，A 公司费用要素中的管理费用增加了 2 800 元，应借记“管理费用”账户，同时收回现金 200 元，使资产要素中的现金项目增加了 200 元，应借记“库存现金”账户；另一方面，采购员李强借支的差旅费 3 000 元应予以核销，A 公司资产要素中的其他应收款项目减少 3 000 元，应贷记“其他应收款”账户。因此，A 公司应编制如下会计分录：

借：管理费用——差旅费　　2 800

　　库存现金　　200

　贷：其他应收款——李强　　3 000

【例 17-52】A 公司收到员工张山交来的服装押金 300 元。

分析：该项业务发生后，一方面，A 公司库存现金增加，应借记“库存现金”账户；另一方面，押金是需要在未来返还的，导致 A 公司负债增加，应贷记“其他应付款”账户。因此，A公司应编制如下会计分录：

借：库存现金 300

贷：其他应付款——张山 300

【例17-53】A公司收到政府的补助200 000元。

分析：该项业务发生后，一方面，银行存款增加200 000元；另一方面，营业外收入增加200 000元。因此，A公司应编制如下会计分录：

借：银行存款 200 000

贷：营业外收入——政府补助 200 000

【例17-54】A公司捐赠给市福利院50 000元，开出转账支票一张。

分析：该项业务发生后，一方面，银行存款减少50 000元；另一方面，营业外支出增加50 000元。因此，A公司应编制如下会计分录：

借：营业外支出——捐赠支出 50 000

贷：银行存款 50 000

【例17-55】A公司将其从二级证券市场购入的B公司股票出售后，获得收益8 000元存入银行。

分析：该笔经济业务发生后，引起资产要素和收入要素发生变化。一方面，资产要素中的银行存款增加，应借记“银行存款”账户；另一方面，收入要素中的投资收益同时增加，应贷记“投资收益”账户。因此，A公司应编制如下会计分录：

借：银行存款 8 000

贷：投资收益 8 000

第7节 财务成果的形成和利润分配业务的核算

一、财务成果的形成

财务成果是指企业在一定时期内（月、季、年度）从事生产经营活动所取得的利润或发生的亏损。财务成果是反映企业工作质量的一个重要指标。

工业企业的利润总额由营业利润和营业外收支净额构成。

利润总额=营业利润+营业外收支净额

其中：

营业利润=营业收入-营业成本-营业税金及附加-销售费用-管理费用-财务费用-资产减值损失+公允价值变动收益+投资收益

营业收入=主营业务收入+其他业务收入

营业成本=主营业务成本+其他业务成本

营业外收支净额=营业外收入-营业外支出

营业利润由营业收入（包括主营业收入和其他业务收入）减去营业成本（包括主营业务成本和其他业务成本）、营业税金及附加、销售费用、管理费用和财务费用等。

投资收益是指企业对外投资分得的利润或者股利及债券投资的利息收入。投资损失是指企业转让、出售股票、债券，其收回投资小于投出资金数额的差额。投资净收益是指投资收益扣除投资损失后的数额。

营业外收入是指与企业生产经营无直接关系的各项收入，包括固定资产盘盈、固定资产清理后的净收益、出售无形资产收益、罚款净收入等。

营业外支出是指与企业生产经营无直接关系的各项支出，包括固定资产盈亏、固定资产清理后的净损失、非常损失、捐赠支出、罚款支出等。

营业外收支净额为营业外收入减去营业外支出后的数额。

二、净利润的形成

净利润是指利润总额减去企业所得税后的利润。为了核算企业按规定从本期损益中减去的所得税的情况，应设置“所得税费用”账户。

“所得税费用”账户是损益类账户，按所得税条例的规定计算确定应缴纳的所得税额，借记“所得税费用”账户，贷记“应交税费——应交所得税”账户。缴纳所得税时，借记“应交税费——应交所得税”账户，贷记“银行存款”等账户。期末将“所得税费用”账户余额转入“本年利润”账户，借记“本年利润”账户，贷记“所得税费用”账户，结转后“所得税费用”账户无余额。

$$\text{应纳所得税额} = \text{应纳税所得额} \times \text{税率}$$

三、利润的分配

根据《中华人民共和国公司法》等有关法规的规定，企业当年实现的净利润，一般应当按照如下顺序进行分配：

第一，弥补以前年度的亏损。按照企业财务制度规定，企业当年发生的亏损可连续 5 年用以后年度实现的利润弥补。

第二，提取盈余公积金。盈余公积金是企业按规定从净利润中提取的用于积累的资金，提取比例不低于净利润的 10%，也可多提。

第三，向投资者分配利润（投资者包括国家、其他单位、个人、外商）。

第四，未分配利润。留下一定比例的利润作为未分配利润，留待以后年度分配，以丰补歉。

上述利润的分配顺序是企业以前年度亏损未弥补完，不得提取法定公积金，在未提法定公积金前，不得向投资者分配股利。

提取的法定公积金可以用于弥补亏损、转增资本等用途。

企业以前年度未分配的利润可以并入本年度向投资者分配，当年无利润时，一般不向投资者分配利润。公司制企业从税后利润中提取法定公积金后，经股东会或者股东大会决议，还可以从税后利润中提取任意公积金。公司持有的本公司股份不得分配股利。

四、财务成果的核算

（一）账户设置

1.“本年利润”账户

“本年利润”账户属于所有者权益类账户，用来核算企业当年实现的净利润（或发生的净亏损）。“本年利润”账户贷方登记转入的“主营业务收入”“其他业务收入”“营业外收入”等账户的期末余额；借方登记转入的“主营业务成本”“销售费用”“营业税金及附加”“管理费用”“财务费用”“其他业务成本”“营业外支出”等账户的期末余额。投资收益账户，如为净收益，转入本账户的贷方；如为投资损失，转入本账户的借方。经上述结转后，就可算出企业本期实现的利润总额。“所得税费用”账户余额转入“本年利润”账户借方，将所得税额结转后，“本年利润”账户的贷方余额即为企业税后净利润。

年度终了，应将本年利润净额或亏损净额结转“利润分配”账户，结转后本账户应无余额。

“本年利润”账户的T形结构如图17-40所示：

本年利润

期末转入的各项费用 主营业务成本 其他业务成本 营业税金及附加 管理费用 销售费用 财务费用 投资净损失 营业外损失 所得税费用	期末转入的各项收入 主营业务收入 其他业务收入 投资净收益 营业外收入
亏损净额	盈利净额

图17-40 “本年利润”账户的T形结构

2.“利润分配”账户

“利润分配”账户属于所有者权益类账户，用来核算企业利润的分配（或亏损的弥补）和历年分配（或弥补亏损）后的结存余额。“利润分配”账户的借方登记利润分配数和年终结转的亏损总额；贷方登记弥补的亏损数和年终结转的利润净额；年末贷方余额为历年积存未分配利润，借方余额为未弥补亏损。“利润分配”账户分别设置“提取法定盈余公积”“提取任意盈余公积”“应付股利”“盈余公积补亏”“未分配利润”等进行明细核算。

“利润分配”账户的 T 形结构如图 17-41 所示：

利润分配

实际分配的利润额 弥补以前年度亏损 提取法定盈余公积 应付股利	“本年利润”账户转入可供分配利润
未弥补亏损	未分配利润

图 17-41　**“利润分配”账户的 T 形结构**

3.“所得税费用”账户

“所得税费用”账户属于损益类账户，用来核算企业根据所得税条例确认的应从当期利润总额中扣除的所得税费用。“所得税费用”账户借方登记应记入当期损益的所得税费用，贷方登记期末结转“本年利润”账户的数额，结转后本账户应无余额。

“所得税费用”账户的 T 形结构如图 17-42 所示：

所得税费用

计算出的所得税费用额	期末转入“本年利润”账户的 营业税金及附加转出数

图 17-42　**“所得税费用”账户的 T 形结构**

4.“应付股利”账户

“应付股利”账户用来核算企业根据股东大会或类似机构审议确定分配的现金股利或利润。

“应付股利”账户是负债类账户，贷方登记根据通过的股利或利润分配方案计算的应支付的现金股利或利润；借方登记实际支付的金额；期末贷方余额，反映企业应付未付的现金股利或利润。非股份有限公司通常将“应付股利”账户改为“应付利润”账户。

“应付股利”账户应按投资者设置明细账，进行明细分类核算，适合采用三栏式明细账。

“应付股利”账户的 T 形结构如图 17-43 所示：

应付股利

实际支付的股利金额	通过股利分配方案计算的应支付但 尚未支付的股利金额
	余：应付未付的股利

图 17-43　**“应付股利”账户的 T 形结构**

（二）核算举例

1. 财务成果的形成核算

【例 17-56】假设本章相关例题的业务为 A 公司本月发生的全部与费用有关的业务，月末结转当月的费用余额。

分析：该笔经济业务发生后，引起了 A 公司费用要素和所有者权益要素发生变化。费用在发生时，记入费用类账户的借方，在期末则应全额从贷方转出，记入“本年利润”账户的借方。一方面，使所有者权益要素中的“本年利润”项目减少，应借记“本年利润”账户；另一方面，引起费用要素中的主营业务成本减少、营业税金及附加减少、其他业务成本减少、营业外支出减少、管理费用减少、财务费用减少、销售费用减少，应分别贷记“主营业务成本”“营业税金及附加”“其他业务成本”“营业外支出”“管理费用”“财务费用”“销售费用”账户。因此，A 公司应编制如下会计分录：

借：本年利润	196 200	
贷：财务费用		2 300
主营业务成本		67 850
其他业务成本		13 050
营业税金及附加		5 000
销售费用		20 100
管理费用		37 900
营业外支出		50 000

【例 17-57】假设本章相关例题的业务为 A 公司当月发生的与收入有关的业务，月末结转当月的收入余额。

分析：该笔经济业务发生后，引起了 A 公司收入要素和所有者权益要素发生变化。一方面，使收入要素中的主营业务收入减少、其他业务收入减少、营业外收入减少和投资收益减少，应分别借记“主营业务收入”“其他业务收入”“营业外收入”和“投资收益”账户；另一方面，转入收入使所有者权益要素中的本年利润项目增加，应贷记“本年利润”账户。因此，A 公司应编制如下会计分录：

借：主营业务收入	190 000	
其他业务收入	15 000	
营业外收入	200 000	
投资收益	8 000	
贷：本年利润		413 000

根据例 17-56 和例 17-57 可知，结转损益类账户后，“本年利润”账户有贷方余额（413 000-193 200=216 800），表示 A 公司年实现的利润总额为 216 800 元。

【例 17-58】月末，A 公司计算本月应交所得并予以结转，所得税税率为 25%。

根据“本年利润”账户实现的利润总额，按税收有关规定，计算本期应纳所得税。

其计算公式如下：

企业所得税＝应纳税所得额×适用税率

应纳税所得额是根据税法规定计算确认的利润数，利润总额是根据会计制度规定计算的利润数，两者可能不一致，需要按税法规定将利润总额调整为应纳税所得额。另外，企业所得税通常按月计算，按季预缴。在基础会计中，我们暂且将应纳税所得额等同于利润总额，并选择按月计算、按月缴纳企业所得税。

A 公司应纳企业所得税＝216 800×25%＝54 200（元）

分析：该笔经济业务发生后，引起了 A 公司费用要素和负债要素发生变化。一方面，费用要素中的所得税费用项目增加，应借记“所得税费用”账户；另一方面，只计算未缴纳企业所得税，引起负债要素中的应交税费——应交所得税项目也增加，应贷记“应交税费——应交所得税”账户。因此，A 公司应编制如下会计分录：

借：所得税费用　　54 200

　贷：应交税费——应交所得税　　54 200

【例 17-59】A 公司将所得税费用转入“本年利润”账户。

分析：该笔经济业务发生后，引起了 A 公司费用要素和所有者权益要素发生变化。一方面，所有者权益要素中的本年利润项目减少，应借记“本年利润”账户；另一方面，所有者权益要素中的所得税费用也减少，应贷记“所得税费用”账户。因此，A 公司应编制如下会计分录：

借：本年利润　　54 200

　贷：所得税费用　　54 200

结合例 17-56、例 17-57、例 17-58、例 17-59 可知企业当月的净利润计算如下：

当月净利润＝当月利润总额－当月所得税费用＝216 800－54 200＝162 600（元）

【例 17-60】月末，A 公司将当月实现的净利润结转到利润分配账户。

结合例 17-59 可知 A 公司当月的净利润为 162 600 元。

A 公司应编制如下会计分录：

借：本年利润　　162 600

　贷：利润分配——未分配利润　　162 600

2. 利润分配的核算

【例 17-61】假设 A 公司当年的利润分配方案为：按净利润的 10%提取法定盈余公积金、按净利的 20%提取任意盈余公积金、按当年净利润的 50%向投资者分配，剩余部分留待以后年度分配。

分析：

当年提取的法定盈余公积＝162 600×10%＝16 260（元）

当年提取的任意盈余公积＝162 600×20%＝32 520（元）

当年应向投资者分配的利润＝162 600×50%＝81 300（元）

进行利润分配只是对 A 公司当年可分配利润用途的一个划分，而不是在发放利润。

通过利润分配，A 公司的盈余公积、应付利润增加，利润因分配而减少。在 A 公司按利润分配方案进行会计处理时，应编制如下会计分录：

借：利润分配——提取法定盈余公积　　16 260
　　　　　　——提取任意盈余公积　　32 520
　　　　　　——应付现金股利　　81 300
　贷：盈余公积——法定盈余公积　　16 260
　　　盈余公积——任意盈余公积　　32 520
　　　应付股利　　81 300

【例 17-62】A 公司把“利润分配”明细账中其他账户余额结转到“未分配利润”明细账。

分析：该笔经济业务发生后，一方面，将“利润分配——提取法定盈余公积”“利润分配——提取任意盈余公积”“利润分配——应付股利”的贷方转入“利润分配——未分配利润”，使“利润分配——未分配利润”减少，应借记“利润分配——未分配利润”账户；另一方面，将已分配利润明细账余额转出，应分别记在“利润分配——提取法定盈余公积”“利润分配——提取任意盈余公积”“利润分配——应付股利”的贷方。因此，A 公司应编制如下会计分录：

借：利润分配——未分配利润　　130 080
　贷：利润分配——提取法定盈余公积　　16 260
　　　利润分配——提取任意盈余公积　　32 520
　　　利润分配——应付现金股利　　81 300

作业与思考

一、单项选择题

1. 采购材料业务必须（　　）才可能借记“原材料”账户。

A. 已签订经济合同　　B. 已结算货款

C. 已收到发票账单　　D. 材料已验收入库

2. 采购材料支付的增值税为价外税，以后可以从产品销售时取得的销项税额中抵扣。因此，企业收到的增值税专用发票上列示的增值税额应借记（　　）账户。

A.“材料采购——甲材料”　　B.“应交税费——应交增值税”

C.“应收账款——甲材料”　　D.“营业外支出——材料损耗”

3.“生产成本”账户借方余额表示（　　）。

A. 完工产品成本　　B. 期末在产品成本

C. 本期生产费用合计　　D. 库存产成品成本

4. "库存商品"账户的期末借方余额表示（　　）。

A. 期末库存产成品的实际成本　　B. 期末在产品的实际成本

C. 本期生产完工产品的实际成本　　D. 本期发出产成品的实际成本

5.（　　）账户在期末费用分配以后，一般没有余额。

A. "材料采购"　B. "生产成本"　C. "制造费用"　D. "累计折旧"

6. 下列哪项业务引起资产和所有者权益同时减少（　　）。

A. 购料一批、货款未付

B. 以现金存入银行

C. 经批准某企业收回投资，以银行存款支付

D. 用银行存款偿还前欠购货款

7. 生产成本账户的贷方登记（　　）。

A. 为生产产品发生的各项费用　　B. 完工入库产品的生产成本

C. 已销产品的生产成本　　D. 期末转入本年利润账户的成本

8. 待摊费用指的是（　　）。

A. 先分期计入成本，后一次支付的费用

B. 已经支付，于当期计入成本的费用

C. 已经支付，于本期及后期摊销的费用

D. 先一次计入成本，后分期支付的费用

9. 销售部门人员的工资费用应计入（　　）。

A. 管理费用　B. 销售费用　C. 预提费用　D. 制造费用

10. 企业销售产品获得的收入应（　　）。

A. 贷记主营业务收入　　B. 贷记营业成本

C. 借记本年利润　　D. 贷记营业外收入

11. 累计折旧账户余额反映了固定资产的（　　）。

A. 原价　B. 净值　C. 本年损耗价值　D. 累计损耗价值

12. 本年利润账户 3 月 31 日的贷方余额表示（　　）。

A. 年初至 3 月份累计实现的净利润　　B. 3 月份实现的净利润

C. 3 月 31 日实现的净利润　　D. 年初至 3 月份已分配的利润

13. 按协议规定，企业发给红星工厂 A 产品 1 000 件，含税价 23 400 元，则 A 产品的销售收入是（　　）。

A. 23 400 元　B. 20 000 元　C. 27 378 元　D. 16 600 元

14. 年末，"本年利润"贷方余额 200 000 元，"利润分配"借方余额为 180 000 元，则年末未分配利润为（　　）。

A. 20 000 元　B. 200 000 元　C. 180 000 元　D. 380 000 元

15. 本年利润总额是 10 000 元，应纳所得税 2 500 元，提取公积金 750 元，未分配利润是（　　）。

A. 7 500 元　B. 3 250 元　C. 9 250 元　D. 6 750 元

16. 下列属于期间费用结转账户的是（　　）。

A. 管理费用　B. 生产成本　C. 待摊费用　D. 库存商品

17. 企业在销售过程中发生的广告费属于（　　）。

A. 直接费用　B. 期间费用　C. 间接费用　D. 制造费用

18. 企业的营业利润加营业外收入减营业外支出以后的余额为（　　）。

A. 利润总额　B. 计税利润　C. 净利润　D. 营业利润

二、多项选择题

1. 下列账户中，可能与“本年利润”账户发生对应关系的有（　　）。

A.“库存商品”　B.“主营业务成本”

C.“主营业务收入”　D.“投资收益”

E.“所得税费用”

2. 某项经济业务发生后引起银行存款减少 5 000 元，则相应有可能引起（　　）。

A. 应付职工薪酬增加 5 000 元　B. 固定资产增加 5 000 元

C. 预提费用减少 5 000 元　D. 短期借款增加 5 000 元

3. 构成生产成本的组成项目是（　　）。

A. 直接材料　B. 直接人工　C. 制造费用　D. 管理费用

4. 下列项目属于营业外支出的有（　　）。

A. 非常损失　B. 罚款支出

C. 公益救济性捐赠　D. 确实无法收回的应收账款

5. 材料的采购成本包括（　　）。

A. 材料买价　B. 材料运杂费

C. 运输途中的合理损耗　D. 材料验收入库后的保管费用

E. 材料采购人员的旅差费

6. 企业每月按工资总额的一定比例提取的职工福利费，主要用于（　　）。

A. 职工的医药费　B. 医务人员的工资

C. 职工生活困难补助　D. 发放职工奖金

三、判断题

1. 企业购入材料物资，其运杂费应计入材料物资的采购成本。（　　）

2. 应付账款是指因购买材料、商品或接受劳务供应等而发生的债务。（　　）

3. 企业发生的广告费，应计入“管理费用”账户的借方。（　　）

4. 原材料的实际成本包括材料的买价、采购费用和应负担的增值税。（　　）

5. 行政部门发生的管理人员的工资，应计入“管理费用”账户的借方。（　　）

6. 年终结转以后，“本年利润”账户和“利润分配”账户均无余额。（　　）

7. 企业所有者投入的资本应当保全，在任何情况下，企业所有者都不得抽走投资。（　）

8. 企业的筹集资金业务包括接受外单位或个人捐赠资产。（　）

9. 在材料采购过程中支付的各种采购费用，不构成材料的成本，故应将其列为期间费用处理。（　）

10. “在途物资”账户期末如有余额，应为借方余额，表示在途材料的实际成本。（　）

11. 在途材料是指企业采购的材料尚未运达企业或尚未验收入库，故不应该包括在企业的存货内。（　）

12. “本年利润”和“利润分配”账户月末一般都没有余额。（　）

四、业务题

资料：大伟公司 2015 年 12 月发生如下交易或事项：

（1）1 日，收到甲单位投入人民币 10 000 元存入银行。

（2）1 日，向银行借入期限为 9 个月的借款 500 000 元，年利率为 4.8%，按季（季末）支付利息，到期还本（做出借款、预提及支付本月借款利息的会计分录）。

（3）3 日，从华丰工厂购入材料 100 千克，单价 200 元，共计价款 20 000 元，增值税为 3 400 元，对方代垫运杂费 800 元，款项尚未支付，材料尚未运达企业。

（4）6 日，以银行存款归还前欠华丰工厂货款等共计 24 200 元。

（5）6 日，从华丰工厂购入的材料到达企业并验收入库。

（6）8 日，从信达工厂购入甲材料 100 千克，单价 190 元，共计价款 19 000 元，增值税为 3 230 元；乙材料 150 千克，单价 200 元，共计价款 30 000 元，增值税为 5 100 元，对方代垫运杂费 3 000 元，款项以银行存款支付。材料运达企业并验收入库（按材料重量比例分配运杂费）。

（7）12 日，基本生产车间为生产 A 产品领用甲材料 10 000 元，为生产 B 产品领用乙材料 40 000 元，一般耗用领用乙材料 5 000 元，行政管理部门领用丙材料 3 000 元。

（8）12 日，从银行提取现金 110 000 元，准备发放工资。

（9）12 日，以现金发放本月职工工资 110 000 元。

（10）12 日，以银行存款支付本月水电费 8 600 元，其中基本生产车间应负担 5 600 元，行政管理部门应负担 3 000 元。

（11）12 日，销售 A 产品 800 件，单价 500 元，货款为 400 000 元，增值税为 68 000 元，款项收到并存入银行。

（12）13 日，以银行存款支付产品展览费 5 000 元。

（13）14 日，销售材料一批，售价 50 000 元，增值税为 8 500 元，款项收到并存入银行。

(14) 14 日，销售 B 产品 200 件，单价 400 元，货款为 80 000 元，增值税为 13 600 元，商品已发出，款项尚未收到。

(15) 15 日，以银行存款支付违约罚款 8 000 元。

(16) 18 日，收到罚款收入 12 000 元，存入银行。

(17) 23 日，向希望工程捐款 50 000 元，以银行存款支付。

(18) 31 日，摊销应由本月负担的财产保险费 3 000 元，其中基本生产车间负担 1 000 元，行政管理部门负担 2 000 元。

(19) 31 日，计提本月固定资产折旧 8 000 元，其中基本生产车间 5 000 元，行政管理部门 3 000 元。

(20) 31 日，分配本月工资费用，其中生产 A、B 产品的工人工资 60 000 元（以实际生产工时为标准在 A、B 产品之间分配，A 产品生产工时为 6 000 工时，B 产品生产工时为 4 000 工时）；车间管理人员工资 5 000 元；行政管理人员工资 45 000 元。

(21) 31 日，按职工工资总额的 14%计提职工福利费。

(22) 31 日，以实际生产工时为标准分配并结转本月制造费用。

(23) 31 日，A、B 产品全部完工，计算并结转本月完工产品成本。

(24) 31 日，结转本月已销商品成本，A 产品每件单位生产成本 350 元，B 产品每件单位生产成本 280 元。

(25) 31 日，结转本月已销材料成本 40 000 元。

(26) 31 日，计算本月应纳城市维护建设税 3 150 元，教育费附加 1 350 元。

(27) 31 日，按规定税率（25%）计算本月应纳企业所得税。

(28) 31 日，结转损益类账户。

(29) 31 日，按税后利润的 10%提取法定盈余公积。

(30) 31 日，结转本年利润。

(31) 31 日，将“利润分配”各明细账转账。

要求：根据上述经济交易或事项编制有关会计分录。

第 18 章

会计实际工作

本章阐述了会计实际工作“三件事”：填制与审核凭证、登记账簿和编制报表。通过本章的学习，学生应重点掌握三种会计方法的运用。

第 1 节　填制与审核凭证

通过本章的学习，学生应掌握会计核算的基本方法——填制和审核凭证；掌握原始凭证和记账凭证的填制要求和填制方法。

一、原始凭证

（一）原始凭证的填制

经办人员在填制原始凭证时，要对经济业务的内容进行审核，审核无误后才能填制原始凭证。填制原始凭证要由填制人员将各项原始凭证要素按规定方法填写齐全，办妥签章手续，明确经济责任。

由于各种凭证的内容和格式千差万别，因此原始凭证的具体填制方法也不同。

自制原始凭证通常有三种形式：一是根据经济业务的执行和完成的实际情况直接填列，如根据具体借支出差的金额填写借支单；二是根据账簿记录对某项经济业务进行加工整理填列，如月末计算产品成本时，需将本月发生的制造费用按照一定的分配标准分配到有关产品成本中去，然后再计算出某种产品的生产成本；三是根据若干张反映同类业务的原始凭证定期汇总填列，如发出材料汇总表。

外来原始凭证是在企业同外单位发生经济业务时，由外单位经办人员填制的。外来原始凭证一般由税务局等部门统一印制，或经税务部门批准由经济单位印制。外来原始凭证在填制时加盖出具凭证单位公章方为有效，对于一式多联的原始凭证必须用复写纸填写。

原始凭证是具有法律效力的证明文件，是进行会计核算的依据，必须认真填制。为了保证原始凭证能清晰地反映各项经济业务的真实情况，原始凭证的填制必须符合以下要求：

1. 记录要真实

原始凭证上填制的日期、经济业务内容和数字必须符合经济业务发生或完成的实际情况，不得弄虚作假，不得以估计数填入。

2. 内容要完整

原始凭证中应该填写的项目要逐项填写，不可缺漏；名称要写全称，不可简化；品名和用途要填写明确，不能含糊不清；有关部门和人员的签名和盖章必须齐全。

3. 手续要完备

自制的原始凭证必须有经办业务的部门和人员签名盖章；对外开出的凭证必须加盖本单位的公章或财务专用章；从外部取得的原始凭证必须有填制单位公章或财务专用章。总之，取得的原始凭证必须手续完备，以明确经济责任，确保凭证的合法性、真实性、有效性。

4. 填制要及时

所有业务的有关部门和人员，在经济业务实际发生或完成时，必须及时填写原始凭证，做到不拖延、不积压、不事后补填，并按规定的程序审核。

5. 编号要连续

原始凭证要顺序连续或分类编号，在填制时要按照编号的顺序使用，跳号的凭证要加盖“作废”戳记，连同存根一起保管，不得撕毁。

6. 原始凭证不得涂改、挖补

发现原始凭证有错误的，应当由开出单位重开或者更正，更正处应当加盖开出单位的公章。

7. 书写要规范

原始凭证中的文字、数字的书写都要清晰、工整、规范，做到字迹端正、易于辨认，不草、不乱、不造字，大小写金额要一致。复写的凭证要不串行、不串格、不模糊。一式几联的原始凭证应当注明各联的用途，只能以一联作为报销凭证。

数字和货币符号的书写要符合下列要求：

（1）数字要一个一个地写，不得连笔写。特别是在要连写几个“0”时，也一定要逐个地写，不能将几个“0”连在一起。数字排列要整齐，数字之间的空格要均匀，不宜过大。此外阿拉伯数字的书写还应有高度的标准，一般要求数字的高度占凭证横格的1/2为宜。书写时还要注意紧靠横格底线，使上方能有一定的空位，以便需要进行更正时可以再次书写。

（2）阿拉伯数字前面应该书写货币币种或者货币名称简写和币种符号。币种符号与阿拉伯数字之间不得留有空白。凡阿拉伯金额数字前写有货币币种符号的，数字后面不再写货币单位。所有以元为单位的阿拉伯数字，除表示单价等情况外，一律填写到角分；无角分的，角位和分位写“00”或者符号“—”；有角无分的，分位应当写“0”，不得用符号“—”代替。在发货票等须填写大写金额数字的原始凭证上，如果大写金额数字前未印有货币名称，应当加填货币名称，然后在其后紧接着填写大写金额数字，货币名称和金额数字之间不得留有空白。

（3）汉字填写金额如零、壹、贰、叁、肆、伍、陆、柒、捌、玖、拾、佰、仟、万、亿等，应一律用正楷或行书体填写，不得用〇、一、二、三、四、五、六、七、八、九、十、百、千等简化字代替。大写金额数字到元或角为止的，在元或角之后应当写“整”或“正”字。阿拉伯数字金额之间有“0”时，汉字大写金额应写“零”字；阿拉伯数字金额中间连续有几个“0”时，大写金额中可以只写一个“零”字；阿拉伯数字金额元位为“0”或者数字中间连续有几个“0”，元位也是“0”，但角位不是“0”时，汉字大写金额可以只写一个“零”字，也可以不写“零”字。

（二）原始凭证的审核

为了正确反映和监督各项经济业务，财务部门对取得的原始凭证，必须进行严格审查和核对，保证核算资料的真实、完整、合法，只有经过审查无误的凭证，方可作为编制记账凭证和登记账簿的依据。原始凭证的审核是会计监督工作的一个重要环节，一般应从以下三个方面进行：

第一方面，审核原始凭证的真实性。所谓真实，指原始凭证上反映的应当是经济业务的本来面目，不得掩盖、歪曲和颠倒真实情况。审核原始凭证的基本内容，如凭证的名称、接受凭证单位的名称、填制凭证的日期、经济业务的内容、总金额、填制单位和填制人员及有关人员的公章和签名、凭证的附件和凭证的编号等，是否真实和正确。主要审核经济业务双方当事单位和当事人的真实性，经济业务发生的时间、地点和填制凭证的日期的真实性，经济业务内容的真实性，经济业务的“量”的真实性，以及重点审核单价、金额的真实性。凡有下列情况之一者不能作为正确的会计凭证：一是未写接受单位名称或名称不符；二是数量和金额计算不正确；三是有关责任人员未签字或未盖章；四是凭证联次不符；五是有污染、刮擦、刀刮和挖补痕迹。

第二方面，审核原始凭证的完整性。所谓完整，是指原始凭证应具备的要素要完整，手续要齐全。审核时要检查原始凭证必备的要素是否都填写了。要素不完整的原始凭证，原则上应退回重填。特殊情况下，需有旁证并经领导批准才能报账。审核原始凭证的手续是否齐全主要包括：双方经办人是否签字或盖章；需要旁证的原始凭证，旁证不齐也应视为手续不齐全。手续不齐全的原始凭证，应退回补办手续后再予以受理。

第三方面，审核原始凭证的合法性。所谓合法性，是指要按会计法规、会计制度办事。在实际工作中，要审核经济业务的发生是否符合相关政策和法规。违法的原始凭证主要有三种情况：明显的假发票、假车票；虽是真实的，但制度规定不允许报销的；虽能报销，但制度对报销的比例或金额有明显限制的，超过比例和限额的不能报销。

原始凭证的审核是一项很细致而且十分严肃的工作。要做好原始凭证的审核，充分发挥会计监督的作用，会计人员应该做到精通会计业务；熟悉有关的政策、法规和各项财务规章制度；对本单位的生产经营活动有深入的了解。这样才能在审核原始凭证时正确掌握标准，及时发现问题。

原始凭证经过审核后，对于符合要求的原始凭证，应及时编制记账凭证并登记账簿；对于手续不完备、内容记载不全或数字计算不正确的原始凭证，应退回有关经办部门或人员补办手续或更正；对于伪造、涂改或经济业务不合法的凭证，应拒绝受理，并向本单位领导汇报，提出拒绝执行的意见；对于弄虚作假、营私舞弊、伪造涂改凭证等违法乱纪行为，必须及时揭露并严肃处理。

二、记账凭证

（一）记账凭证的填制

记账凭证上会计人员根据审核无误后的原始凭证或汇总原始凭证，应用复式记账法和会计科目，按照经济业务的内容加以分类，并据以确定会计分录而填制的，作为登记账簿依据的凭证。在实际工作中，编制会计分录是通过填制记账凭证来完成的。因此，正确填制记账凭证，对于保证账簿记录的正确性有重要意义。

1. 记账凭证的填制要求

填制记账凭证是一项重要的会计工作，为了便于登记账簿，保证账簿记录的正确性，填制记账凭证应符合以下要求：

（1）依据真实。除结账和更正错误外，记账凭证应根据审核无误的原始凭证及有关资料填制，记账凭证必须附有原始凭证并如实填写所附原始凭证的张数。如果记账凭证中附有原始凭证汇总表，则应该把所附的原始凭证汇总表作为一张原始凭证计入。报销差旅费等零散票券，可以粘贴在一张纸上，作为一张原始凭证。一张原始凭证如果涉及几张记账凭证的，可以将原始凭证附在一张主要的记账凭证后面，在该主要记账凭证摘要栏注明“本凭证附件包括××号记账凭证业务”字样，并在其他记账凭证上注明该主要记账凭证的编号或者附上该原始凭证的复印件，以便复核查阅。

（2）内容完整。记账凭证应具备的内容都要具备，要按照记账凭证上所列项目逐一填写清楚，金额栏数字的填写必须规范、准确，与所附原始凭证的金额相符。金额登记方向、数字必须正确，角分位不留空格。有关人员的签名或者盖章要齐全，不可缺漏。

（3）分类正确。填制记账凭证，要根据经济业务的内容，区别不同类型的原始凭证，正确应用会计科目和记账凭证。记账凭证可以根据每一张原始凭证填制，或者根据若干张同类原始凭证汇总填制，也可以根据原始凭证汇总表填制，但不得将不同内容或类别的原始凭证汇总填制在一张记账凭证上，会计科目要保持正确的对应关系。一般情况下，现金或银行存款的收、付款业务，应使用收款凭证或付款凭证；不涉及现金和银行存款收付的业务，应使用转账凭证。在一笔经济业务中，如果既涉及现金或银行存款收、付，又涉及转账业务，则应分别填制收款或付款凭证及转账凭证。例如，单位职工出差归来报销差旅费并交回剩余现金时，就应根据有关原始凭证按实际报销的金额填制一张转账凭证，同时按收回的现金数额填制一张收款凭证。如果一笔经济业务涉及现金收款、银行存款付款，应该填制付款凭证。

（4）日期正确。记账凭证的填制日期一般应填制经济业务发生当天的日期，不能提前或拖后。

（5）连续编号。为了分清会计事项处理的先后顺序，以便记账凭证与会计账簿之间的核对，确保记账凭证完整无缺，填制记账凭证时，应当对记账凭证连续编号。记账凭证编号的方法有多种：第一种是不分类的通用凭证，将全部记账凭证作为一类，统一编号；第二种是分成收付转的专用凭证，分别按现金和银行存款收款业务、付款业务、转账业务三类进行编号，这样记账凭证的编号应分为收字第×号、付字第×号、转字第×号；还有一种是分别按现金收入、现金支出、银行存款收入、银行存款支出和转账业务五类进行编号，这种情况下，记账凭证的编号应分为现收字第×号、现付字第×号、银收字第×号、银付字第×号和转字第×号。各单位应当根据本单位业务繁简程度、会计人员多寡和分工情况来选择便于记账、查账的原则选择编号方法。无论采用哪一种编号方法，都应该按月顺序编号，即每月都从 1 号编起，按自然数 1、2、3、4、5……顺序编至月末，不得跳号、重号。一笔经济业务需要填制两张或两张以上记账凭证的，可以采用分数编号法进行编号。例如，有一笔经济业务需要填制 3 张记账凭证，凭证顺序号为 2，就可以编成 2 1/3、2 2/3、2 3/3，前面的数表示凭证顺序；后面的分数的分母表示该号凭证共有 3 张，分子表示 3 张凭证中的第一张、第二张、第三张。

（6）简明扼要。记账凭证的摘要栏是填写经济业务简要说明的，摘要的含义是摘录经济业务的概要，用最简洁的语言说明经济业务的实质。摘要要求能正确反映经济业务的主要内容，既要防止简而不明，又要防止过于繁琐。应能使阅读者通过摘要就能了解该项经济业务的性质、特征，判断出会计分录的正确与否，一般不需要再去翻阅原始凭证或询问有关人员。

（7）分录正确。会计分录是记账凭证中重要的组成部分。在记账凭证中，要正确编制会计分录并保持借贷平衡，就必须根据国家统一会计制度的规定和经济业务的内容，正确使用会计科目。应填明总账科目和明细科目，以便于登记总账和明细分类账。会计科目的对应关系要填写清楚，应先借后贷。填入金额数字后，要在记账凭证的合计行计算填写合计金额。记账凭证中借、贷方的金额必须相等，合计数必须计算正确。

（8）填错更改。填制记账凭证时如果发生错误，应当重新填制。已经登记入账的记账凭证在当年内发生错误的，如果是使用的会计科目或记账凭证方向有错误，可以用红字金额填制一张与原始凭证内容相同的记账凭证，在摘要栏注明“注销某月某日某号凭证”字样，同时再用蓝字重新填制一张正确的记账凭证，在摘要栏注明“更正某月某日某号凭证”字样；如果会计科目和记账方向都没有错误，只是金额错误，可以按正确数字和错误数字之间的差额，另编一张调整的记账凭证，调增金额用蓝数字，调减金额用红数字。

（9）记账凭证中，文字、数字和货币符号的书写要求，与原始凭证相同。实行会计电算化的单位，其机制记账凭证应当符合对记账凭证的基本要求，打印出来的机制凭证上，要加盖制单人员、审核人员、记账人员和会计主管人员印章或者签字，以明确责任。

2. 记账凭证的填制方法

单式记账凭证，就是在一张凭证上只填列一个会计科目。一项经济业务的会计分录涉及几个会计科目，就填几张记账凭证。为了保持会计科目间的对应关系，便于核对，在填制一个会计分录时编一个总号，再按凭证张数编几个分号。例如，第4笔经济业务涉及3个会计科目，编号则为4 1/3、4 2/3、4 3/3。单式记账凭证中，填列借方账户名称的称为借项记账凭证，填列贷方账户名称的称为贷项记账凭证。为了便于区别，两者常用不同的颜色印制。

复式记账凭证就是在一张记账凭证上记载一笔完整的经济业务所涉及的全部会计科目。为了清晰地反映经济业务的来龙去脉，不应将不同的经济业务合并填制。

（1）收款凭证的填制。收款凭证是根据现金、银行存款增加的经济业务填制的。填制收款凭证的要求如下：

①由出纳人员根据审核无误的原始凭证填制，程序是先收款，后填凭证。

②在凭证左上方的“借方科目”处填写“库存现金”或“银行存款”。

③填写日期（实际收款的日期）和凭证编号。

④在凭证内填写经济业务的摘要。

⑤在凭证内“贷方科目”栏填写与“库存现金”或“银行存款”对应的贷方科目。

⑥在“金额”栏填写金额。

⑦在凭证的右侧填写所附原始凭证的张数。

⑧在凭证的下方由相关责任人签字、盖章。

（2）付款凭证的填制。付款凭证是根据现金、银行存款减少的经济业务填制的。填制付款凭证的要求如下：

①由出纳人员根据审核无误的原始凭证填制，程序是先付款，后填凭证。

②在凭证左上方的“贷方科目”处填写“库存现金”或“银行存款”。

③填写日期（实际付款的日期）和凭证编号。

④在凭证内填写经济业务的摘要。

⑤在凭证内“借方科目”栏填写与“库存现金”或“银行存款”对应的借方科目。

⑥在“金额”栏填写金额。

⑦在凭证的右侧填写所附原始凭证的张数。

⑧在凭证的下方由相关责任人签字、盖章。

（3）转账凭证的填制。转账凭证是根据与现金、银行存款无关的经济业务填制的。填制转账凭证的要求如下：

①由会计人员根据审核无误的原始凭证填制。

②填写日期（一般情况下按收到原始凭证的日期填写；如果某类原始凭证有几份，涉及不同日期，可以按填制转账凭证的日期填写）和凭证编号。

③在凭证内填写经济业务的摘要。

④在凭证内填写经济业务涉及的全部会计科目，顺序是先借后贷。

⑤在“金额”栏填写金额。

⑥在凭证的右侧填写所附原始凭证的张数。

⑦在凭证的下方由相关责任人签字、盖章。

（4）通用记账凭证的填制。通用记账凭证的名称为“记账凭证”。它集收款、付款和转账凭证于一身，通用于收款、付款和转账等各种类型的经济业务。其填制方法与转账凭证相同。

下面分别举例说明收款凭证、付款凭证、转账凭证和通用记账凭证的填制。

【例 18-1】某企业 201×年 10 月 2 日收到蓝天公司偿还前欠货款 30 000 元，存入银行。根据经济业务的原始凭证填制的收款凭证如表 18-1 所示：

表 18-1　　**收款凭证**

借方科目：银行存款　　201×年 10 月 02 日　　银收字第 1 号

摘要	贷方总账科目	明细科目	借或贷	金额									
				千	百	十	万	千	百	十	元	角	分
收到蓝天公司前欠货款	应收账款	蓝天公司					3	0	0	0	0	0	0
合　计						¥	3	0	0	0	0	0	0

附单据壹张

财务主管：×××　　记账：×××　　出纳：×××　　审核：×××　　制单：×××

【例 18-2】某企业 201×年 10 月 15 日提取现金 39 600 元。根据这项经济业务的原始凭证填制的付款凭证如表 18-2 所示：

表 18-2　　**付款凭证**

贷方科目：银行存款　　201× 年 10 月 15 日　　银付字第 1 号

摘要	借方总账科目	明细科目	借或贷	金额									
				千	百	十	万	千	百	十	元	角	分
提取现金	库存现金						3	9	6	0	0	0	0
合　计						¥	3	9	6	0	0	0	0

附单据壹张

财务主管：×××　　记账：×××　　出纳：×××　　审核：×××　　制单：×××

【例 18-3】某企业 201×年 10 月 30 日销售甲产品 30 000 元（增值税暂不考虑）冲减美华公司的预收款。根据该项经济业务的原始凭证填制的转账凭证如表 18-3 所示：

表 18-3　　　　　　　　　　　　转账凭证

201×年 10 日 30 日　　　　　　　　　　转字第 1 号

摘要	总账科目	明细科目	√	借方金额										√	贷方金额								
				千	百	十	万	千	百	十	元	角	分		千	百	十	万	千	百	十	元	角	分
冲预收款	预收账款	美华公司					3	0	0	0	0	0	0											
	主营业务收入	甲产品																3	0	0	0	0	0	0
合　计						¥	3	0	0	0	0	0	0				¥	3	0	0	0	0	0	0

附单据壹张

【例 18-4】某企业 201×年 10 月 30 日分配本月工资总额 50 000 元，生产工人工资按实用工时分配，甲产品实用工时 20 000 小时，乙产品实用工时 30 000 小时（见表 18-4）。

表 18-4　　　　　　　　　　　　通用凭证

201×年 10 日 30 日　　　　　　　　　　总字第 11 号

摘要	总账科目	明细科目	√	借方金额										√	贷方金额								
				千	百	十	万	千	百	十	元	角	分		千	百	十	万	千	百	十	元	角	分
分配工资	生产成本	甲产品					2	0	0	0	0	0	0											
	生产成本	乙产品					3	0	0	0	0	0	0											
	应付职工薪酬																	5	0	0	0	0	0	0
合　计						¥	5	0	0	0	0	0	0				¥	5	0	0	0	0	0	0

附单据贰张

（二）记账凭证的审核

记账凭证编制以后，必须由专人进行审核，借以监督经济业务的真实性、合法性和合理性，并检查记账凭证的编制是否符合要求。特别要审核最初证明经济业务实际发生、完成的原始凭证。因此，对记账凭证的审核是一项严肃细致、政策性很强的工作。只有做好这项工作才能正确地发挥会计反映和监督的作用。记账凭证审核的基本内容包括以下几项：

1. 内容是否真实

审核记账凭证是否有原始凭证为依据，所附原始凭证的内容是否与记账凭证的内容一致，记账凭证汇总表的内容与其所依据的记账凭证的内容是否一致等。

2. 项目是否齐全

审核记账凭证各项目的填写是否齐全，如日期、凭证编号、摘要、金额、所附原始凭证张数及有关人员签章等。

3. 科目是否准确

审核记账凭证的应借、应贷科目是否正确，是否有明确的账户对应关系，所使用的会计科目是否符合国家统一的会计制度的规定等。

4. 金额是否正确

审核记账凭证所记录的金额与原始凭证的有关金额是否一致、计算是否正确，记账凭证汇总表的金额与记账凭证的金额合计是否相符等。

5. 书写是否规范

审核记账凭证中的记录是否文字工整、数字清晰，是否按规定进行更正等。

在审核过程中，如果发现不符合要求的地方，应要求有关人员采取正确的方法进行更正。只有经过审核无误的记账凭证，才能作为登记账簿的依据。

作业与思考

一、单项选择题

1. 在原始凭证上书写阿拉伯数字，错误的做法是（　　）。

A. 金额数字前书写货币币种符号

B. 币种符号与金额数字之间要留有空白

C. 币种符号与金额数字之间不得留有空白

D. 数字前写有币种符号的，数字后不再写货币单位

2. 不符合原始凭证基本要求的是（　　）。

A. 从个人取得的原始凭证，必须有填制人员的签名盖章

B. 原始凭证不得涂改、刮擦、挖补

C. 上级批准的经济合同，应作为原始凭证

D. 大写和小写金额必须相等

3. 在审核原始凭证时，对于内容不完整、填写有错误或手续不完备的原始凭证，应该（　　）。

A. 拒绝办理，并向本单位负责人报告

B. 予以抵制，对经办人员进行批评

C. 由会计人员重新编制或予以更正

D. 予以退回，要求更正、补充，以至重新编制

4. 原始凭证有错误的，正确的处理方法是（　　）。

A. 向单位负责人报告　　B. 退回，不予接受

C. 由出具单位重开或更正　　D. 本单位代为更正

5. 不符合原始凭证基本要求的是（　　）。

A. 从个人取得的原始凭证，必须有填制人员的签名盖章

B. 原始凭证不得涂改、刮擦、挖补

C. 上级批准的经济合同，应作为原始凭证

D. 大写和小写金额必须相等

6. 某单位会计部门第 8 号经济业务的一笔分录需填制两张记账凭证，则这两张凭证的编号为（　　）。

A. 8，9　　B. 9 1/2，9 2/2

C. 8 1/2，8 2/2　　D. 8 1/2，9 2/2

7. A 公司于 2003 年 10 月 12 日开出一张现金支票，对出票日期正确填写方法是（　　）。

A. 贰零零叁年壹拾月拾贰日　　B. 贰零零叁年零壹拾月壹拾贰日

C. 贰零零叁年拾月壹拾贰日　　D. 贰零零叁年零拾月壹拾贰日

8. 为了分清会计事项处理的先后顺序，便于记账凭证与会计账簿之间的核对，确保记账凭证的完整无缺，填制记账凭证时，应当（　　）。

A. 依据真实　　B. 日期正确　　C. 连续编号　　D. 简明扼要

二、多项选择题

1. 原始凭证的基本内容中包括（　　）。

A. 原始凭证的名称　　B. 接受原始凭证的单位名称

C. 经济业务的性质　　D. 原始凭证的附件

2. 原始凭证的填制要求包括（　　）。

A. 记录真实　　B. 内容完整　　C. 填制及时　　D. 书写清楚

3. 对原始凭证审核的内容包括（　　）。

A. 审核真实性　　B. 审核合理性

C. 审核及时性　　D. 审核完整性

4. 记账凭证必须具备的基本内容有（　　）。

A. 记账凭证的名称　　B. 填制日期和编号

C. 经济业务的简要说明　　D. 会计分录

5. 对记账凭证审核的要求有（　　）。

A. 内容是否真实　　B. 书写是否正确

C. 科目是否正确　　D. 金额是否正确

6. 在原始凭证上书写阿拉伯数字，正确的是（　　）。

A. 金额数字一律填写到角、分

B. 无角分的，角位和分位可写“00”或者符号“—”

C. 有角无分的，分位应当写“0”

D. 有角无分的，分位也可以用符号“—”代替

7. 下列说法正确的是（　　）。

A. 记账凭证上的日期指的是经济业务发生的日期

B. 对于涉及“库存现金”和“银行存款”之间的经济业务，一般只编制收款凭证

C. 出纳人员不能直接依据有关收、付款业务的原始凭证办理收、付款业务

D. 出纳人员必须根据经会计主管或其指定人员审核无误的收、付款凭证办理收、付款业务

8. 对原始凭证发生的错误，正确的更正方法是（　　）。

A. 由出具单位重开或更正

B. 由本单位的会计人员代为更正

C. 金额发生错误的，可由出具单位在原始凭证上更正

D. 金额发生错误的，应当由出具单位重开

三、判断题

1. 原始凭证上面可以不写明填制日期和接受凭证的单位名称。（　　）

2. 有关现金、银行存款收支业务的凭证，如果填写错误，不能在凭证上更改，应加盖作废戳记，重新填写，以免错收错付。（　　）

3. 自制原始凭证的填制，都应由会计人员填写，以保证原始凭证填制的正确性。（　　）

4. 原始凭证金额有错误的，应当由出具单位重开或更正，更正处应当加盖出具单位印章。（　　）

5. 各种凭证若填写错误，不得随意涂改、刮擦、挖补。（　　）

6. 原始凭证必须按规定的格式和内容逐项填写齐全，同时必须由经办业务的部门和人员签字盖章。（　　）

7. 会计凭证上填写的“人民币”字样或符号“¥”与汉字大写数字金额或阿拉伯金额数字之间应留有空白。（　　）

8. 记账凭证填制完经济业务事项后，如有空行，应当自金额栏最后一笔金额数字下的空行处至合计数上的空行处划线注销。（　　）

9. 对于真实、合法、合理但内容不够完善、填写有错误的原始凭证，应退回给有关经办人员，由其负责将有关凭证补充完整、更正错误或重开后，再办理正式会计手续。（　　）

10. 原始凭证是会计核算的原始资料和重要依据，是登记会计账簿的直接依据。（　　）

四、业务题

蓝天公司 2015 年 5 月 1 日~31 日发生的部分经济业务及有关的原始凭证如下：要求根据原始凭证填制记账凭证。

练习 1：5 月 1 日，蓝天公司从银行提取现金 2 000 元，以备零星开支（见图 18-1）。

中国工商银行现金支票存根

支票号码　2009623

科　　目　银行存款

对方科目　库存现金

出票日期　2015 年 5 月 1 日

收款人	李华
金　额	￥2 000.00
用　途	备用金
备　注	

单位主管：王强　　会计：张凡

图 18-1　现金支票存根

练习 2：5 月 8 日，蓝天公司从鞍山钢铁厂购入 40#圆钢一批，价款 200 000 元，增值税额 34 000 元，圆钢已验收入库（见图 18-2、表 18-5、表 18-6）。

表 18-5　**增值税专用发票**

开票日期：2015 年 5 月 8 日　　№003626

购货单位			
名　称	蓝天公司	纳税人登记号	54347896001
地址 电话	王家里 36 号	开户银行及账号	工商银行王家里办事处 265489111

商品或劳务名称	计量单位	数量	单价	金额										税率（%）	税额									
				千	百	十	万	千	百	十	元	角	分		千	百	十	万	千	百	十	元	角	分
40#圆钢		200	1 000			2	0	0	0	0	0	0	0	17				3	4	0	0	0	0	0
合　计					￥	2	0	0	0	0	0	0	0				￥	3	4	0	0	0	0	0
价税合计（大写）	×仟×佰贰拾叁万肆仟元整																							

销货单位			
名　称	鞍山钢铁厂	纳税登记号	25669856002
地址 电话	长安路 23 号	开户银行及账号	工商银行长安路办事处 236987444

第二联 发票联 购货方记账

收款人：许力　　开票单位：鞍山钢铁厂　　结算方式：转账

中国工商银行转账支票存根

支票号码　　2009623

科　　目　　银行存款

对方科目　　材料采购

出票日期　　2015 年 5 月 8 日

收款人	鞍山钢铁厂
金　额	¥234 000.00
用　途	购货
备　注	

单位主管：王强　　　　会计：张凡

图 18-2　转账支票存根

表 18-6

材料收料单

蓝天公司　　　　2015 年 5 月 8 日　　　　单位：元

材料名称	规格	单位	数量	单价	金额	发货单位	
圆钢	40#	吨	200	1 000	200 000.00	鞍山钢铁厂	
						合同号	450

财务主管：　张洁霞　　　供应科长：陈伟建　　　验收：王学　　　采购员：李一

练习 3：5 月 10 日，蓝天公司以现金购买办公用品（见表 18-7）。

表 18-7

××市商业零售企业统一发票

购货单位：蓝天公司　　　　2015 年 5 月 10 日　　　　№236548

品　名	规格	单位	数量	单价	金额								第二联 发票联
					十	万	千	百	十	元	角	分	
打印纸		箱	1	300				3	0	0	0	0	
合计金额（大写）人民币叁佰元整							¥	3	0	0	0	0	

单位盖章：　　　　　　　收款人：刘艳　　　　　制票人：王欣

练习4：5月20日，蓝天公司销售给明星工厂甲产品一批（见表18-8、表18-9）。

表18-8 ××省增值税专用发票

开票日期：2015年5月20日　　　№003625

购货单位	名　称	明星工厂	纳税人登记号	26968354441
	地址 电话	南湖路10号	开户银行及账号	工商银行建安支行698541233

商品或劳务名称	计量单位	数量	单价	金额 千	百	十	万	千	百	十	元	角	分	税率（%）	税额 千	百	十	万	千	百	十	元	角	分
甲产品	台	200	2 000			4	0	0	0	0	0	0	0	17				6	8	0	0	0	0	0
合　计					¥	4	0	0	0	0	0	0	0				¥	6	8	0	0	0	0	0
价税合计（大写）	×仟×佰肆拾陆万捌仟零佰零拾零元零角零分													¥468 000.00										

销货单位	名　称	蓝天公司	纳税登记号	54347896001
	地址 电话	王家里36号	开户银行及账号	工商银行王家里办事处265489111

第四联　销货方记账

收款人：李华　　开票单位：　　结算方式：转账

表18-9 中国工商银行进账单（收账通知）

2015年5月20日　　　第12号

收款人	全　称	蓝天公司	付款人	全　称	明星工厂
	账　号	265489111		账　号	698541233
	开户银行	工商银行王家里办事处		开户银行	工商银行建安支行

	千	百	十	万	千	百	十	元	角	分
人民币（大写）肆拾陆万捌仟元整		¥	4	6	8	0	0	0	0	0

票据种类	转账支票	收款人开户银行盖章
票据张数	1张	
单位主管　会计　复核　记账		

此联是银行交给收款人的回单

练习 5：5 月 25 日，销售部业务员刘成到上海参加商品展览会借差旅费出 3 000 元（见表 18-10）。

表 18-10

借 款 单

2015 年 5 月 25 日

借款人	刘成	部门	销售	职务	业务员
借款事由	参加商品展览会				
借款金额	人民币（大写）伍仟元整				¥3 000.00
出纳	××	经手	××		

练习 6：5 月 28 日，蓝天公司签发转账支票支付车间机器设备的修理费 1 500 元（见表 18-11、图 18-3）。

表 18-11

××市工业企业销售统一发票

单位：蓝天公司　　2015 年 5 月 28 日　　№5698723

品 名	规格	单位	数量	单价	金额 十	万	千	百	十	元	角	分
修理费		工时	30	50.00			1	5	0	0	0	0
合计金额（大写）人民币壹仟伍佰元整						¥	1	5	0	0	0	0

第二联 报销凭证

单位盖章：　　收款人：李梅　　制票人：王齐

中国工商银行转账支票存根

支票号码　3026587

科　　目　银行存款

对方科目　制造费用

出票日期　2014 年 5 月 28 日

收款人	宏发修理厂
金　额	¥1 500.00
用　途	机床修理费
备　注	

单位主管：王强　　会计：张凡

图 18-3　转账支票存根

第2节　登记账簿

一、会计账簿的设置和登记

按照用途的不同，会计账簿分为日记账、分类账和备查账。其中，备查账是一种辅助账簿，是对某些在日记账和分类账中未能记载的会计事项进行补充登记的账簿。它不是根据会计凭证登记，也没有固定的格式，因此本书只介绍日记账和分类账的格式和登记方法。

（一）日记账的格式和登记方法

日记账包括普通日记账和特种日记账，常见的特种日记账有现金日记账、银行存款日记账和转账日记账。普通日记账和转账日记账一般采用两栏式，由于它们很少使用，因此主要介绍现金日记账、银行存款日记账的格式和登记方法。

现金日记账、银行存款日记账的格式有三栏式和多栏式两种。

1. 三栏式

在三栏式日记账中设“借方金额”“贷方金额”和“余额”三个基本的金额栏目，一般将其分别称为“收入”“支出”和“结余”三个基本栏目。在金额栏与摘要栏之间常常插入“对方科目”专栏（见表18-12）。

表18-12　　三栏式现金（银行存款）日记账格式

现金（银行存款）日记账

第　页

年		凭证		摘要	对方科目	借方金额	贷方金额	余额
月	日	字	号					

2. 多栏式

在多栏式日记账中也包括三栏式中的“收入（借方）”“支出（贷方）”“余额”三个栏目，与三栏式日记账的区别是“对方科目”并不是设置在金额栏与摘要栏之间，而是设置在“收入（借方）”“支出（贷方）”栏内（见表18-13）。

说明：在实际工作中，如果要设多栏式现金日记账，一般常把现金收入业务和支出业务分设“现金收入日记账”和“现金支出日记账”两本账。其中，现金收入日记账按对应的贷方科目设置专栏，另设“支出合计”栏和“结余”栏；现金支出日记账则只按支出的对方科目设专栏，不设“收入合计”栏和“结余”栏。

表 18-13 多栏式现金（银行存款）日记账格式

现金（银行存款）日记账

第 页

年		凭证		摘要	结算凭证		收入					支出					余额
月	日	字	号		种类	号数	应贷科目				合计	应借科目				合计	

3. 登记方法

（1）先根据有关现金收入业务的记账凭证登记现金收入日记账，根据有关现金支出业务的记账凭证登记现金支出日记账。每日营业终了，根据现金支出日记账结计的支出合计数，一笔转入现金收入日记账的“支出合计”栏中，并结出当日余额。

（2）另外，还需要掌握下列内容：

①日期栏登记的是记账凭证的日期，即编制记账凭证的日期，而不是登记入账的日期。

②要做到日清月结。“日清”的含义是每日终了，应分别计算现金收入和支出的合计数并结出账面余额，同时将余额与出纳员的库存现金核对；应分别计算银行存款的收入和支出的合计数，计算出余额。“月结”的含义是月终要计算出现金收、付和结存的合计数，计算出银行存款全月收入、支出的合计数。

（二）分类账的格式和登记方法

1. 总分类账的格式和登记方法

（1）格式：总分类账最常用的格式为三栏式，设置“借方金额”“贷方金额”和“余额”三个基本金额栏目（见表 18-14）。

表 18-14 **总分类账格式**

总分类账

账户名称： 第 页

年		凭证		摘要	借方金额	贷方金额	借或贷	余额
月	日	字	号					

（2）登记方法：总分类账由相关会计人员根据审核无误的记账凭证逐笔登记，或通过一定的方式分次或者月终一次汇总登记。总分类账的登记方法取决于所采用的账务处理程序，会计主体采用的账务处理程序不同，登记总分类账的方法也就不同。它可以根据记账凭证逐笔登记，也可以根据经过汇总的科目汇总表或汇总记账凭证等登记。

2. 明细分类账的格式和登记方法

（1）明细分类账的格式。明细分类账的格式主要有三种：三栏式、多栏式、数量金额式。

①三栏式明细分类账。三栏式明细分类账采用借方、贷方以及余额的三栏式格式，这种格式适用于那些只需要进行金额核算而不需要进行数量核算的会计账户，如“应收账款”“应付账款”等会计账户。三栏式明细分类账格式如表 18-15 所示：

表 18-15 **三栏式明细分类账格式**

（总账账户名称）明细分类账

明细科目： 第 页

年		凭证		摘要	借方金额	贷方金额	借或贷	余额
月	日	字	号					

②多栏式明细分类账。多栏式明细分类账是为减少记账工作量和便于分析而设置的。多栏式明细分类账要求在一张账页内，记录某一账户所属的明细科目内容，并按该总账账户的各明细项目设置专栏，用来登记明细项目较多、借贷方向单一的经济业务。这种格式适用于只记金额、不记数量的情况，但需要了解各明细项目具体构成内

容的收入、费用、利润等会计账户，如“管理费用”“销售费用”“制造费用”“生产成本”“本年利润”等会计账户。其中，费用明细账一般按照借方设置专栏，若发生需要冲减有关费用的事项，可在明细账中用红字在借方进行登记。收入明细账一般按照贷方设置专栏，若发生需要冲减有关收入的事项，可在明细账中用红字在贷方进行登记。利润明细账一般按照借方和贷方分别设置专栏。以管理费用明细账为例，多栏式明细分类账格式一般如表 18-16 所示：

表 18-16 多栏式明细分类账格式

管理费用明细分类账

第 页

年		凭证		摘要	办公费	差旅费	招待费	其他	合计
月	日	字	号						

③数量金额式明细分类账。数量金额式明细分类账的账页在借方（收入）、贷方（支出）以及余额（结存）栏内，又分别设置数量、单价和金额三小栏，还在表格上段设置了一些必要的项目。这种格式适用于既要进行金额核算又要进行数量核算的会计账户，如“原材料”“库存商品”等会计账户。数量金额式明细分类账格式如表 18-17 所示：

表 18-17 数量金额式明细分类账格式

（总账账户名称）明细分类账

类别： 编号：

品名或规格： 存放地点：

储备定额： 计量单位：

年		凭证		摘要	收入			发出			结存		
月	日	字	号		数量	单价	金额	数量	单价	金额	数量	单价	金额

（2）明细分类账的登记。明细分类账分为三栏式明细分类账、多栏式明细分类账和数量金额式明细分类账三种，登记方法基本相同，只不过各自侧重记录的会计信息

不同而已。各种明细账的登记方法，应根据各会计主体经济业务量的大小、会计人员的多少、经济业务的内容以及经营管理的具体需要而定。

明细分类账通常由相关会计人员，根据有关原始凭证、原始凭证汇总表或者记账凭证逐笔进行登记，也可以根据上述凭证逐日或者定期汇总登记。

二、错账更正方法

在记账过程中，难免会有错误，首先要会发现错误，其次对于出现的错误要用会计的方法进行更正。

（一）会计错账的查找方法

1. 除二法

记账时很容易发生借贷方记反，简称“反向”。它有一个特定的规律就是错账差数一定是偶数，只要将差数用二除得到的商就是错账数。因此，称这种查账方法称为除二法，这是一种最常见且简便的查错账方法。

例如，某月资产负债表借贷的两方余额不平衡，其错账差数是 3 232. 24 元，这个差数是偶数，它就存在“反向”的可能。那么我们可以 3 232. 24÷2 = 1 616. 12 元，这样只要去查找 1 616. 12 元这笔账是否记账反向就是了。如错误差数是奇数，那就没有记账反向的可能，就不适用于“除二法”来查。

2. 除九法

在日常记账中常会发生前后两个数字颠倒、三个数字前后颠倒和数字移位。它们的共同特点是错账差数一定是九的倍数和差数每个数字之和也是九的倍数。因此，这类情况均可应用“除九法”来查找。

例如，将 81 误记为 18，则差数是 63，以 63÷9 = 7，那么错数前后两数之差肯定是 7，这样只要查 70、81、92 及其“倒数”就是了，无须在与此无关的数字中去查找。

3. 差数法

差数法是根据错账差数直接查找的方法。这种错误是因记账疏忽而漏记或重记一笔账，只要直接查找到差数的账就查到了。这类错账最容易发生在本期内同样数字的账发生了若干笔，这就容易发生漏记或重记。

例如，错账差数是 1 000 元，本期内发生 1 000 元的账有 10 笔，这就可以重复查找 1 000 元的账是否漏记或重记了。

4. 尾数法

对于发生的角、分的差错可以只查找小数部分，以提高查找差错的效率。

例如，试算平衡时，发现借方合计比贷方多 0. 26 元，可查找是否有尾数是 0. 26 元的业务有误的情况。

（二）会计错账的更正方法

1. 划线更正法

划线更正法适用于在结账之前发现账簿记录有文字或数字错误，而记账凭证没有错误。

更正时，可在错误的文字或数字上划一条红线。在红线的上方填写正确的文字或数字，并由记账人员在更正处盖章，以明确责任。应注意：更正时不得只划销个别数字，错误的数字必须全部划销，并保持原有数字清晰可辨，以便审查。例如，将 3 656.00 元误写为 6 356.00 元，应先在 6 356.00 上划一条红线以示注销，然后在其上方空白处填写正确的数字，而不能只将前两位数字更正为“36”。

2. 红字更正法

红字更正法适用于记账后发现记账凭证中的应借、应贷会计科目有错误，或者记账后会计科目无误，只是所记金额大于应记金额，从而引起记账错误。

（1）第一种会计科目错误的更正的方法是用红字填写一张与原记账凭证完全相同的记账凭证，以示注销原记账凭证，然后用蓝字填写一张正确的记账凭证，并据以记账。

例如，用现金支付车间办公费用 2 000 元，会计人员已编制记账凭证并过账。

借：管理费用　　2 000

　贷：库存现金　　2 000

显然，记账凭证编制会计科目发生了错误，对于这样的错误，应采用红字更正法进行更正，过程如下：

第一，先编制一张红字记账凭证，以冲销原账簿记录。

更正时按原记账凭证用红字编制一张记账凭证如下：

借：管理费用　　[2 000]

　贷：库存现金　　[2 000]

用红字进行过账，其中带方框数字表示用红字书写（下同）。

第二，编制一张正确的记账凭证并记账，会计分录如下：

借：制造费用　　2 000

　贷：库存现金　　2 000

应注意的是：不能编制相反的会计分录来更正上述错误，以免产生发生额虚增现象。因此，上例不能编制如下分录：

借：库存现金　　2 000

　贷：管理费用　　2 000

（2）第二种需要采用红字更正法的是按多记的金额用红字编制一张与原记账凭证应借、应贷科目完全相同的记账凭证，以冲销多记的金额，并据以记账。

例如，取备用金 6 000 元，会计人员已编制记账凭证并过账。

借：库存现金　　60 000

　贷：银行存款　　60 000

显然，记账凭证编制时金额多记了，对于这样的错误，应采用红字更正法进行更正，过程如下：

第一，先编制一张红字记账凭证，会计分录如下：

借：库存现金　　　　54 000

　贷：银行存款　　　　54 000

第二，用红字进行过账。同样不能编制反向会计分录来更正上述错误。

3. 补充登记法

补充登记法也称蓝字更正法，适用于记账后发现记账凭证和账簿记录中应借、应贷会计科目无误，只是所记金额小于应记金额。

更正时，按少记的金额编制一张与原记账凭证应借、应贷科目完全相同的记账凭证，以补充少记的金额，并据以记账。

例如，取备用金 6 000 元，会计人员已编制记账凭证并过账。

借：库存现金　　　　600

　贷：银行存款　　　　600

显然，记账凭证编制时，金额少记了，对于这样的错误，应采用补充登记法进行更正，过程如下：

编制一张蓝字记账凭证，将少记的金额补上。

借：库存现金　　　　5 400

　贷：银行存款　　　　5 400

然后，用蓝字进行过账。

三、对账和结账

（一）对账

对账是为了保证账簿记录的正确性，如实地反映和监督经济活动，为编制会计报表提供真实可靠的数据资料而进行的有关账项的核对工作。

对账包括三个方面的基本内容：账证核对、账账核对、账实核对。

1. 账证核对

账证核对是指账簿记录与记账凭证及其所附原始凭证的核对，目的是保证账证相符。主要是账簿记录与原始凭证、记账凭证的时间、凭证字号、记账内容、记账金额及记账方向等的核对。

2. 账账核对

账账核对是指不同账簿之间的核对，目的是保证账账相符。其具体内容如下：

（1）所有总账账户借方发生额合计与贷方发生额合计是否相符。

（2）所有总账账户借方余额合计与贷方余额合计是否相符。

（3）有关总账账户余额与其所属明细分类账余额合计是否相符。

（4）现金日记账和银行存款日记账的余额与其总账余额是否相符。

（5）会计部门有关财产物资明细余额与财产物资保管，使用部门的登记簿所记录的内容和金额是否相等。

3. 账实核对

账实核对是指各项财产物资账面余额与实有数额之间的核对。账实核对的目的是保证账实相符。账实核对主要是核对以下内容：

（1）现金日记账账面余额与库存现金数额是否相符。

（2）银行存款日记账账面余额与银行对账单余额是否相符。

（3）有关债权债务明细账账面余额与对方单位的账面记录是否相符。

（4）各项财产物资明细账余额与财产物资的实存数额是否相符。

（二）结账

结账是指将账簿记录定期结算清楚的账务工作。在一定时期终了时，即在月末、季末或年末时、为了编制会计报表，需要进行结账。企业因撤销、合并、重组等而办理账务交换时，也需要办理结账。结账需要结算各种收入、费用账户，并据以计算确定本期利润；同时，结算各种资产、负债和所有者权益账户，分别结出本期发生额合计和余额。

1. 结账的程序

（1）将本期发生的经济业务全部登记入账，并保证其正确性。结账工作既不能提前，也不能延迟。

（2）根据权责发生制的要求，调整有关账项，合理确定本期应计的收入和应计的费用。本期内所有的转账业务，应编制记账凭证记入有关账簿，以调整账簿记录。例如，制造费用的分配、完工产品成本的结转等都应编制记账凭证，并登记入账。

（3）将有关收入、费用转入“本年利润”账户。结平所有损益类账户，如将“主营业务收入”“主营业务成本”结转至“本年利润”。

（4）结算出资产、负债和所有者权益账户的本期发生额和余额，并结转下期。

2. 结账的方法

（1）对不需要按月结计本期发生额的账户，如各项应收、应付款明细账和各项财产物资明细账等，每次记账以后，都要随时结出余额，每月最后一笔余额即为月末余额。也就是说，月末余额就是本月最后一笔经济业务记录的同一行内余额。月末结账时，只需要在最后一笔经济业务记录下通栏划红单线，不需要再结计一次余额。

（2）现金、银行存款日记账和需要按月结计发生额的收入、费用等明细账，每月结账时，要在最后一笔经济业务记录下面通栏划红线，结出本月发生额和余额，在摘要栏内注明“本月合计”字样，在下面通栏划红单线。

（3）需要结计本年累计发生额的某些明细账户，每月结账时，应在“本月合计”行下结出自年初起至本月末止的累计发生额，登记在月份发生额下面，在摘要栏内注明“本年累计”字样，并在下面通栏划红单线。12 月末的“本年累计”就是全年累计发生额，全年累计发生额下通栏划红双线。

(4) 总账账户平时只需要结出月末余额。年终结账时，为了总括地反映全年各项资金运动情况的全貌，核对账目，要将所有总账账户结出全年发生额和年末余额，在摘要栏内注明“本年合计”字样，并在合计数下通栏划红双线。年度终了结账时，有余额的账户，要将其余额结转下年。即将有余额的账户的余额直接记入新账余额栏内，不需要编制记账凭证。也不必将余额再记入本年账户的借方或贷方，使本年有余额的账户余额变为零。

作业与思考

一、单项选择题

1. 下列应该使用多栏式账簿的是（　　）。

A. 应收账款明细账　　B. 管理费用明细账
C. 库存商品　　D. 原材料

2. 收入费用明细账一般适用（　　）。

A. 多栏式明细账　　B. 三栏式明细账
C. 数量金额式明细账　　D. 平行式明细账

3. 登记账簿的依据是（　　）。

A. 经济合同　　B. 原始凭证
C. 审核无误的记账凭证　　D. 会计分录

4. 数量金额式明细账一般适用于（　　）。

A.“应收账款”账户　　B.“库存商品”账户
C.“制造费用”账户　　D.“固定资产”账户

5. 发现记账凭证所用账户正确，但所填金额大于应记金额，并已过账，应采用（　　）更正错账。

A. 红字更正法　　B. 补充登记法
C. 划线更正法　　D. 平行登记法

6. 登记日记账的方式是按照经济业务发生的时间先后顺序进行（　　）。

A. 逐日逐笔登记　　B. 逐日汇总登记
C. 逐笔定期登记　　D. 定期汇总登记

7. 记账以后，如发现记账错误是由于记账凭证所列会计科目有误引起的，应采用（　　）进行错账更正。

A. 划线更正法　　B. 红字更正法
C. 补充更正法　　D. 转账更正法

8. 目前实际工作中使用的现金日记账、银行存款日记账属于（　　）。

A. 特种日记账　　B. 普通日记账

C. 专栏日记账　　D. 分录簿

9. 会计人员在填制记账凭证时，将 650 元错记为 560 元，并且已登记入账，月末结账时发现此笔错账，更正时应采用的便捷方法是（　　）。

A. 划线更正法　　B. 红字更正法

C. 补充登记法　　D. 核对账目的方法

10. 登记账簿时，正确的做法是（　　）。

A. 文字或数字的书写必须占满格

B. 书写可以使用蓝黑墨水、圆珠笔或铅笔

C. 用红字冲销错误记录

D. 发生的空行、空页一定要补充书写

二、多项选择题

1. 在账簿记录中，红笔只能适用于（　　）。

A. 错账更正　　B. 冲账　　C. 结账　　D. 登账

2. 对账包括的主要内容有（　　）。

A. 账账核对　　B. 账证核对　　C. 账表核对　　D. 账实核对

3. 三栏式明细账格式适用于（　　）。

A. "应收账款"明细账　　B. "生产成本"明细账

C. "应付账款"明细账　　D. "制造费用"明细账

4. "红字更正法"适用于（　　）。

A. 记账前，发现记账凭证上的文字或数字有误

B. 记账后，发现原记账凭证上应借、应贷科目填错

C. 记账后，发现原记账凭证上所填金额小于应填金额

D. 记账后，发现原记账凭证上所填金额大于应填金额

5. 在下列情况中，可采用划线更正法的是（　　）。

A. 在结账前，发现记账凭证无误，但登账时金额有笔误

B. 结账时，计算的期末余额有错误

C. 发现记账凭证金额错误，并已登记入账

D. 发现记账凭证金额错误，原始凭证无误，记账凭证尚未登记入账

三、判断题

1. 在结账前，若发现登记的记账凭证科目有错误，必须用划线更正法予更正。（　　）

2. 总分类账和明细分类账都是根据记账凭证逐笔登记的。（　　）

3. 在结账前若发现账簿记录有错而记账凭证无错，即过账笔误或账簿数字计算有

错误，可用划线更正法进行更正。 ( )

4. 账簿可以定期为编制会计报表提供资料。 ( )

5. 记账凭证借贷科目用错，并已登记入账，可用划线更正法。 ( )

6. 现金日记账应由出纳人员根据审核无误的有关收、付款凭证序时逐笔登记。 ( )

7. 企业银行存款日记账与银行对账单核对，是属于账账核对的内容。 ( )

8. 总账只进行金额核算，提供价值指标，不提供实物指标；明细账有的只提供价值指标，有的既提供价值指标，又提供实物指标。 ( )

四、简答题

1. 错账的更正方法有哪些？各自适用于什么条件？

2. 简述对账工作的基本内容。

五、业务题

练习错账的更正方法。

资料：东方公司 2015 年 8 月发生以下错账：

(1) 8 日，管理人员张一出差，预借差旅费 1 000 元，用现金支付，原记账凭证的会计分录为：

借：管理费用 1 000

　贷：库存现金 1 000

并已登记入账。

(2) 18 日，该公司用银行存款支付前欠 A 公司货款 11 700 元，原记账凭证会计分录为：

借：应付账款——A 公司 11 700

　贷：银行存款 11 700

会计人员在登记“应付账款”账户时，将“11 700”元误写为“1 170”元。

(3) 30 日，该公司计算本月应纳所得税 34 000 元，原记账凭证会计分录为：

借：所得税费用 3 400

　贷：应交税费 3 400

并已登记入账。

要求：(1) 说明以上错账应采用的更正方法。

(2) 对错账进行更正。

第 3 节　编制报表

一、资产负债表的编制

（一）资产负债表的编制原理

资产负债表的编制原理是“资产 = 负债+所有者权益”会计恒等式。资产负债表既是一张平衡报表，反映资产总计（左方）与负债及所有者权益总计（右方）相等；又是一张静态报表，反映企业在某一时点的财务状况，如月末或年末。通过在资产负债表上设立“年初数”和“期末数”栏，也能反映出企业财务状况的变动情况。

财务报表的编制基本上都是通过对日常会计核算记录的数据加以归集、整理来实现的。为了提供比较信息，资产负债表的各项目均需填列“年初余额”和“期末余额”两栏数字。其中，“年初余额”栏内各项目的数字，可根据上年年末资产负债表“期末余额”栏相应项目的数字填列。如果本年度资产负债表规定的各个项目的名称和内容与上年度不相一致，应当对上年年末资产负债表各个项目的名称和数字按照本年度的规定进行调整。

资产负债表各项目的填列方法如下：

（1）“货币资金”项目反映企业库存现金、银行结算户存款、外埠存款、银行汇票存款、银行本票存款、信用卡存款、信用证保证金存款等的合计数。本项目应根据“库存现金”“银行存款”“其他货币资金”科目的期末余额合计数填列。

（2）“交易性金融资产”项目反映企业为交易目的所持有的债券投资、股票投资、基金投资等交易性金融资产的公允价值。本项目应根据“交易性金融资产”科目的期末余额填列。

（3）“应收票据”项目反映企业收到的未到期收款也未向银行贴现的应收票据，包括商业承兑汇票和银行承兑汇票。本项目应根据“应收票据”科目的期末余额填列。已向银行贴现和已背书转让的应收票据不包括在本项目内，其中已贴现的商业承兑汇票应在会计报表附注中单独披露。

（4）“应收账款”项目反映企业因销售商品、产品和提供劳务等而应向购买单位收取的各种款项，减去已计提的坏账准备后的净额。本项目应根据“应收账款”科目所属各明细科目的期末借方余额合计数，减去“坏账准备”科目中有关应收账款计提的坏账准备期末余额后的金额填列。如“应收账款”科目所属明细科目期末有贷方余额，应在资产负债表“预收账款”项目内填列。

（5）“应收股利”项目反映企业因股权投资而应收取的现金股利，企业应收其他单位的利润也包括在本项目内。本项目应根据“应收股利”科目的期末余额填列。

（6）“应收利息”项目反映企业因债权投资而应收取的利息。企业购入到期还本付息债券应收的利息，不包括在本项目内。本项目应根据“应收利息”科目的期末余额填列。

（7）“其他应收款”项目反映企业对其他单位和个人的应收和暂付的款项，减去已计提的坏账准备后的净额。本项目应根据“其他应收款”科目的期末余额，减去“坏账准备”科目中有关其他应收款计提的坏账准备期末余额后的金额填列。

（8）“预付款项”项目反映企业预付给供应单位的款项。本项目应根据“预付账款”科目所属各明细科目的期末借方余额合计填列。如“预付账款”科目所属有关明细科目期末有贷方余额的，应在资产负债表“应付账款”项目内填列。如“应付账款”科目所属明细科目有借方余额的，也应包括在本项目内。

（9）“存货”项目反映企业期末在库、在途和在加工中的各项存货的可变现净值，包括各种材料、商品、在产品、半成品、包装物、低值易耗品、分期收款发出商品、委托代销商品、受托代销商品等。本项目应根据“物资采购”“原材料”“低值易耗品”“自制半成品”“库存商品”“包装物”“分期收款发出商品”“委托加工物资”“委托代销商品”“受托代销商品”“生产成本”等科目的期末余额合计减去“代销商品款”“存货跌价准备”科目期末余额后的金额填列。材料采用计划成本核算以及库存商品采用计划成本或售价核算的企业，还应按加或减材料成本差异、商品进销差价后的金额填列。

（10）“一年内到期的非流动资产”项目反映企业将于一年内到期的非流动资产。本项目应根据有关科目的期末余额分析计算填列。

（11）“其他流动资产”项目反映企业除以上流动资产项目外的其他流动资产，本项目应根据有关科目的期末余额填列。如其他流动资产价值较大的，应在会计报表附注中披露其内容和金额。

（12）“可供出售金融资产”项目反映企业持有的划分为可供出售金融资产的证券。本项目根据“可供出售金融资产”科目的期末余额填列。

（13）“持有至到期投资”项目反映企业持有的划分为持有至到期投资的证券。本项目应根据“持有至到期投资”科目的期末余额减去“持有至到期投资减值准备”科目的期末余额后填列。

（14）“投资性房地产”项目反映企业持有的投资性房地产。本项目应根据“投资性房地产”科目的期末余额减去“投资性房地产累计折旧”“投资性房地产减值准备”所属有关明细科目期末余额后的金额分析计算填列。

（15）“长期股权投资”项目反映企业不准备在1年内（含1年）变现的各种股权性质的投资的可收回金额。本项目应根据“长期股权投资”科目的期末余额减去“长期投资减值准备”科目中有关股权投资减值准备期末余额后的金额填列。

（16）“长期应收款”项目反映企业持有的长期应收款的可收回金额。本项目应根据“长期应收款”科目的期末余额减去“坏账准备”科目所属相关明细科目期末余额再减去“未确认融资收益”科目期末余额后的金额分析计算填列。

（17）“固定资产”项目反映企业的固定资产可收回金额。本项目应根据“固定资产”科目的期末余额减去“累计折旧”“固定资产减值准备”科目期末余额后的金额填列。

（18）“在建工程”项目反映企业期末各项未完工程的实际支出，包括交付安装的设备价值、未完建筑安装工程已经耗用的材料、工资和费用支出、预付出包工程的价款、已经建筑安转完毕但尚未交付使用的工程等的可收回金额。本项目应根据“在建工程”科目的期末余额填列。

（19）“工程物资”项目反映企业各项工程尚未使用的工程物资的实际成本。本项目应根据“工程物资”科目的期末余额填列。

（20）“在建工程”项目反映企业期末各项未完工程的实际支出，包括交付安装的设备价值、未完建筑安装工程已经耗用的材料、工资和费用支出、预付出包工程的价款、已经建筑安装完毕但尚未交付使用的工程等的可收回金额。本项目应根据“在建工程”科目的期末余额减去“在建工程减值准备”科目期末余额后的金额填列。

（21）“固定资产清理”项目反映企业因出售、毁损、报废等原因转入清理但尚未清理完毕的固定资产的账面价值以及固定资产清理过程中所发生的清理费用和变价收入等各项金额的差额。本项目应根据“固定资产清理”科目的期末借方余额填列，如“固定资产清理”科目期末为贷方余额，以“-”号填列。

（22）“无形资产”项目反映企业各项无形资产的期末可收回金额。本项目应根据“无形资产”科目的期末余额减去“累计摊销”“无形资产减值准备”科目期末余额后的金额填列。

（23）“递延所得税资产”项目反映企业确认的递延所得税资产。本项目应根据“递延所得税资产”科目期末余额分析填列。

（24）“其他非流动资产”项目反映企业除以上资产以外的其他长期资产。本项目应根据有关科目的期末余额填列。如其他长期资产价值较大的，应在会计报表附注中披露其内容和金额。

（25）“短期借款”项目反映企业借入尚未归还的 1 年期以下（含 1 年）的借款。本项目应根据“短期借款”科目的期末余额填列。

（26）“交易性金融负债”项目反映企业为交易而发生的金融负债，包括以公允价值计量且其变动计入当期损益的金融负债。本项目应根据“交易性金融负债”等科目的期末余额分析填列。

（27）“应付票据”项目反映企业为了抵付货款等而开出、承兑的尚未到期付款的应付票据，包括银行承兑汇票和商业承兑汇票。本项目应根据“应付票据”科目的期末余额填列。

（28）“应付账款”项目反映企业购买原材料、商品和接受劳务供应等而应付给供应单位的款项。本项目应根据“应付账款”科目所属各有关明细科目的期末贷方余额合计填列。如“应付账款”科目所属各明细科目期末有借方余额，应在资产负债表“预付账款”项目内填列。

（29）“预收款项”项目反映企业预收购买单位的账款。本项目应根据“预收账款”科目所属各有关明细科目的期末贷方余额合计填列。如“预收账款”科目所属有关明细科目有借方余额的，应在资产负债表“应收账款”项目内填列；如“应收账款”科目所属明细科目有贷方余额的，也应包括在本项目内。

（30）“应付职工薪酬”项目反映企业应付未付的职工薪酬。本项目应根据“应付职工薪酬”科目期末贷方余额填列。如“应付职工薪酬”科目期末为借方余额，以“-”号填列。

（31）“应交税费”项目反映企业期末未纳、多纳或未抵扣的各种税费。本项目应根据“应交税费”科目的期末贷方余额填列。如“应交税费”科目期末为借方余额，以“-”号填列。

（32）“应付利息”项目反映企业应付未付的利息。本项目应根据“应付利息”科目的期末贷方余额填列。

（33）“应付股利”项目反映企业尚未支付的现金股利。本项目应根据“应付股利”科目的期末余额填列。

（34）“其他应付款”项目反映企业所有应付和暂收其他单位和个人的款项。本项目应根据“其他应付款”科目的期末余额填列。

（35）“预计负债”项目反映企业预计负债的期末余额。本项目应根据“预计负债”科目的期末余额填列。

（36）“一年内到期的非流动负债”项目反映企业承担的将于一年内到期的非流动负债。本项目应根据有关非流动负债科目的期末余额分析计算填列。

（37）“其他流动负债”项目反映企业除以上流动负债以外的其他流动负债。本项目应根据有关科目的期末余额填列，如“待转资产价值”科目的期末余额可在本项目内反映。其他流动负债价值较大的，应在会计报表附注中披露其内容及金额。

（38）“长期借款”项目反映企业借入尚未归还的1年期以上（不含1年）的借款本息。本项目应根据“长期借款”科目的期末余额填列。

（39）“应付债券”项目反映企业发行的尚未偿还的各种长期债券的本息。本项目应根据“应付债券”科目的期末余额填列。

（40）“长期应付款”项目反映企业除长期借款和应付债券以外的其他各种长期应付款。本项目应根据“长期应付款”科目的期末余额，减去“未确认融资费用”科目期末余额后的金额填列。

（41）“递延所得税负债”项目反映企业确认的递延所得税负债。本项目应根据“递延所得税负债”科目期末余额分析填列

（42）“其他流动负债”项目反映企业除以上负非流动债项目以外的其他非流动负

债。本项目应根据有关科目的期末余额填列。如其他非流动负债价值较大的，应在会计报表附注中披露其内容和金额。

（43）“实收资本（或股本）”项目反映企业各投资者实际投入的资本（或股本）总额。本项目应根据“实收资本”（或“股本”）科目的期末余额填列。

（44）“资本公积”项目反映企业资本公积的期末余额。本项目应根据“资本公积”科目的期末余额填列。

（45）“盈余公积”项目反映企业盈余公积的期末余额。本项目应根据“盈余公积”科目的期末余额填列。

（46）“未分配利润”项目，反映企业尚未分配的利润。本项目应根据“本年利润”科目和“利润分配”科目的余额计算填列。未弥补的亏损，在本项目内以“-”号填列。

（二）资产负债表的编制举例

从上述具体项目的填列方法分析，可将其归纳为以下四种：

1. 根据总账账户期末余额直接填列

资产负债表中大部分项目的“期末余额”可以根据有关总账账户的期末余额直接填列，如“交易性金融资产”“应收票据”“固定资产清理”“工程物资”“递延所得税资产”“短期借款”“交易性金融负债”“应付票据”“应付职工薪酬”“应交税费”“递延所得税负债”“预计负债”“实收资本”“资本公积”“盈余公积”等项目。这些项目中，“应交税费”等负债项目，如果其相应账户出现借方余额，应以“-”号填列；“固定资产清理”等资产项目，如果其相应的账户出现贷方余额，也应以“-”号填列。

2. 根据总账账户期末余额计算填列

资产负债表中一部分项目的“期末余额”需要根据有关总账账户的期末余额计算填列。

（1）“货币资金”项目应根据“库存现金”“银行存款”和“其他货币资金”等账户的期末余额合计填列。

（2）“未分配利润”项目应根据“本年利润”账户和“利润分配”账户的期末余额计算填列。如为未弥补亏损，则在本项目内以“-”号填列，年末结账后，“本年利润”账户已无余额，“未分配利润”项目应根据“利润分配”账户的年末余额直接填列，贷方余额以正数填列，如为借方余额，应以“-”号填列。

（3）“存货”项目应根据“材料采购（或在途物资）”“原材料”“周转材料”“库存商品”“委托加工物资”“生产成本”等账户的期末余额之和减去“存货跌价准备”账户期末余额后的金额填列。

（4）“固定资产”项目应根据“固定资产”账户的期末余额减去“累计折旧”“固定资产减值准备”账户期末余额后的净额填列。

（5）“无形资产”项目应根据“无形资产”账户的期末余额减去“累计摊销”“无形资产减值准备”账户期末余额后的净额填列。

（6）“在建工程”“长期股权投资”和“持有至到期投资”项目均应根据其相应总账账户的期末余额减去其相应减值准备后的净额填列。

（7）“长期待摊费用”项目应根据“长期待摊费用”账户期末余额扣除其中将于一年内摊销的数额后的金额填列。将于一年内摊销的数额填列在“一年内到期的非流动资产”项目内。

（8）“长期借款”和“应付债券”项目应根据“长期借款”和“应付债券”账户的期末余额扣除其中在资产负债表日起一年内到期、企业不能自主地将清偿义务展期的部分后的金额填列。在资产负债表日起一年内到期、企业不能自主地将清偿义务展期的部分在流动负债类的“一年内到期的非流动负债”项目内反映。

3. 根据明细账户期末余额分析计算填列

资产负债表中一部分项目的“期末余额”需要根据有关明细账户的期末余额分析计算填列。

（1）“应收账款”项目应根据“应收账款”账户和“预收账款”账户所属明细账户的期末借方余额合计数减去“坏账准备”账户中有关应收账款计提的坏账准备期末余额后的金额填列。

（2）“预付款项”项目应根据“预付账款”账户和“应付账款”账户所属明细账户的期末借方余额合计数减去“坏账准备”账户中有关预付款项计提的坏账准备期末余额后的金额填列。

（3）“应付账款”项目应根据“应付账款”账户和“预付账款”账户所属明细账户的期末贷方余额合计数填列。

（4）“预收款项”项目应根据“预收账款”账户和“应收账款”账户所属明细账户的期末贷方余额合计数填列。

（5）“应收票据”“应收股利”“应收利息”“其他应收款”项目应根据各相应账户的期末余额减去“坏账准备”账户中相应各项目计提的坏账准备期末余额后的金额填列。

4. 资产负债表附注的内容

资产负债表附注的内容根据实际需要和有关备查账簿等的记录分析填列。如或有负债披露方面，按照备查账簿中记录的商业承兑汇票贴现情况，填列“已贴现的商业承兑汇票”项目。

下面举例说明一般企业资产负债表某些项目的编制方法。

【例 18-5】甲公司 2015 年年末有关科目资料如表 18-18 所示：

表 18-18　　　　甲公司 2015 年 12 月 31 日有关账户余额表

账户名称	借方余额	贷方余额	账户名称	借方余额	贷方余额
库存现金	70 000		短期借款		235 000
银行存款	250 000		应付票据		220 000
其他货币资金	205 000		应付账款		500 000
交易性金融资产	25 000		预收账款		20 000
应收票据	35 000		应付职工薪酬		135 000
应收股利	35 000		应付股利		120 000
应收利息	10 000		应交税费		45 000
应收账款	356 000		其他应付款		35 000
坏账准备		6 000	长期借款		500 000
预付账款	60 000		实收资本		1 500 000
其他应收款	10 000		资本公积		89 000
原材料	350 000		盈余公积		256 000
库存商品	165 000		利润分配		125 000
生产成本	185 000				
可供出售金融资产	350 000				
长期股权投资	140 000				
长期股权投资减值准备		20 000			
固定资产	2 000 000				
累计折旧		650 000			
在建工程	120 000				
无形资产	90 000				
	4 456 000	676 000			3 780 000

说明：以上资料中有三个账户，经查明应在列表时按规定予以调整：在“应收账款”账户中有明细账贷方余额 10 000 元；在“应付账款”账户中有明细账借方余额 20 000 元；在“预付账款”账户中有明细账贷方余额 5 000 元。

现将上述资料经归纳分析后填入资产负债表如下：

（1）将“库存现金”“银行存款”“其他货币资金”科目余额合并列入货币资金项目（70 000+250 000+205 000=525 000），共计 525 000 元。

（2）将“坏账准备”项目 6 000 元从“应收账款”项目中减去；将应收账款明细账中的贷方余额 10 000 元列入“预收账款”项目。计算结果，“应收账款”项目的账面价值为 360 000 元（356 000−6 000+10 000=360 000）；“预收账款”项目为 30 000 元（20 000+10 000=30 000）。

（3）将应付账款明细账中的借方余额 20 000 元列入“预付账款”项目；将预付账款账户明细账中的贷方余额 5 000 元列入“应付账款”项目。计算结果，“预付账款”项目的余额为 85 000 元（60 000+20 000+5 000=85 000），“应付账款”项目的余额为 525 000 元（500 000+20 000+5 000=525 000）。

（4）将“原材料”“库存商品”“生产成本”及其他存货账户余额合并为“存货”

项目（350 000+165 000+185 000=700 000），共计 700 000 元。

（5）从“长期股权投资”账户中减去“长期股权投资减值准备”20 000 元，“长期股权投资”项目的余额为 120 000 元（140 000-20 000=120 000）。

（6）其余各项目按账户余额表数字直接填入报表。

现试编该甲公司资产负债表如表 18-19 所示：

表 18-19　　资产负债表

编制单位：甲公司　　2015 年 12 月 31 日　　单位：元

资产	期末余额	年初余额	负债和所有者权益	期末余额	年初余额
流动资产：	（略）		流动负债：	（略）	
货币资金	525 000		短期借款	235 000	
交易性金融资产	25 000		交易性金融负债	0	
应收票据	35 000		应付票据	220 000	
应收账款	360 000		应付账款	525 000	
预付账款	85 000		预收账款	30 000	
应收利息	10 000		应付职工薪酬	135 000	
应收股利	35 000		应交税费	45 000	
其他应收款	10 000		应付利息	0	
存货	700 000		应付股利	120 000	
一年内到期的非流动资产	0		其他应付款	35 000	
其他流动资产	0		一年内到期的非流动负债	0	
流动资产合计	1 785 000		其他流动负债	0	
非流动资产：			流动负债合计	1 345 000	
可供出售金融资产	350 000		非流动负债：		
持有至到期投资	0		长期借款	500 000	
长期应收款	0		应付债券		
长期股权投资	120 000		长期应付款		
投资性房地产	0		专项应付款		
固定资产	1 350 000		预计负债		
在建工程	120 000		递延所得税负债		
工程物资	0		其他非流动负债		
固定资产清理	0		非流动负债合计	500 000	
无形资产	90 000		负债合计	1 845 000	
商誉	0		所有者权益：		
长期待摊费用	0		实收资本	1 500 000	
递延所得税资产	0		资本公积	89 000	
其他非流动资产	0		盈余公积	256 000	
非流动资产合计	2 030 000		未分配利润	125 000	
			所有者权益合计	1 970 000	
资产总计	3 815 000		负债及所有者权益总计	3 815 000	

二、利润表的编制

在生产经营中，企业不断地发生各种费用支出，同时取得各种收入，收入减去费用，剩余的部分就是企业的盈利；取得的收入和发生的相关费用的对比情况就是企业的经营成果。如果企业经营不当，发生的生产经营费用超过取得的收入，企业就发生了亏损；反之企业就能取得一定的利润。会计部门应定期（一般按月份）核算企业的经营成果，并将核算结果编制成报表，这就形成了利润表。

利润表编制的原理是“收入-费用=利润”的会计平衡公式和收入与费用的配比原则。

（一）我国企业利润表的主要编制步骤和内容

第一步，以营业收入为基础，减去营业成本、营业税金及附加、销售费用、管理费用、财务费用、资产减值损失，加上公允价值变动收益（减去公允价值变动损失）和投资收益（减去投资损失），计算出营业利润。

第二步，以营业利润为基础，加上营业外收入，减去营业外支出，计算出利润总额。

第三步，以利润总额为基础，减去所得税费用，计算出净利润（或净亏损）。

（二）利润表中“本期金额”“上期金额”

根据《企业财务会计报告条例》的规定，年度、半年度会计报表至少应当反映两个年度或者相关两个期间的比较数据。

利润表中各项目均需填列“上期金额”和“本期金额”两栏。其中“上期金额”栏内各项数字应根据上年该期利润表的“本期金额”栏内所列数字填列；“本期金额”栏内各期数字，除“基本每股收益”和“稀释每股收益”项目外，应当按照相关科目的发生额分析填列。

（三）利润表中具体各项目的填列方法

利润表中的各个项目都是根据有关会计科目记录的本期实际发生数和累计发生数分别填列的。

（1）“营业收入”项目反映企业经营活动所取得的收入总额。本项目应根据“主营业务收入”“其他业务收入”等科目的发生额分析填列。

（2）“营业成本”项目反映企业经营活动发生的实际成本。本项目应根据“主营业务成本”“其他业务成本”等科目的发生额分析填列。

（3）“营业税金及附加”项目反映企业经营活动应负担的营业税、消费税、城市维护建设税、资源税、土地增值税和教育费附加等。本项目应根据“营业税金及附加”科目的发生额分析填列。

（4）“销售费用”项目反映企业在销售商品和商品流通企业在购入商品等过程中发生的费用。本项目应根据“营业费用”科目的发生额分析填列。

（5）“管理费用”项目反映企业发生的管理费用。本项目应根据“管理费用”科目的发生额分析填列。

（6）“财务费用”项目反映企业发生的财务费用。本项目应根据“财务费用”科目的发生额分析填列。

（7）“资产减值损失”项目反映企业确认的资产减值损失。本项目应根据“资产减值损失”科目的发生额分析填列。

（8）“公允价值变动损益”项目反映企业确认的交易性金融资产或交易性金融负债的公允价值变动额。本项目应根据“公允价值变动损益”科目的发生额分析填列。

（9）“投资收益”项目反映企业以各种方式对外投资所取得的收益。本项目应根据“投资收益”科目的发生额分析填列；如为投资损失，以“-”号填列。

（10）“营业外收入”项目和“营业外支出”项目反映企业发生的与其生产经营无直接关系的各项收入和支出。这两个项目应分别根据“营业外收入”科目和“营业外支出”科目的发生额分析填列。

（11）“利润总额”项目反映企业实现的利润总额。如为亏损总额，以“-”号填列。

（12）“所得税费用”项目反映企业按规定从本期损益中减去的所得税。本项目应根据“所得税费用”科目的发生额分析填列。

（13）“净利润”项目反映企业实现的净利润。如为净亏损，以“-”号填列。

报表中的“本月数”应根据各有关会计科目的本期发生额直接填列；“本年累计数”反映各项目自年初起到本报告期止的累计发生额，应根据上月“利润表”的累计数加上本月“利润表”的本月数之和填列。年度“利润表”的“本月数”栏改为“上年数”栏时，应根据上年“利润表”的数字填列。如果上年“利润表”和本年“利润表”的项目名称和内容不相一致，应将上年的报表项目名称和数字按本年度的规定进行调整，然后填入“上年数”栏。

（四）利润表编制方法举例

从上述具体项目的填列方法分析，利润表的填列方法可归纳为以下两种：

（1）根据账户的发生额分析填列。利润表中的大部分项目都可以根据账户的发生额分析填列，如销售费用、营业税金及附加、管理费用、财务费用、营业外收入、营业外支出、所得税费用等。

（2）根据报表项目之间的关系计算填列。利润表中的某些项目需要根据项目之间的关系计算填列，如营业利润、利润总额、净利润等。

下面举例说明一般企业利润表的编制方法。

【例 18-6】甲公司 2015 年度利润表有关科目的累计发生额，如表 18-20 所示：

表 18-20 **利润表有关科目累计发生额**

甲公司 2015 年 单位：元

科目名称	借方发生额	贷方发生额
主营业务收入		12 500 000
其他业务收入		230 000
投资收益		3 200 000
营业外收入		2 850 000
主营业务成本	8 500 000	
营业税金及附加	550 000	
其他业务成本	0	
销售费用	200 000	
管理费用	1 050 000	
财务费用	1 000 000	
资产减值损失	20 000	
营业外支出	2 000 000	
所得税费用	1 800 000	

根据以上账户记录，编制甲公司 2015 年度利润表，如表 18-21 所示：

表 18-21 **利润表**

编报单位：甲公司 2015 年 12 月 单位：元

项目	本年累计数	上年数
一、营业收入	12 730 000	（略）
减：营业成本	8 500 000	
营业税金及附加	550 000	
销售费用	200 000	
管理费用	1 050 000	
财务费用	1 000 000	
资产减值损失	20 000	
加：公允价值变动收益（损失以“-”号填列）	0	
投资收益（损失以“-”号填列）	3 200 000	
其中：对联营企业和合并企业的投资收益	0	
二、营业利润（亏损以“-”号填列）	4 610 000	
加：营业外收入	2 850 000	
减：营业外支出	2 000 000	
其中：非流动资产处置损失	0	
三、利润总额（净亏损以“-”号填列）	5 460 000	
减：所得税费用	1 800 000	
四、净利润	5 280 000	
五、每股收益	（略）	
（一）基本每股收益	（略）	
（二）稀释每股收益	（略）	

作业与思考

一、甲公司201×年12月31日有关账户的余额如表18-22所示：

表18-22　　甲公司201×年12月31日有关账户余额　　单位：元

账户名称	年初数	期末数
库存现金	5 000	6 000
银行存款	22 300	21 000
交易性金融资产	100 000	125 000
应收账款	70 000	92 100
坏账准备	4 200	6 447
原材料	125 000	132 000
低值易耗品	8 210	9 431
自制半成品	250 000	325 000
固定资产	318 400	572 000
累计折旧	38 208	62 920
短期借款	75 121	159 562
应付账款	85 100	100 000
应付股利	121 300	157 000
实收资本	474 981	687 402
盈余公积	10 000	11 200
利润分配——未分配利润	90 000	98 000

要求：根据上列资料编制资产负债表（见表18-23）。

表 18-23　　**资产负债表（简表）**

编制单位：甲公司　　201× 年 12 月 31 日　　单位：元

资产	期末数	负债和所有者权益	期末数
流动资产：		流动负债：	
货币资金		短期借款	
交易性金融资产		应付账款	
应收账款		预收账款	
预付账款		应付利息	
存货		一年内到期的非流动负债	
其他应收款		流动负债合计	
一年内到期非流动资产		长期借款	
流动资产合计		负债合计	
长期股权投资		所有者权益：	
固定资产		实收资本	
非流动资产合计		资本公积	
		盈余公积	
		未分配利润	
		所有者权益合计	
资产合计		负债和所有者权益合计	

二、甲公司损益类科目201×年累计发生净额（如表18-24所示）：

表18-24　　甲公司201×年损益类科目累计发生净额　　单位：元

科目名称	借方发生额	贷方发生额
主营业务收入		1 250 000
主营业务成本	750 000	
营业税金及附加	2 000	
销售费用	20 000	
管理费用	157 100	
财务费用	41 500	
资产减值损失	30 900	
投资收益		31 500
营业外收入		50 000
营业外支出	19 700	
所得税费用	85 300	

要求：根据上列资料编制利润表（见表18-25）。

表18-25　　利　润　表

编制单位：甲公司　　201×年　　单位：元

项　目	本期金额	上期金额（略）
一、营业收入		
减：营业成本		
营业税金及附加		
销售费用		
管理费用		
财务费用		
资产减值损失		
加：公允价值变动收益（损失以“-”号填列）		
投资收益（损失以“-”号填列）		
二、营业利润（亏损以“-”号填列）		
加：营业外收入		
减：营业外支出		
三、利润总额（亏损总额以“-”号填列）		
减：所得税费用		
四、净利润（净亏损以“-”号填列）		
五、每股收益		
（一）基本每股收益		
（二）稀释每股收益		

主要参考文献

1. 中华人民共和国财政部. 企业会计准则（2006）[M]. 北京：经济科学出版社，2006.

2. 中华人民共和国财政部. 企业会计准则应用指南（2006）[M]. 北京：人民出版社，2006.

3. 财政部会计司编写组. 企业会计准则讲解（2006）[M]. 北京：中国财政经济出版社，2007.

4. 薛悦. 基础会计学 [M]. 4 版. 上海：立信会计出版社，2011.

5. 杨明海. 基础会计学 [M]. 南京：南京大学出版社，2014.

6. 李海波. 新编会计学原理——基础会计 [M]. 上海：立信会计出版社，2015.

7. 吴水澍. 会计学原理 [M]. 北京：经济科学出版社，2011.

8. 怀尔德. 会计学原理 [M]. 21 版. 北京：中国人民大学出版社，2015.

9. 唐国平. 会计学原理 [M]. 2 版. 大连：东北财经大学出版社，2013.

10. 石本仁. 会计学原理 [M]. 北京：中国人民大学出版社，2014.

11. 王艳茹. 会计学原理 [M]. 3 版. 北京：中国人民大学出版社，2015.

12. 郝振平. 会计学原理 [M]. 北京：清华大学出版社，2013.

13. 万楚军. 会计学原理 [M]. 武汉：华中科技大学出版社，2014.

14. 冯科. 会计学原理 [M]. 北京：北京大学出版社，2014.

15. 徐晔. 会计学原理 [M]. 上海：复旦大学出版社，2011.